新生代乡村教师乡土情怀与职业发展研究

Rural Sentiments and Career Development of the

New – Generation Rural Teachers

陈谢平 著

中国农业出版社

北 京

图书在版编目（CIP）数据

新生代乡村教师乡土情怀与职业发展研究 / 陈谢平著. -- 北京：中国农业出版社，2025. 5. -- ISBN 978-7-109-33270-6

Ⅰ. G451.2

中国国家版本馆 CIP 数据核字第 2025GB9870 号

中国农业出版社出版

地址：北京市朝阳区麦子店街 18 号楼

邮编：100125

责任编辑：王秀田

版式设计：小荷博睿　　责任校对：周丽芳

印刷：北京通州皇家印刷厂

版次：2025 年 5 月第 1 版

印次：2025 年 5 月北京第 1 次印刷

发行：新华书店北京发行所

开本：700mm×1000mm　1/16

印张：22

字数：270 千字

定价：88.00 元

本专著为以下研究课题（团队）成果：

四川省教育科研课题一般项目"积极心理资本视域下四川民族地区乡村教师的留教稳定性研究"（SCJG22A110）；四川省社会科学高水平研究团队"农村教育的历史发展与当代改革研究"；四川省高等学校人文社会科学重点研究基地——四川中小学教师专业发展研究中心立项课题（PDTR202106）；四川乡村教育发展研究中心科研项目立项课题（SCXCJY2023B01）；乐山师范学院高层次人才引进启动项目（RC202020）；乐山师范学院学科建设培育项目（2021SSDJS032）；乐山师范学院科研培育项目（KYPY2024－0015）

序

PREFACE

　　新生代乡村教师作为我国乡村教师队伍的骨干力量，正以其独特的教育理念和视野塑造着乡村教育的新面貌。与前辈乡村教师相比，新生代乡村教师成长于数字化和信息化时代，大多接受过本科及以上高等教育，具备较强的专业知识和教学能力。然而，尽管新生代乡村教师在教育理念和教学方式上展现出开拓创新的精神，但由于他们与乡村社会和乡土文化存在较多疏离，使其职业适应和职业发展面临诸多困境。而乡土情怀作为个体与乡村社会、乡村文化之间的重要情感纽带，成为影响新生代乡村教师职业认同、工作动力和教育质量的关键因素。

　　"乡土情怀"作为一个具有独特文化和情感背景的概念，近年来逐渐受到学术界的广泛关注。乡土情怀不仅仅是一种文化认同，更是一种情感纽带，它是乡村教师与乡村文化、乡村社会和乡村环境之间深刻的情感联系。这种情感联系在很大程度上会影响新生代乡村教师的职业认同、职业发展、教学实践及其对乡村教育的投入程度。因此，深入探讨新生代乡村教师的乡土情怀及其与职业发展的关系，对于理解乡村教师的职业行为和心理状态，提升乡村教育的质量，具有重要的理论意义和实践价值。

　　本书通过对新生代乡村教师的乡土情怀与职业发展进行系统研

究，旨在系统拓展这一领域的研究内容，并推动乡村教师教育研究向更深层次、更细致的方向发展。在理论上，本书结合教育学、心理学、社会学等多个学科的研究成果，力图为乡村教育领域提供一种新的研究视角；在实践中，本书的研究成果将为教育管理者、政策制定者以及教育实践者提供宝贵的参考，帮助他们在实际工作中更好地理解和应对新生代乡村教师面临的挑战，从而推动乡村教师的职业发展与乡村教育的进步。

虽然乡村教师研究在近年来受到较多关注，但对乡村教师乡土情怀的探讨仍十分有限。传统的乡村教师研究往往聚焦职业倦怠、留任意愿、教育政策的有效性等议题，侧重研究外在制度与经济因素的作用，而对乡村教师与地方文化之间的互动机理、乡村教师在本土社会网络中的情感依附及其对职业行为的影响等问题的关注相对不足。实际上，在广大中西部和民族地区，乡村教师与当地社区之间的情感共鸣、文化认同往往是决定教师能否"扎根"、是否愿意长期坚守岗位的关键所在。很多学者在实地调研中观察到，一些留守乡村数十年的教师之所以能经受得住外在条件的制约与挑战，正是源于他们对故土文化的热爱、对当地民众的情感依赖，以及对乡村教育价值的深刻认同。这种基于情感与文化维度的内在动力，往往起到了制度激励和物质补贴所难以替代的作用。

然而，就研究现状而言，国内外学界对乡土情怀的定义、量化测量，以及其对教师职业行为与态度的影响机制尚缺乏系统探讨。对此，本书试图整合教育学、心理学、社会学等多学科理论资源，从情感与认同的角度切入，探讨乡土情怀在新生代乡村教师的职业发展进程中所扮演的角色，并系统地梳理和分析影响乡土情怀形成、发展的多重因素。希望本书能够在以下三个层面带来一定程度的创新：

第一，在理论层面上，本书通过回顾国内外关于"乡土""情怀"以及"文化认同"等关键概念的学术文献，尝试将乡土情怀这一复杂的文化心理现象解构为若干可测量的维度，并且在理论模型中，考察其与教师职业承诺、工作满意度、留任意愿之间的作用路径，从而构建起一个初步的分析框架。该框架强调教师个体的情感基质与本土文化力量的交互影响，在一定程度上对现有的"外在激励—教师行为"解释路径形成有益补充。

第二，在研究方法上，本书除了应用常规的问卷调查和量化分析外，还结合了质性访谈和田野观察等方法，对新生代乡村教师在日常教学、社区生活、专业学习等情境中表现出的心理行为特征进行多角度分析。通过实证与经验的对照，以期在不同层次上揭示乡土情怀的形成机制。这样的混合研究方法，为本书构建较为立体且贴近现实的研究图景提供了可靠的支撑。

第三，在实践层面上，本书从乡土情怀的视角出发，提出了一系列有针对性的对策建议，为各级教育主管部门、乡村学校管理者以及相关教育研究机构进一步完善乡村教师培训、评价与晋升制度提供参考。笔者认为，仅靠提高薪酬或改善硬件条件不足以全面挽留和激发乡村教师的教育热情，更需在文化认同与情感归属层面下功夫，让新生代乡村教师真切地感受到地域文化底蕴和社会价值的厚重，使他们在乡村实践中体会到专业成就感与人格认同感的双重收获。

在本书写作过程中，笔者和团队成员走访了四川多地的乡村学校，与数十位新生代乡村教师进行了深入交流，并在实地调研中收集了大量富有温度与启示性的案例。我们看到了一些令人感动的场景：有教师十余年如一日守护深山中的小规模学校，为几个年级寥寥数十名学生倾注心血；有教师凭借对家乡的热爱与使命感，自主开发了乡土文化课程，将村里的民俗、节庆、手工艺融入日常教学；也有教师在困惑与压力中彷徨，但最终在同伴协作和地方社会支持的温暖感召下，重新坚定了"留在这里"的信念。这些来自一线的现象与经历，既让我们感受到乡村教育的艰辛，也深刻感受到新生代乡村教师对地方故土的那份执着情怀激励着他们在艰苦环境里成长与坚守。正是这些点点滴滴的田野见闻，为本书的立论提供了更为生动的注脚。

在写作过程中，我们得到许多专家、同行和基层教育工作者的鼓励与帮助。各地教育局、乡村学校的领导与教师为我们的调研提供了极大的便利，许多教师在繁忙的教学任务之余抽出宝贵时间与我们深入交谈，让我们真实地触摸到乡村教育的脉动。在此，谨向所有提供支持与帮助的人士致以诚挚谢意！

此外，研究团队还在资料搜集、量表修订、数据分析与案例整理等方面投入了大量心血，力求使本书既体现学理深度，也尽可能贴近乡村教育实践。由于学术研究的局限性和乡村情境的复杂多变，在研究方法与结论运用上仍可能存在不足之处，恳请读者批评指正。

乡村是一片凝聚历史记忆、文化遗产与社会情怀的沃土。在这片沃土上，只有当教师真正产生对地方文化的认同与热爱时，才能将教书育人视为与乡土命运紧密相连的使命，从而在有限的资源条件下迸发出教育创新的内在动力。本书希望能为学界与实践者提供新的观察视角，并在一定限度上回应当下乡村教育面临的现实挑战。我们期待与有志于乡村教育实践和研究的同行们携手并进，共同为我国乡村教育的全面振兴贡献更多的智慧与力量。

目　录
CONTENTS

绪　论

新生代乡村教师作为振兴乡村教育的核心主体，其乡土情怀培育与职业生涯发展成为近年来学界关注的重要议题。乡土情怀不仅体现为教师对乡村文化的认同与情感依恋，更指向其在教育实践中对本土资源的创造性转化与教育使命的自觉承担。然而，随着城市化进程加速与代际文化变迁，新生代乡村教师（通常指"90后""95后"群体）面临乡土知识欠缺、职业认同模糊、城乡文化冲突等多重挑战，其乡土情怀的淡化与职业发展的困境直接制约了乡村教育的可持续发展。

相较于早期扎根乡村的教师，新生代乡村教师的成长环境更加多元、受教育程度更高，且在职业需求与专业期望方面表现出更丰富的主体性与能动性。他们往往拥有对数字化、网络化信息资源的熟练运用能力，也更注重个人价值追求与职业理想之间的契合。新生代乡村教师不仅承担着弥合城乡教育差距、助力乡村教育振兴的重要使命，同时也在实践中面临着地域环境、教育资源匮乏以及个人发展空间有限等诸多挑战。在多重社会变迁背景下，如何理解并激发新生代乡村教师的"乡土情怀"，并将其内化为长期从事乡村教育的职业动力，成为当代教育研究亟待关注的关键议题。

尽管学界对乡土教育、农村文化与教师职业发展的研究已有了一定的成果积累，但具体针对新生代乡村教师群体内在情感、身份认同及职业生涯规划等方面的系统性探讨仍有不足。已有相关研究多着眼于教师留任率、师资培训政策或教学质量提升策略，而较少在微观层面深入考察"乡土情怀"对青年教师专业成长和心理认同的深层影响。事实上，乡土情怀不仅是一种对于乡村地域社会历史文化的情感认同，更是融合了地域社会资本、社区文化纽带以及教师教育观念的综合性精神力量。倘若无法正确理解并引导这份情怀，新生代乡村教师在面对教育资源不均衡、基础设施不足、职业晋升空间有限等现实压力时，可能会产生身份焦虑与认同危机，甚至导致人才流失、乡村教育质量难以有效提升等一系列问题。

基于教育学、社会学与文化人类学等多学科交叉视角，"乡土情怀"被学者们视为教师在农村情境下形成的文化认同、情感纽带与价值共鸣，体现出对地方文化、乡土资源乃至农村群体的珍视与依恋。这种情怀不仅影响教师在教学过程中对乡土知识的挖掘和使用，也会进一步形塑他们对教育公平、教育意义以及自身职业使命的理解与践行。而"职业发展"则指向教师个体在专业技能、职业身份和生涯规划等方面的综合提升过程。近年来，研究者开始关注教师在"身份"层面所受到的社会期待、制度安排和追求个体价值之间的协调平衡过程，强调教师专业成长与个体人生规划之间的互动关系。然而，新生代乡村教师群体在社会结构深刻变迁、乡村人口流动加剧以及区域经济日趋多元的背景下，面临着更为复杂的职业抉择与成长路径。一方面，他们生于互联网高速发展的时代，具有较为开阔的视野与多样化的职业选择，也更容易通过线上资源和社会网络实现对外部世界的即时接触；另一方面，他们成长于城镇化浪潮持续扩张、城乡距离不断缩小的环境，可能同时肩负着对家乡土地的情感维系与对自我事业前景的高期望。如何兼顾乡村教育工作中的挑战与收获，怎样在有限资源条件下实现自我突破和可持续发展，成为新生代乡村教师亟须面对的核心议题。有研究表明，教师的职业认同不仅与外在制度环境和政策支持密切相关，也同其内在的专业自我效能感、情感归属感等密切联结[1-2]。当乡土情怀与教师自我效能、社会支持相叠加时，便能迸发出积极的专业成长动力；反之，则可能使教师陷入理想与现实的张力之中。鉴于此，本书立足已有文献基础，通过质性研究和量化分析等多种研究手段，深度解析新生代乡村教师的乡土情感结构、内在职业动机和现实处境，从而为理解这一新兴群体的角色诉求及应对策略提供新的学术视角。

本书的研究目标在于系统阐明新生代乡村教师如何在个体与环境双重互动中构建和培育其乡土情怀，并探索这一情怀对其职业发展路径、专业绩效以及教育实践创新所产生的影响。基于文献回顾与前期调研，本书将首先梳理国内外关于教师专业发展与乡土教育的研究脉络与概念框架，厘清"乡土情怀"与"职业发展"的理论内涵与核心要素；继而通过质性研究与量化研究相结合的方法，对选取的区域样本进行个案访谈和问卷调查，深入探讨新生代乡村教师在现实情境中的情感体验、认同建构与职业实践。本书在学理层面主要关注教师的主体性、文化资本以及情感认同等教育学术概念如何在乡村场域中被具体化和再生产；在实践层面主要关注教师培训机制、政策支持体系以及社区协作模式等多元要素对于推动教师专业成长与稳定任教的作用效应。本书的研究发现将为教育管理部门、高校师范院系及中小学校提供有价值的理论参考与现实启示，帮助各方从文化情境与教师主体需求的维度来优化乡村教师招聘、培训与职业激励政策。此外，本书亦希冀通过阐述新生代乡村教师的实践故事与情感历程，引发社会对乡土文化与农村教育的更多关注与反思，为构建具备可持续发展潜能的乡村教师队伍提供更为多元且细致的学术支撑。

一、研究背景

（一）乡村教育需求的新变化与政策支持

"乡村"亦称"农村"，与城市相对应。学界多从职业视角解读其内涵，认为乡村是以农业生产活动为主的社会空间，是农业从业者的主要居住地[3]。此外，国家统计局发布的《关于统计上划分城乡的规定》[4]对城乡进行了明确的划分。原则上，以国务院批准的行政建制单位和行政区划为对象，包括市辖区、县级市、县以及街道、镇、乡等行政区域；并以政府驻地的实际建设连接状况为依据，采用居委会、村委会为基本划分单元，将全国区域划分为城镇和乡村。其中，城镇包括城区和镇区，乡村则包括乡中心区和村庄。就乡村学校而言，根据学校布局规划，农村地区的中心小学和初级中学通常设在乡镇中心。特别是乡镇初级中学，将本镇下辖各村小学的毕业生集中到镇上，继续接受初中阶段的教育。因此，乡村学校可以理解为在乡镇及以下区域，以当地乡村适龄学生为教育对象，为促进其发展而设立的教育机构，具体包括乡镇初级中学、乡镇中心小学，以及乡镇以下的村级学校（如村办小学、教学点）等。

我国自古以来便以乡土社会为根基，农村常住人口长期在全国总人口中占据主导地位，至 1995 年攀升至 8.59 亿人的历史高峰。此后，随着城镇化步伐的加快，农村常住人口数量开始逐渐下降。截至 2021 年，这一数字已降至 4.98 亿[5]。随着我国人口总量接近峰值，城镇化进程也在不断深化，未来乡村常住人口可能会持续减少。不过，农村人口仍然是我国基层社会的主要组成力量，农村地区依旧是全面推进国家现代化建设的关键领域。乡村作为社会经济与文化发展的根基，其重要性亟须重新认识。

人口结构变迁对乡村教育的发展产生了深远的影响。城镇化的加速推进导致乡村人口，特别是适龄儿童数量大幅减少；信息化浪潮的迅猛发展与城镇化进程相互叠加，为乡村教育带来了前所未有的挑战。此外，伴随着大量农村劳动力外出务工，留守儿童问题依然存在，成为乡村教育面临的重要挑战。

2017 年，党的十九大报告首次提出实施乡村振兴战略，旨在通过全面推动农业农村现代化，促进农民的全面发展。该战略为乡村教育的振兴提供了更广阔的政策背景，并为优化乡村教育环境、改善教育条件创造了前所未有的外部机遇。

随后，国家为落实乡村振兴战略，相继出台了一系列政策文件和法律保障。2018 年中共中央、国务院发布的《乡村振兴战略规划（2018—2022 年）》[6]是我国第一个全面推进乡村振兴战略的五年规划，详细规划了乡村振兴的目标、任务和政策措施，为乡村教育的持续发展提供了明确的指导和支持。而 2021 年颁布实施的《中华人民共和国乡村振兴促进法》[7]，则将乡村振兴从政策层面提升到了法律高度，为乡村教育的法治化、规范化发展提供了坚实的法律保障。

在教育领域，为直接支持乡村教育的发展，我国出台了一系列专项政策。其中，《加快推进教育现代化实施方案（2018—2022 年）》[8]作为指导性文件，旨在全面推动教育现代化进程，特别关注乡村教育的提升与变革，为乡村教育的长远发展提供了宏观规划与战略导向。而教育部等六部门《关于加强新时代乡村教师队伍建设的意见》[9]则聚焦于乡村教师队伍的建设，提出了加强教师培训、提高教师待遇、优化教师配置等多项具体措施，以打造一支高素质的乡村教师队伍，为乡村教育注入新的活力。此外，《中西部欠发达地区优秀教师定向培养计划》[10]的实施，更是针对中西部欠发达地区的乡村教育短板，通过定向培养优秀教师，为这些地区的乡村学校输送高素质教育人才，从而有效加强教师队伍建设，推动教育资源的均衡分配，助力乡村教育的全面振兴。这些政策文件共同构成了国家支持乡村教育发展的重要举措，不仅为乡村教育的持续发展提供了坚实的政策保障，也为研究乡村教育各个领域提供了明确的方向和指导。

（二）乡村教育的发展现状与挑战

1. 乡村教育取得长足进步

（1）教育资源投入显著增长

我国作为历史悠久的农业大国，自新中国成立以来，始终将农村发展置于重要位置。党的十九大报告中提出的乡村振兴战略，不仅强调了乡村全面振兴与农业农村优先发展的紧迫性，还特别指出了高质量乡村教育对于这一战略的支撑作用，中共中央、国务院陆续发布了一系列政策文件，进一步明确了农村教育事业优先发展的战略地位。

高素质的乡村教师队伍是提升乡村教育质量的关键，党中央和国务院在相关文件中着重强调，乡村振兴的核心在于人才。为此，提出了一系列针对性强、操作性强的乡村教师队伍建设举措。这些举措涵盖加大骨干教师培养力度、精准培育本土化优秀教师，并为长期坚守乡村教育岗位的教师提供了职称评审的优惠政策，如实施"定向评价、定向使用"的职称评审机制，以及在高级岗位设置上给予特殊考虑，有效打破了原有岗位结构的束缚。

乡村振兴战略的深入实施，不仅为乡村教育注入了勃勃生机与活力，更为乡村教师的职业发展开辟了前所未有的广阔天地并提供了发展机遇。在国家战略与有关政策的有力导向下，乡村教育资源投入实现了显著提升。国家财政对乡村教育的支持力度大幅增强，不仅确保乡村学校的基本运转与发展需求得到了充分满足，还有力推动了教学设施的全面升级换代。众多危旧校舍得以翻新改造，为学生们营造了一个安全、舒适且有利于学习的校园环境。与此同时，教学设备的更新换代也极大改善了乡村学校的教学条件，微机室、图书室、实验室等各类功能教室的规模持续扩大，使得乡村学生能够接触并享受到丰富多样的更加现代化的学习资源。这一系列硬件条件的显著改善，不仅直接提升了乡村学校的教学质量，更为逐步缩小城乡教育差距奠定了坚实的物质基础。

值得注意的是，这种投入不仅体现在改善硬件设施上，还包括对教育信息化的支持。随着互联网技术的发展，许多乡村学校开始接入高速网络，引入在线教育资源，为学生提供了更为广阔的学习平台。这种资源投入的增加，极大地丰富了乡村学生的学习体验，为他们提供了与城市学生更多平等的学习机会。

（2）教师队伍结构逐步优化

教师队伍优化是教育质量提升的关键保障。乡村教师是指工作在县以下包括乡、镇、村级学校的以乡村人口为教育对象进行教育活动的义务教育阶段的中小学教师。

近年来，通过实施一系列创新举措，乡村教师队伍的数量和质量都得到了显著提升。2003 年，国务院颁布的《关于进一步加强农村教育工作的决定》[11]明确指出了"乡村教育在全面建设小康社会进程中的重要地位"，并着重提出要提高乡村教师队伍的整体素质，积极引导和鼓励教师及其他具备教师资格的人员前往乡村中小学任教。2004 年，教育部印发了《2003—2007 年教育振兴行动计划》[12]，将"农村教育发展与改革"确立为国家教育事业的两大核心战略之一，特别强调要"加速推进乡村中小学教师队伍的建设"。2007年，教育部在《国家教育事业发展"十一五"规划纲要》[13]中进一步指出，需要"提升乡村义务教育的师资水平"，并着重实施了一系列计划，包括乡村学校的特色岗位计划、乡村学校教育硕士师资培养计划、大学生志愿服务西部计划等，旨在引导高校毕业生前往乡村学校任教。随着一系列政策的相继出台，越来越多的城镇籍和外地籍毕业生选择前往乡村学校任教，乡村教师队伍的构成逐渐呈现出多元化的趋势。

根据教育部发布的统计数据，截至2018年年底，我国乡村教师队伍规模已达290余万人，约占全国教师总数的四分之一[14]。这一数据凸显了乡村教师队伍在国家教师队伍中的重要地位和不可或缺的作用。为进一步加强乡村教师队伍建设，2020年8月28日，教育部联合其他五个部门发布了《关于加强新时代乡村教师队伍建设的意见》[9]，指出："要准确把握时代进程，激发教师奉献乡村教育的内生动力，培育符合新时代要求的高质量乡村教师，尤其要抓好乡村教师培训，努力造就一支热爱乡村、数量充足、素质优良、充满活力的乡村教师队伍。"为了拓宽并优化农村教师的选拔途径，进一步提升农村学校教师队伍的质量，国家还制定了包括农村义务教育阶段学校教师特设岗位计划（简称"特岗计划"）以及免费师范生计划等举措。这些举措不仅成功填补了乡村教师数量的不足，更为乡村学校注入了大量年轻、充满活力的新鲜血液，为乡村教育事业的发展带来了新的活力与希望。

同时，国家还采取了多项措施来提高乡村教师的待遇和社会地位。包括提高工资水平，在职称评聘中给予倾斜政策，以及提升乡村教师的社会认可度等。这些措施不仅吸引了更多优秀人才加入乡村教师队伍，也有效提高了乡村教师的工作积极性和职业认同感。

此外，乡村教师的培训和继续教育也得到了加强。通过定期的培训、交流活动，乡村教师有机会学习先进的教育理念和教学方法，不断提升自身的专业素养。乡村教师队伍结构的优化和整体素质的提升，为乡村教育的持续发展提供了强有力的人才支撑。

（3）义务教育普及率不断攀升

针对乡村适龄儿童的入学问题，我国采取了强有力的措施，确保每位乡村儿童均能迈入校门，享有接受基础教育的机会，包括对乡村教育基础设施的大力投入，着力于新建、改扩建学校项目，并尤为注重打造"小而精"的乡村学校模式，以提供温馨、适宜的学习环境。与此同时，积极优化学校布局，确保乡村儿童能够就近入学，从而大大减少了因距离遥远或教育资源匮乏而导致的失学现象。此外，加强控辍保学工作，构建起一套全方位、多层次的助学政策体系。包括但不限于经济资助，如提供奖学金、助学金、生活补助等，以有效缓解低收入家庭的经济压力。在多项政策的推动下，乡村地区的义务教育普及率呈现出持续上升的态势。

更为重要的是，教育普及率的提升绝非仅仅表现为数量层面的增长，还包括实现了质的飞跃。教育扶贫政策的深入实施，诸如"精准资助体系""特岗教师计划""乡村教师支持计划"等系列举措，不仅有效提升了乡村教师的经济待遇，还成功吸引了优秀人才投身乡村教育事业，从而显著增强了乡村教师队伍的整体素养与教学能力。在新时代背景下，乡村教师积极投身课程改革，引入现代的教育理念与教学方法，使乡村教育更加贴近时代发展的需要，更加注重对学生综合素质与创新能力的培养与提升。在教学实践中，他们更加注重实施个性化的学习辅导与心理关怀，以全面促进学生的健康发展。这一系列举措为缩小城乡教育差距、推动社会整体公平奠定了坚实且稳固的基础。

2. 乡村教育面临的挑战

尽管乡村教育近年来取得了诸多显著成绩，但其发展进程并非一帆风顺，仍面临着一系列亟待解决的难题，其中师资问题尤为凸显。

（1）教育资源不足

尽管国家在政策层面不断加大对乡村教育的扶持力度，相继出台了一系列旨在推进教育公平、逐步缩小城乡教育差距的举措，诸如增加教育经费投入、着力改善乡村学校基础设施等，然而城乡教育资源分配不均的状况依然根深蒂固，制约了乡村教育的发展。

在硬件设施方面，尽管乡村学校的校舍条件、教学设备等已得到一定程度的改善，但与城市学校相比，其差距仍然存在。部分乡村学校缺乏先进的现代化教学设施，如多媒体教室、实验室等，这一现状严重制约了教学手段的创新与教学效果的提升。

更为关键的是，在师资力量这一核心软实力方面，城乡教育资源的差距更为显著。乡村学校普遍面临高素质教师匮乏的问题，其根源在于乡村地区经济欠发达，生活条件相对艰苦，职业发展机遇有限，难以吸引并留住优秀教师资源。尽管国家通过"特岗计划"等政策措施积极引导年轻教师投身乡村教育，但合同期满后，有一些教师因主客观因素可能会选择离开，导致乡村教育长期缺乏优秀教师的引领，学生的学业成绩与综合素质难以显著提升。师资力量的不均衡，也将进一步拉大城乡教育差距，使乡村学生在未来的社会竞争中面临更为严峻的挑战。

（2）教学设施相对滞后

尽管近年来国家和社会各界高度重视乡村教学设施的改善，采取了一系列积极措施来提升乡村学校的基础设施水平，但与城市学校相比，乡村学校的教学设施条件仍存在差距。部分乡村学校的基础设施依然较为简陋，亟须进一步完善。更为重要的是，乡村学校在信息化教学设备的普及率方面与城市学校仍存在一定差距。信息化优质教学资源的有效供给是提升乡村学校教育教学质量的重要路径。研究表明，受资金短缺、技术支持不足等多方面因素的影响，乡村学校在资源供给方面仍存在一些问题。例如，资源供给主体参与度不高且协作性较弱，供给内容在多样性和乡土性方面有所欠缺，"在地化"资源库建设不足，网络学习空间与同步课堂的普及程度较低，以及资源供给与教师实际使用之间存在一定脱节[15]。上述问题在一定程度上影响了教师教学效果的充分发挥，削弱了学生的学习体验感，不利于教学目标的有效达成。同时，这些问题在一定程度上阻碍了乡村学生提升适应信息化时代所需的综合素质，也不利于乡村教育质量的整体提升。

（3）乡村教师流失问题

乡村地区由于生活条件相对艰苦、职业发展机会有限，难以吸引并留住优秀的青年教师。即使部分新教师选择进入乡村学校任教，也可能会因待遇偏低、职业发展受限等原因难以长期留任。事实上，新教师的进入仅是乡村教育发展的基础，唯有确保这些教师"教得好"且"留得住"，才能真正提升乡村教育质量。然而，当前在边远欠发达地区，一些乡村教师因工作环境恶劣、发展前景有限等因素频繁向发达地区学校或其他行业流动，这种现象严重影响了乡村学校教育教学工作的稳定性与可持续性。

尽管国家不断出台政策向边远欠发达地区倾斜，以缓解乡村教师流失问题，但实际情况却不容乐观。根据中国教育科学研究院课题组的调研数据，乡村教师队伍的稳定性面临挑战。其中，表达"经常有"或"总是有"调动或改行意愿的教师比例高达30.5%，"有时有"此类意愿的教师比例达到50.4%，而表示"从来没有"

此类意愿的教师仅占 19.1%。尤其值得关注的是，年龄较低的教师群体流动意愿更为强烈[16]。作为乡村教育主力军的"90 后"甚至"00 后"新生代教师，其流动性显著高于其他年龄段教师，成为当前乡村教师队伍中最不稳定的因素。

乡村教师的频繁流失和队伍的不稳定性，不仅破坏了乡村教育的连续性，使得教学计划和教学策略难以得到持续有效的实施，还进一步加剧了城乡教育资源分配的不平衡，扩大了城乡教育质量的差距。这一现象对乡村教育的长期发展构成了挑战，也对教育公平的实现提出了更高要求。

（4）乡村教育质量与生源问题

乡村地区家庭在子女养育方面承受着较大压力，加之家庭教育观念相对滞后，家校合作意识薄弱，进一步促使乡村家庭对子女的教育责任过度依赖于学校。这种现状不仅增加了乡村教育工作的难度，也使得乡村教师面临较大的工作压力。与此同时，随着乡村经济水平的提高和家庭条件的改善，部分家长出于让子女接受更高质量教育的考量，选择将子女送入城市学校就读，这一趋势导致乡村地区优质生源流失。

优质生源的长期单向流失形成了恶性循环，进一步削弱了乡村学校的教育质量，甚至迫使部分教学点因生源不足而被取消，并合并至乡镇中心小学。然而，这种教学点的合并并未实现教育资源的"强强联合"，而是在优质生源流失严重的情况下的被动选择。合并后的乡镇中心小学短期内出现了大班额现象，但由于生源整体质量参差不齐，这种变化并不一定可以有效提升教育质量，反而给乡村教育的发展与管理带来了新的挑战。

（三）新生代乡村教师的角色重要性

随着乡村振兴战略的深入实施，乡村教育领域正面临前所未有的机遇与挑战。在这一背景下，新生代乡村教师作为一支新兴力量，其角色重要性日益凸显。新生代乡村教师通常是指 20 世纪 80 年代以后出生的中青年教师（本书以 20 世纪 90 年代出生者为主），他们活跃于农村基层教育领域，承担着教育教学工作。这一群体不仅代表了乡村教育的新生力量，更承载着乡村教育未来发展的希望。在乡村教育体系中，新生代乡村教师扮演着多重角色，他们既是教育教学的实践者，也是乡村文化传承的推动者，同时还是乡村振兴战略实施的重要支持力量。

1. 提升乡村教育质量促进教育公平的关键作用

在提升乡村教育质量方面，新生代乡村教师扮演着至关重要的角色。他们学习掌握了比前辈乡村教师更为先进的现代教育理论与方法，对乡村学生的成长环境、学习特点和发展需求有更理性的认知。因此，他们在为乡村学生提供适合其发展的学习路径，激发学生的学习兴趣，培养其自主学习能力和创新思维方面比前辈乡村教师更有优势，这对提升乡村教育整体质量会产生积极影响。

在促进教育公平方面，新生代乡村教师同样发挥着关键作用。面对乡村教育资源相对匮乏、学生背景复杂多样的现状，他们凭借掌握的先进教学方法和信息技术，在缩小城乡教育差距方面可以发挥重要作用。通过精心设计课堂教学、提供个性化的课后辅导、开展心理健康教育以及组织丰富多样的社会实践活动，新生代乡村教师能够在一定限度上让乡村学生享有公平且高质量的教育体验，为推动乡村教育发展和促进教育公平作出了积极贡献。

2. 乡土文化传承与创新的双重使命

在乡土文化传承与创新的交织生态中，新生代乡村教师承载着双重角色。作为乡村社会中的文化精英，他们不仅是乡村文化与乡村治理的重要智力支持，还承担着连接传统与现代文化的桥梁作用。

一方面，作为乡土文化的传承者，新生代乡村教师肩负着挖掘乡土文化内涵与价值的重要使命。他们可以充分利用现代教学技术与手段，如多媒体教学、在线资源等，将乡土文化有机融入课程设计、教学方法和教学评估之中。同时，可以依托广阔的乡野环境，鼓励学生走出课堂，积极参与社会实践活动，如田野调查、志愿服务等，使学生在实践中切身感受乡土文化的独特魅力与深刻价值。社会实践不仅能够加深学生对乡土文化的理解与认同，还能有效培养其社会责任感与实践能力。在互动参与中，学生将会逐步增强对乡土文化的认同感与自豪感，从而实现乡土文化的代际传承，并进一步提升乡村社会的文化自信，为乡村振兴注入文化动力。

另一方面，新生代乡村教师在乡村社会中扮演着现代文明传播者的重要角色，引导乡村社会以更加开放的态度接纳现代文明。在全球化与信息化浪潮的推动下，传统文化与现代文明的和谐共生已成为当代社会发展的必然趋势。凭借其高等教育背景和宽广的文化视野，新生代乡村教师能够引导乡村居民和学生以开放包容的态度重新审视传统文化，鼓励他们在传承传统文化精髓的同时，积极吸纳现代文明的优秀成果。具体而言，新生代乡村教师可以尝试通过策划城乡学子之间的文化交流活动，为乡村与城市文化的互动提供一定的平台，促进学生之间的相互了解与尊重。在教学过程中，他们也可以适度引入现代科技手段，提升传统文化知识传授的趣味性和时代感，从而增强学生的学习兴趣。此外，在条件允许的情况下，教师可以结合实际教学需求，探索开展跨学科综合实践活动，引导学生在具体情境中体验文化的多样性，逐步培养其批判性思维、创新能力和跨文化交流意识。这些努力虽受限于教师的能力与资源，但在一定程度上能够为乡村教育注入新的活力，为学生提供更为丰富的学习体验。

3. 乡村文明建设的积极参与者

新生代乡村教师不仅可以成为知识的传播者，也能够在一定限度上发挥价值观塑造者的作用。在乡村文明建设中，他们可以通过传播现代文明理念、培养学生的公民意识和社会责任感，为推动乡村社会发展贡献力量。乡村的未来寄托在年轻一代，新生代乡村教师能够利用课堂教学这一主渠道，系统传授科学文化知识，并尝试将社会主义核心价值观、法治观念、环保意识等现代文明要素融入教育内容。此外，他们还可以通过组织课外活动和社会实践等多种形式，引导学生走出课堂，接触社会，从而帮助学生逐步增强对现代文明的理解和认同。通过这些努力，学生会逐步形成正确的世界观、人生观和价值观，成长为具有道德意识和社会责任感的公民，为乡村文明建设提供一定的人文支持。

新生代乡村教师通常具备丰富的专业知识和一定的科研能力，这些资源在乡村文明建设中具有巨大的开发潜力。他们不仅能够在教育领域精耕细作，还可以尝试将自身专业知识应用于乡村发展的多个领域。例如，有的教师可以利用自己的建筑规划知识，参与乡村规划工作，为乡村的整体布局和美观设计提供建议；有的教师能够凭借自己的农业科学背景，为农民提供技术咨询，帮助他们提升农业生产效率；还有的教师可以积极推动乡村特色产业发展，利用自己的市场营销知识，为乡村特色产品拓展销路，促进乡村经济的繁荣发展。通过将专业知识与实践经验相结合，新生代乡村教师能够为乡村发展提出更具针对性和可行性的建议，在一定限度上促进乡村经济的多元化与可持续发展。

同时，这种跨界合作也能够为新生代乡村教师自身带来诸多益处。他们可以在实践中不断锻炼和提升自己的专业素养，提升解决问题的能力；同时，通过与乡村社会的深入互动，他们的社会影响力也会得到显著提升。这种教育与乡村发展的良性互动，不仅可以为乡村文明建设注入新的活力，也能够为新生代乡村教师提供更广阔的发展空间和人生舞台。

4. 乡村教育创新实践的积极探索者

在信息化、全球化加速发展的今天，教育环境正经历着前所未有的快速变化。这种变化要求教育者不仅需要具备深厚的教育理论基础，也需要能够快速学习并适应新时代教育需求。新生代乡村教师作为受过高等教育的青年群体，通常具备较强的学习意愿与接受能力，能够敏锐地捕捉教育领域的最新动态，并迅速掌握新的教育理念、教学方法和技术手段。他们在推进教育变革中展现出了较强的适应能力和发展潜力，为乡村教育注入了更多可能性。

在探索教育创新的过程中，新生代乡村教师可以通过尝试将新的教育理念引入乡村课堂，打破传统教学的束缚，从而为乡村教育带来新的活力。例如，他们可以在教学中关注学生的个体差异，倡导以学生为中心的教学模式，注重培养学生的批判性思维、创新能力和自主学习能力。这种教学模式的转变，可以提高学生的学习兴趣和积极性，并有助于培养和提升学生的综合素质与创新能力，为乡村学生的未来发展奠定更加坚实的基础。

同时，新生代乡村教师能够熟练运用现代信息技术手段来辅助教学。他们可以将多媒体教学、在线教育平台等技术融入课堂教学，丰富教学资源，提升教学效果。通过这些技术手段，他们能够打破传统教学的时空限制，使学生可以更加便捷地获取知识，享受更为多元化、个性化的学习体验。这种教学方式的创新，不仅能够提升乡村教育的质量和效率，还可以帮助乡村学生接触更广阔的世界。此外，新生代乡村教师还能够结合乡村实际，挖掘乡村教育资源，开展如乡村文化体验、农业科技实践等具有乡村特色的教学活动。这些活动可以增强学生的实践能力和创新意识，同时有助于传承和弘扬乡村文化，推动乡村教育的特色化发展。

二、研究的意义与价值

（一）深化乡土情怀研究，丰富乡村教育理论

以往关于乡村教育的研究，主要聚焦于环境条件、教学质量等外在因素，而对乡村教师，尤其是新生代乡村教师的内在心理世界关注较少，特别是对他们与乡村之间深厚情感联结——乡土情怀的研究较为匮乏。事实上，乡土情怀作为乡村教师职业发展的内在驱动力和情感纽带，其研究价值不容忽视。乡土情怀不仅是乡村教师个体情感的重要组成部分，更是他们与乡村社会、乡村文化紧密联系的体现。这种情感深刻影响了教师对乡村教育的认同感和投入度，并直接作用于其教学行为和职业选择过程，成为影响乡村教育发展的重要内生变量。

本书旨在系统而深入地探讨新生代乡村教师的乡土情怀，尝试填补这一学术领域的研究不足，同时进一步丰富乡村教育理论的内涵。研究采用理论分析、深度访谈与问卷调查等多种方法，全面揭示了新生代乡村教师乡土情怀的复杂性与多样性。研究发现，乡土情怀不仅是新生代乡村教师个人成长与职业发展的重要情感基础，还在其教学实践和职业选择中发挥着关键作用。通过对这一情感机制的深入剖析，可以更加精准地理解乡村教师的情感世界及其行为逻辑，从而为乡村教育发展提供科学依据。

此外，本书还进一步揭示了乡土情怀在乡村教师职业发展中的作用机制，并在理论层面拓展了乡村教育研究的视野。通过借鉴社会学中的社会认同理论和心理学中的情感动机理论，本书尝试构建

一个更加全面、多维的乡村教育理论框架。这一理论尝试不仅深化了对乡村教育本质与规律的认识，也为乡村教育实践提供了科学且可操作的指导路径。未来，通过对乡土情怀与乡村教育实践的结合研究，可以为乡村教育的可持续发展提供更加坚实的理论支持和实践依据。

（二）助力乡村教师职业发展，促进教师队伍稳定与提升

通过对新生代乡村教师乡土情怀与职业发展的深入探讨，本书旨在帮助这一群体更加清晰地认识自身与乡村教育之间的紧密联系，进而强化其乡土认同感。乡土认同感的提升，不仅能够增强新生代教师对乡村教育事业的价值认同，还能够促使其更加科学地规划职业发展路径，明确个人成长与乡村教育发展的互动关系。本书通过问卷调查和典型案例分析，为新生代乡村教师提供具有实践意义的职业发展参考，既有助于激发其职业热情与创新精神，也为其在乡村教育岗位上的长期稳定发展提供了重要支持。

此外，本书还关注新生代乡村教师职业发展与乡村教育整体发展的协同关系。培养具有深厚乡土情怀的新生代教师队伍，有助于推动乡村教育的创新发展，将现代教育理念与乡土文化有机结合，探索更加符合乡村实际的教学方法与内容创新。同时，这些教师在乡村文化的传承与发展中发挥着重要作用，能够通过教育实践增强学生的文化自信，进一步实现教育与文化的双向促进。一支稳定且充满活力的新生代教师队伍，不仅能够提升乡村学校的整体形象，还能吸引更多优秀人才投身乡村教育，为乡村教育的可持续发展和质量提升提供坚实的人才保障。

（三）为制定乡村教育政策提供科学依据

对新生代乡村教师乡土情怀的深入探究，为相关教育政策的制

定提供科学依据。本书通过详尽的数据分析与典型案例研究，系统揭示了乡土情怀在新生代乡村教师职业发展中的核心作用。这一发现为教育政策的制定提供了全新的理论视角和科学依据，能够更加精准地设计和实施乡村教师的培养、选拔与保留政策。具体而言，通过深入理解乡土情怀对教师教学行为和职业选择的深刻影响，教育管理者可以更加有效地制定有针对性的管理和培养策略。例如，针对教师的乡土情怀特点，设计多层次、个性化的教师培训项目，帮助教师强化乡土认同感，激发教学热情与创造力。在师范生培养阶段加强乡土教育内容，使其在学习期间深入了解乡村文化与教育现状，从而为其未来从事乡村教育奠定情感与认知基础。完善乡村教师的激励机制，通过提升薪酬福利水平、拓展职业发展通道等措施，吸引更多优秀人才加入乡村教育体系，并促进现有教师的长期留任与专业成长。

同时，本书的研究成果可以为乡村学校管理者提供实践指导。管理者可以根据教师的乡土情怀特征，优化学校管理与支持体系，构建情感关怀与专业成长并重的工作环境，增强教师的职业归属感与幸福感，从而提升其教学质量与职业稳定性。通过这一系列政策与措施的实施，不仅能够有效提高乡村教师队伍的整体素质与稳定性，还能进一步推动乡村教育质量的全面提升，为乡村学生的未来发展提供坚实保障，助力乡村教育的可持续发展。

此外，本书对促进乡村社会发展也具有深远的影响。乡村教育质量的提升是乡村振兴战略的关键一环。通过培养具有深厚乡土情怀的教师队伍，不仅可以提高乡村学生的教育水平，还能够促进乡村文化的传承与创新。这些教师将成为乡村与外部世界沟通的重要桥梁，为乡村带来新的知识、理念和发展机遇。他们的存在和努力，将推动乡村社会的全面发展，让乡村更加繁荣、和谐。

最后，本书的发现还具有广泛的借鉴意义。乡土情怀研究的方法论和结论不仅适用于乡村教育领域，还可以为其他需要深度融入特定环境的职业群体提供有益的参考。例如，乡村医生、基层公务员等职业群体也可以借鉴本书的方法和思路，加强自身的乡土情怀培养，更好地服务于乡村社会的发展。这将有助于推动整个社会的均衡发展，让更多人享受到公平、优质的教育和服务。

三、研究问题与研究目标

（一）研究的主要问题

1. 聚焦新生代乡村教师的乡土情怀与职业发展现状

乡土情怀作为新生代乡村教师内心世界的重要组成部分，涵盖了他们对乡村文化的认同、对乡村生活的热爱、对乡村教育事业的责任感与使命感等多个维度。研究这一问题，首先需要深入田野，通过访谈、观察等方法，收集教师们的真实感受与体验，揭示乡土情怀的丰富内涵与表现形式。这不仅有助于我们理解乡村教师在特定文化背景下的心理特征，也为后续探讨其对职业发展的影响奠定了基础。

职业发展现状是评估乡村教师队伍质量的关键指标之一。本书将关注新生代乡村教师在职业保障、职业空间、专业发展、职业精神等方面的现状，通过问卷调查方法，收集相关数据并进行分析。这一过程旨在全面审视乡村教师在职业发展中所面临的机遇与挑战，如教育资源分配不均、职业发展机会有限、职业认同感缺失等问题，为后续提出针对性的改进建议提供依据。

2. 探究乡土情怀对新生代乡村教师职业发展的影响机制

乡土情怀作为一种深厚的情感纽带，能够激发新生代乡村教师对乡村教育事业的热爱与投入。本书将深入探讨乡土情怀如何通过增强教师的归属感、责任感与使命感，促进其在教学工作中的积极态度与行为表现。这种情感激励作用不仅有助于提升教学质量与效果，也有助于教师在面对职业困境时保持坚韧不拔的精神状态。

乡土情怀还影响着新生代乡村教师的职业价值观与职业选择。本书将分析乡土情怀如何塑造教师的职业认同与职业愿景，以及这种认同与愿景如何引导教师在职业道路上的选择与坚持。通过对比具有不同程度乡土情怀的教师在职业发展上的差异，可以揭示乡土情怀在职业选择中的重要作用，为引导更多优秀人才投身乡村教育提供理论支持。

最后，本书还将关注乡土情怀如何影响新生代乡村教师的社会支持网络与职业发展路径。充满乡土情怀的教师往往更容易在乡村社区中建立广泛的人际关系网络，获得来自家人、同事、学生及社区居民的支持与帮助。这种社会支持网络不仅有助于缓解教师在职业发展中的压力与孤独感，也为其提供了更多的学习与发展机会。本书将分析这种支持网络如何促进教师的专业成长与职业发展路径的优化。

积极心理资本作为一种重要的心理资源，能够显著影响新生代乡村教师的职业发展轨迹。本书将深入探讨积极心理资本如何通过增强教师的自我效能感、乐观态度、希望感和心理韧性，促进其在乡村教育环境中的适应与成长。这种心理资源的积累不仅有助于培养教师对乡村的深厚情怀，也能够增强其职业稳定性，并为长远的职业发展奠定坚实基础。

3. 探讨积极心理资本对新生代乡村教师职业生涯的作用

就乡土情怀而言，积极心理资本能够激发教师对乡村教育事业的热忱与投入。高自我效能感使教师相信自己有能力改变乡村教育现状，乐观态度则助其在困境中看到希望，这种积极心态有利于教师与乡村环境建立更深层次的情感联结。本书将探讨这种心理状态如何增强教师对乡村的认同感与责任感，进而形成持久的乡土情怀。

在职业稳定性方面，积极心理资本能够帮助教师更好地应对乡村教育工作中的各种挑战。希望感驱使教师制定长远目标并为之努力，而心理韧性则使其在遇到挫折时能够迅速恢复。本书将分析这些心理特质如何增强乡村教师的职业承诺，降低其离职倾向，从而提高乡村教师队伍的整体稳定性。

在职业发展层面，积极心理资本为教师提供了持续进步的内在动力。自我效能感鼓励教师尝试创新教学方法，乐观态度则使他们在职业生涯中保持积极进取的姿态。本书将探讨这些心理要素如何促进教师的专业成长，拓展其职业发展空间，最终实现个人价值与社会价值的统一。

（二）研究的主要目标

1. 深入解析新生代乡村教师的乡土情怀及其影响因素

本书旨在深入剖析新生代乡村教师乡土情怀的内涵与构成要素，探究其形成和发展的影响因素。通过定性与定量相结合的研究方法，厘清乡土情怀的概念和结构。同时，本书将系统考察个人背景、工作环境、社会支持等多元因素对乡土情怀形成的作用机制，为培育和强化乡村教师的乡土情怀提供理论基础。

2. 研究新生代乡村教师职业发展状况及其影响机制

本书旨在全面评估新生代乡村教师的职业发展状况，并深入探讨影响其职业发展的关键因素。重点考察职业发展、职业稳定性以及积极心理资本等核心变量之间的相互关系，以及这些积极心理资本如何共同作用于职业稳定性，以期为乡村教师职业发展提供策略建议。

3. 乡土情怀影响职业发展的机制解析

本书聚焦阐明乡土情怀对新生代乡村教师职业发展的作用和路径。通过构建理论模型，我们将探究乡土情怀如何通过增强职业认同、提高工作投入等中间变量来影响其职业发展。基于这些发现，本书将提出有针对性的培育策略，包括设计乡土情怀培养课程、优化学校文化建设、强化社区互动等，以激发和维持教师的乡土情怀，进而促进其职业发展。

4. 乡土情怀培育与职业发展策略

本书着眼于研究成果的实际应用，为乡村教育政策制定和实践改进提供科学依据。提出涵盖教师招聘、培训、评价和晋升等方面的政策建议，为学校管理者提供具体可行的教师发展策略，包括乡土情怀培育、职业发展支持等方面。探讨如何将乡土情怀融入乡村教师教育课程和职前培训中，为新生代乡村教师的可持续发展奠定基础。

四、研究路径与方法

（一）研究思路

本书旨在深入探讨新生代乡村教师乡土情怀和职业发展的现状与存在的问题，以及乡土情怀与职业发展之间的关系。本书将从问题提出、理论构建、实证分析到策略提出四个层面展开，采用文献研究、问卷调查、实地访谈和案例分析等多种方法，力求全面而深入地解答研究问题。具体研究思路如下：

1. 研究背景与问题提出

本书旨在厘清新时代背景下乡村教育发展面临的挑战，聚焦新生代乡村教师在这一背景下的关键作用。通过系统的文献梳理，本书将明确其背景、目的及意义，并界定"新生代乡村教师""乡土情怀"和"职业发展"等核心概念，为研究奠定概念基础。

2. 文献梳理与理论基础

本书将对现有关于乡村教师留教意愿、职业发展及乡土情怀的相关文献进行梳理，以了解当前研究的进展和存在的不足。同时，结合教育学、心理学和社会学等多学科的理论视角，构建本书的理论基础，为后续研究提供理论支撑。

3. 职业发展与乡土情怀现状与原因

基于问卷调查和深度访谈的数据，详细描述新生代乡村教师职业发展与乡土情怀的现状，包括其职业保障、职业空间、职业能力和职业精神等方面的情况。同时，将深入分析影响新生代乡村教师职业发展与乡土情怀的各种因素，包括个体特征、学校环境和社会环境等，以期揭示其内在的原因和机制。

4. 乡土情怀与职业发展的内在机制

在明确新生代乡村教师职业发展与乡土情怀的现状及原因后，本书将进一步探讨乡土情怀与职业发展之间的内在机制。通过实证分析和理论阐释，揭示乡土情怀如何影响新生代乡村教师的职业发展，以及职业发展又如何反过来强化或改变其乡土情怀，从而深化对两者关系的理解。

5. 案例研究与策略提出

案例研究将聚焦成功留任的新生代乡村教师，探讨其乡土情怀的形成和职业发展的关键影响因素并进行深入剖析，以验证和丰富前述研究的发现。在此基础上，结合文献综述、理论基础和实证研究结果，提出针对性的策略建议，以期为新生代乡村教师的职业发展提供有效支持，并促进其乡土情怀的培育和提升，为推动乡村教育的发展和进步提供有价值的参考。

（二）研究方法

本书以新生代乡村教师为研究对象，聚焦"乡土情怀与职业发展、积极心理资本、职业稳定"等核心主题。为了全面而深入地探讨这些议题，采用质化与量化相结合的混合研究方法。

1. 文献研究法

本书在探究新生代乡村教师的乡土情怀、职业发展、积极心理资本及职业稳定等核心议题时，首先采用了文献研究法。科学研究必然立足于现有的理论基石之上，方能全面审视乡村教师发展的现状，并精准捕捉改革实践中的关键问题。文献研究作为一种系统性的分析手段，旨在汇总并分析现有领域的理论成果，从而为所研究的问题提供坚实的理论支撑。本书围绕核心议题，系统地开展了文献检索、资料收集与分析工作。

具体而言，研究资料的搜集途径主要包括三个方面：首先，充分利用网络数字资源，以中国知网、万方数据库、超星期刊网等国内数据库，以及 World Lib、Web of Science 等国际知名数据库为平台，以"乡土情怀""新生代乡村教师""职业发展""积极心理资本"及其英文对应词作为关键词进行深度检索，本书旨在全面追踪并把握国内外关于新生代乡村教师及其职业发展研究的最新动态，为后续文献综述与相关理论框架的构建奠定坚实基础。其次，广泛涉猎相关书籍与报刊资料，通过乐山师范学院图书馆、中国国家图书馆等渠道，深入研读涉及乡村教师发展主题的专著，以及《中国教师报》等权威报刊上的相关文章，以期获得更为丰富多元的研究视角与实践案例。最后，系统梳理了与乡村教师相关的政策文件。这些政策文本不仅为本书提供了重要的背景支撑，也构成了研究分析与论证不可或缺的依据，确保了研究的时效性与政策导向性。通过上述多维度的资料搜集与整理，本书力求在科学规范的基础上，形成具有学术深度的分析框架与研究成果。总体而言，文献研究法为本书提供了丰富的理论资源与分析视角，为后续实证研究奠定了坚实的基础。

2. 量化研究方法

主要通过问卷调查的方式，对新生代乡村教师的职业发展现状、积极心理资本的水平以及职业稳定性进行分析和整体的把握。问卷调查法，亦称问卷法，是现代社会研究中广泛采用的资料收集手段，尤其在调查研究中应用更为普遍。通过设计并实施相关的调查问卷，收集丰富的数据，旨在揭示这些教师在职业发展过程中的特征、积极心理资本的影响因素以及职业稳定性的关键要素。

3. 质化研究方法

为了更深入地理解新生代乡村教师的乡土情怀、职业发展、积极心理资本和职业稳定等议题，我们采用了文献分析法和案例研究法（或访谈法）。文献分析帮助我们系统地梳理了现有研究，明确了研究的理论基础和研究方向。而案例研究（或访谈法）采用半结构访谈法，针对新生代乡村教师的乡土情怀与职业发展相关问题进行了深入访谈。访谈过程中，预先设定了访谈问题，但在实际访谈中灵活调整提问顺序，并根据情境适时调整问题，以鼓励受访者充分阐述个人观点。本书以正式访谈为主，同时辅以在课余时间或其他场合进行的非正式访谈，旨在发现并确定研究问题，收集经验材料，并进行扎根理论编码，以揭示新生代乡村教师职业发展背后的复杂因素、积极心理资本的形成机制以及职业稳定性的深层次含义。对新生代乡村教师的个体或群体进行了连续性的调查，揭示了他们职业发展背后的复杂因素、积极心理资本的形成过程以及职业稳定的深层次内涵。

　　综上所述，本书通过量化与质化研究方法的有机结合，旨在全面而深刻地理解新生代乡村教师在乡土情怀、职业发展、积极心理资本和职业稳定等方面的现状、特征及其相互关系，为提升他们的职业满意度和稳定性提供有力的理论支持和实践指导。

相关概念与理论基础

本章聚焦新生代乡村教师乡土情怀的概念内涵，追溯其深厚的文化根源，并分析其在现代社会中的意义演变。同时，厘清职业发展的理论框架，关注新生代乡村教师职业发展的独特性与挑战。在此基础上，构建新生代乡村教师乡土情怀形成的理论模型，深入探讨其在乡村教育情境中的实践价值。最后，进一步分析乡土情怀与职业发展的内在关系，重点阐释乡土情怀对职业承诺、工作满意度和留任意愿等相关变量的影响机制，从而为后续研究提供坚实的理论支持与参考依据。

一、相关概念界定

（一）新生代乡村教师

"新生代"一词最初源于地质学领域，用于描述地球历史上最新的地质时代。随着时间的推移，该术语逐渐被引入其他领域，形成了诸如"新生代作家""新生代农民工""新生代歌手"等多种新生代群体的概念。在教育领域，"新生代教师"这一群体的定义与特征也逐步引起了学者们的关注与讨论，成为教育研究中的重要议题。

教师是指在各级各类教育机构中专门从事教育教学工作的专业

人员群体。在我国，乡村教师的概念具有深远的历史渊源。早在
20 世纪 30 年代，陶行知先生便在其《改造全国乡村教育宣言书》
中明确阐述了乡村教育与乡村教师的重要性。他强调，乡村教育应
以乡村为中心，致力于改造乡村生活，而乡村教师，则是这一改造
过程中的灵魂人物。乡村师范教育的核心目标，在于培养既具备农
业实践技能、又拥有科学思维方式，同时富有改造社会精神的教
师[17]。中华人民共和国成立后，在国家政策与学术研究层面，乡村
教师的概念并未被特别凸显，而是被纳入更为宽泛的"农村教育"
体系之中，统称为农村教师，这一统称方式一直延续至 21 世纪初。

　　乡村教师主要包括两类群体：乡村中小学教师和乡村幼儿园教
师。其中，乡村中小学教师通常任教于乡镇中心学校、乡镇初级中
学、九年一贯制学校、乡镇中心小学、村完小以及教学点等教育机
构。鉴于学历背景和工作性质的相似性，本书的研究重点聚焦在乡
镇中小学校任教的新生代乡村教师，而不包括在乡村公办幼儿园任
教的教师群体。

　　新生代乡村教师，作为农村教育领域中的一个特定群体，被不
同学者赋予了多样化的称谓，诸如乡村青年教师、农村青年教师及
90 后乡村教师等。蔺海沣等学者在其研究中明确指出，新生代乡
村教师是指那些出生于 20 世纪 80 年代之后，且在乡村学校，特别
是乡镇及乡镇以下层级的学校中从事教学工作的青年教师群体[18]。
另一方面，郑新蓉等人认为，新生代乡村教师是指 1980 年后出生，
接受了并轨收费高等教育体系培养，毕业后主要通过教师招聘考试
进入教育行业，并在农村乡镇或更低层级学校任教的教师队伍[19]。
刘胜男从社会发展的宏观背景切入，指出新生代教师成长于改革开
放之后，这一时代的社会环境与价值观均发生了翻天覆地的变化。
相较于老一辈教师，新生代教师更加关注物质生活的条件与质量，

同时强调工作应兼具趣味性与多样性[20]。王清霞则进一步融合了教育背景与地域因素的分析视角，阐述了这一群体通常在城市中接受高等教育，却选择到农村、乡镇乃至非建制镇地区，投身于义务教育阶段的教学实践[21]。

学界尽管对于"新生代教师"的概念界定尚未达成共识，但多数研究倾向于以出生时间、生活背景及时代特征作为界定的主要依据。具体而言，新生代教师大多出生于 20 世纪 80 年代之后，在中国经济迅猛发展的浪潮中成长起来，他们接受了全面而系统的教育，掌握了扎实的教育理论知识体系。这一代教师思维活跃，教学风格灵活且富有创造性，知识面宽广，行事注重效率。然而，他们也可能表现出耐心不足、集体意识薄弱的特点，以及较强的功利倾向，因此成为社会各界广泛讨论的焦点。

尽管当前通常将新生代乡村教师的出生年代界定为 20 世纪 80 年代以后，但考虑到教育部自 2006 年启动的农村义务教育阶段学校教师特设岗位计划（简称"特岗计划"）。截至 2023 年，该计划已累计招聘了 103 万名特岗教师。据 2019 年统计，乡村教师总数约为 290 万人，特岗教师约占其中的 32.8%。在特岗教师的招聘过程中，优先考虑年龄在 30 岁以下的申请者，目前全国特岗教师的平均年龄为 24.8 岁，主要由 20 世纪 90 年代以后出生的群体组成[22]。因此，本书所指的新生代乡村教师，主要是出生于 20 世纪 90 年代以后，年龄在 35 岁以下，具有高等教育学历，深入农村基层从事教育教学工作的中青年教师群体。

（二）乡土情怀

1. 乡土情怀

对土地的深厚情感作为中华文化的重要组成部分，其内涵随着社会的不断发展而不断演变和深化。"乡土"二字，所承载的含义远远超越了其表面意义。"乡"不仅指代地理意义上的故乡，更象征着一种特定的社会结构和生活方式，体现了一种亲密无间的共同体意识。而"土"，也不仅仅局限于本乡本土的范畴，它象征着一种与土地紧密相连的乡村生活和生产方式，是乡村文化的根基和灵魂。

在我国的历代文献中，"乡土"一词一直都在使用，多数用来表达"家乡"或"地方"的意思。《辞海》把"乡土"解释为家乡、故乡，亦泛指地方[23]。著名社会学家费孝通指出：从基层上看，中国社会是乡土性的[24]。这里，乡土代表着一个属性，一个特质，即具有农村属性的家乡土地。这一观点为我们理解乡土概念提供了重要的社会学视角。

情怀，指的是蕴含特定情感的心境状态，是在特定情境下萌发的情感体验。从本质上讲，"情"代表了崇高的感情，而"怀"则象征着广阔的胸怀，因此"情怀"不仅是一种心境，更是对某种事物所蕴含的心情和状态的深刻理解及投入。现代汉语语境下，"情怀"这一概念被赋予了特定的情感状态，超越了简单的情感表达，进一步代表了一种高尚的品格与坚定的信念。情感作为个体对现实所持的相对稳定态度，深植于个性及道德经验等多重体验之中，反映了个体需求是否得到满足的态度体验。而"情怀"在此基础上更为深化，其内涵不仅体现为个体对某一事物的深沉执着与挚爱，更是情感态度、信念追求与理想抱负等多元要素的综合体现与精神融合。

从本质上看，"情怀"是一种内在精神力量，贯穿于个体的思想情感与价值选择之中，展现了人类精神生活的深刻意蕴。具体而言，"情怀"体现为个体丰富而深刻的情感体验，这种情感不仅来源于对外部世界的感知与回应，更源自内心深处的价值认同与生命关怀。同时，"情怀"还蕴含着坚定的信念与执着的理想追求，这些信念与理想赋予个体以方向感和意义感，成为其行动的内在驱动力。此外，"情怀"也表现为个体在面对困境时所展现的坚韧不拔的行动力，折射出一种超越现实的精神力量与人格力量。在更深层次上，"情怀"还承载了个体的个性倾向、生命的审美观念、价值信仰与人格境界等多维精神面貌，构成了个体精神生活的核心内容与崇高境界。因此，情怀不仅是个体内心世界的真实写照，更是其在面对生活挑战时所展现的精神力量与价值追求的集中体现。

在中国传统农耕文明的背景下，乡土情怀成为连接个人与土地、个人与社会的重要精神支柱。古往今来，无数诗人墨客通过他们的笔触和才情，表达了对这片土地的深深依恋。这种情怀不仅体现在文学艺术作品中，更在中华民族的集体记忆和文化基因中占据了重要地位，成为维系民族凝聚力的重要精神力量。

当前学术界对"乡土情怀"的内涵尚未形成统一的概念界定，出现了"乡土情感"和"乡土情结"等相关术语。翟宇君提出，乡土情怀体现了个体在情感层面与地方之间的一种紧密联系，反映了人地关系的深层联结[25]。李景韬、刘华荣认为，乡土情怀是个体对家乡（无论是城市还是乡村）的历史文化、民风民俗以及物产名胜所产生的自豪感、热爱之情，同时包含基于地缘、血缘、乡愁、乡情的天然纽带，是对父母、邻里感恩的情感表达，也是对家乡发展关切的体现[26]。马宽斌则从乡村教师的职业特性出发，认为乡土情怀是乡村教师作为乡村社会一员所具备的乡土文化意识，这种乡土情怀能够引导其形成正确的价值观念，并增强其内在的乡土文化自信[27]。

关于"乡土情结"和"乡土情感"的说法，谢春江认为，乡土情结是一种深藏于人们内心深处的情感或价值心理，表现为对故乡和故土的思念、依恋与皈依。这种情感在历史的积淀中逐渐内化为中华民族的"集体无意识"，并成为中华民族价值取向的重要组成部分[28]。此外，有学者提出"乡土情感"的概念，认为其是乡村社会居民或曾经居住于乡村的个体对家乡社会产生的一种牵挂与依恋，是一种归属感与情感认同的综合表现[29]。

随着现代化进程的不断加速，乡土情怀的内涵也在动态演变之中。在城镇化快速推进的背景下，尽管城乡结构发生了显著变化，但农业和农村在国民经济中的重要地位依然不可忽视。在这一社会转型过程中，乡土情怀被注入了新的时代内涵，不再仅仅局限于对家乡的怀念，而是逐渐融入了创新意识与进取精神，展现出更加丰富且深远的意蕴。

综上，本书将"乡土情怀"界定为一种复杂且多维的情感与精神状态，其内涵既体现为个体对乡土深厚的情感依附与文化认同，又包含对乡土价值的追求以及在实践层面的具体表现。

2. 乡村教师的乡土情怀

关于乡村教师乡土情怀的内涵，国内学者已从多维视角进行了探讨，形成了较为丰富的理论框架。马多秀的"乡村共情说"认为，乡土情怀是乡村教师对乡村、农民及乡村学生的关注、关切与关爱之情，其核心基石是爱与责任感，这种情怀既是教师坚守乡村教育的情感基础，也是推动其创新教学实践的重要动力[30]；王鉴和苏杭的"乡村认同说"则指出，乡村教师的职业认同感受到社会地位低、工作条件差及流失率高等因素的制约，但职业认同的形成不仅依赖于待遇，更需要在教师教育与专业成长实践中逐步培养，社会环境与教育环境共同作用于此[31]；朱胜晖和孙晋璇的"乡村适应说"强调，乡土文化是乡村教育发展的文化根基，但在乡土文化转型背景下，乡村教师的专业发展面临主体性缺失、功利化倾向及"无乡村"等问题，因此应坚持乡土本色、强化主体意识并重塑乡村师德[32]；马宽斌的"乡村融入说"从职业特性出发，认为乡土情怀是乡村教师作为乡村社会一员所具备的乡土文化意识，这种情怀能够增强其乡土文化自信，引导其形成正确价值观并更好融入乡村社会[27]。这些理论从情感基础、职业认同、文化适应与社会融入等不同层面揭示了乡村教师乡土情怀的内涵，为进一步研究乡村教师乡土情怀的理论建构与实践路径提供了重要参考。

乡土情怀作为一种深刻的情感认同，不仅成为教师坚守乡村教育岗位、全身心投入学生成长的重要内在动力，还彰显了他们对教育事业的责任担当。面对资源匮乏、学生背景多样化等现实困境，拥有乡土情怀的教师能够更加敏锐地意识到自身肩负的教育使命。他们不仅关注学生的学业进步，更注重学生的全面发展以及乡村社会的长远未来。这种责任意识促使教师主动探索适应乡村教育特点的教学策略，积极改善教学实践，以提升教育质量，为乡村教育的可持续发展提供有力支持。

在乡村教育中，教师的高流动性一直是制约教育质量提升的关键问题，而深厚的乡土情怀能够显著增强教师对乡村教育的忠诚度。当教师对乡村社会形成深刻的情感依附时，他们更倾向于长期扎根乡村，致力于乡村教育事业的发展。这种情感纽带不仅有助于缓解乡村教师流失问题，也为乡村教育的稳定与进步奠定了坚实基础。

基于以上分析，本书将乡村教师的乡土情怀界定为一种源于对乡村自然环境与社会文化深刻认同的积极情感体验。既体现为对乡村教育事业的热爱与投入，也表现为运用地方文化知识开展教学实践并融入乡村社会生活的能力，从而提升乡土教育的本土适应性。同时，乡土情怀驱动乡村教师积极回应乡村发展需求，为乡村振兴提供持续的人才支持与文化动力。

3. 乡村教师乡土情怀的构成要素

在探讨乡村教师乡土情怀的构成要素时，尽管学界基于多元知识架构与理论视角提出了多样化的解析框架，但深入剖析可以发现，这些诠释之间存在若干共通且核心的观点。乡村教师的乡土情怀不仅是一种积极的情感基调，更是一种贯穿认知、认同、能力与情感的复杂心理结构。这种情怀深深根植于"爱与责任"的相互交织之中，体现在对乡村社会的深刻认知、对乡村文化的高度认同、服务乡村教育的职业能力，以及对乡村生活的深切情感之中。在我国悠久的乡村社会历史脉络中，乡村教师始终承担着多重关键角色，如"乡村文化的传承者""乡村礼教的践行者"以及"乡村治理的协作者"。这些角色定位不仅彰显了乡村教师的历史使命，也为理解其乡土情怀提供了认知与实践相结合的历史与文化维度。本书借鉴王霞霞[33]的划分方法，将乡村教师乡土情怀的构成要素归纳为四个核心维度：乡土认知、乡土认同、乡土能力与乡土情感。

乡村教师的乡土认知是其对乡村土地、自然环境和乡土文化的整体理解与价值判断，是其乡土情怀的重要基础。乡村作为人类社会的根基，千百年来以土地为纽带哺育了一代又一代人，人与土地的深厚联系不仅满足了人们的基本生活需求，也塑造了乡村独特的社会结构和人文关系，成为维系乡村伦理与制度的重要力量。即便在现代社会，乡村的自然生态与文化意义依然不可忽视，其地理风貌、生产方式和风土人情共同构成了乡村生活的底色。乡村教师通过对乡村地理环境的熟悉、对本地生产生活方式的适应以及对地方文化的理解，逐渐形成了对乡村社会的深刻认知。这种认知不仅使他们能够更好地融入乡村教育实践，也激发了他们对乡村建设的关注与责任感，成为推动乡村教育发展的内在动力。

乡村教师的乡土认同是其对乡村物理环境与人文环境的高度认同，是一种深植于乡土文化、乡土身份与职业价值的内在共鸣。乡村不仅是乡村居民赖以生存和劳动的自然场域，更是承载乡土文化、折射中华文明形态的文化场域。乡村教师对于乡土社会所蕴含文化的理解与体验，是其形成乡土文化认同的基础。乡村教师需要主动接纳乡村生产生活方式，积极适应当地风土人情，对乡村文化进行深度内化。

另一方面，他们也需认同自己作为乡村社会一员的乡民身份，承担起延续乡村文脉的道义责任。作为乡村社会中少有的知识分子群体，乡村教师的社会角色不仅具有专业性，还兼具公共性。他们不仅是教育工作者，更是乡村文化的传承者和乡村发展的推动者。通过不断反思职业意义与价值，乡村教师将个人发展与乡村振兴紧密联系，使职业理想与乡村教育发展相互促进。乡土认同的深度直接影响着乡村教师的乡土情怀，是其能否有效开展乡村教育实践、推动乡村发展的关键因素。

乡土能力涵盖乡土文化传承能力、乡土教学能力和乡村治理能力三个维度。作为乡村文化传承与创新的重要力量，乡村教师凭借其知识储备和学习能力，能够更为深入地理解和传承当地优秀乡土文化；通过开展富有地方特色的乡土文化课程，激发学生对乡土文化的认同感和自豪感。同时，乡村教师作为连接乡村社会与现代文明的桥梁，其乡土能力的培养与提升不仅关乎教育教学质量的提高，更是实现乡村振兴战略的重要支撑。乡村教师在履行教育职责的同时，积极投身乡村治理实践，为乡村现代化建设贡献专业力量。乡土能力作为一个多维度的能力体系，不仅是乡村教师专业成长的必然要求，更是推动乡村教育高质量发展的关键所在。

乡土情感作为连接乡村教师、乡村学生和乡村社会的特殊纽带，构建了涵盖乡土职业情感、乡土归属情感和乡土教育情怀的多维情感体系。在这一体系中，乡村教师坚定理想信念，展现道德情操，具备专业学识，怀有仁爱之心，体现了乡土职业情感的核心内涵。同时，乡村教师的情感超越了教学场域的界限，他们通过日常的互动交流，积极融入乡村生活，加深了与乡民之间的情感联系，体现了乡土归属情感。归属感作为一种深层次的心理体验，彰显了教师对乡村的深厚情感与认同，不仅使他们感受到自身在乡村社会中的重要性，更激励着他们在职业生涯中不断探索与成长，为乡村的持续发展贡献力量。此外，乡村教师扎根乡村、奉献乡村教育的行为，凝聚成了乡土教育情怀。这种情怀推动他们在教育实践中持续努力，提升专业素养，为乡村教育的高质量发展提供了坚实的精神支柱。

（三）职业发展

1. 职业发展

职业发展作为一个多维度且内涵丰富的概念，研究者从不同层面进行了深入探讨。宁本荣认为，职业发展是个人在工作环境中，通过参与各种专业活动，提升连接社会资源的能力，增加资源储备的过程[34]。张念东指出，职业发展是一个持续的过程，从业者通过完成设定的职业任务，实现一个又一个职业目标，形成完成目标与设定新目标的良性循环[35]。马力则强调职业发展的目标导向性，即个体逐步实现职业目标，并不断制定和实施新目标的过程。在结构维度上，职业发展涉及多个方面[36]。尹国杰提出，职业发展包括职业素养、经济收入、社会地位、工作环境、自我价值等方面的变化过程与状态[37]。

此外，有学者还探讨了职业发展的动态性和互动性。O'Neil 等认为，职业发展是一个动态且阶段性的过程，个体在整个职业生涯中面临多样化的问题、任务和组织环境，需要根据不同情境采取相应的策略[38]。与此同时，Kelchtermans 强调，职业发展体现了个人与环境的持续互动，这种互动贯穿于职业生涯的始终[39]。尽管学界对职业发展的界定存在差异，但也达成了一定的共识。普遍认为，职业发展具有过程性和持续性的特点，是一个提升个体能力、实现职业目标的持续进程。同时，环境因素（如组织支持、社会资源）在职业发展中起着重要作用，得到了广泛认可。此外，职业发展的多维度性质也被普遍接受，体现了其复杂性和多样性。

值得注意的是，职业发展与专业发展既有联系，又有区别。专业发展是职业发展的重要基石，而职业发展则是一个更为宽泛的概念，包含了专业发展在内的多重内容。不仅涵盖专业能力的提升，还涉及职业回报、社会地位等多个方面。基于上述观点，本书尝试对职业发展概念进行更为精炼地界定：职业发展是个体在职业生涯中，通过持续学习和实践，不断提升专业能力、获取社会资源、实现职业目标的动态过程。该过程体现了个人与环境的持续互动，涉及职业保障、职业空间、专业能力、职业精神等多个维度，旨在促进个体的全面发展和价值实现。

2. 教师职业发展

在教育学研究领域，教师职业发展作为一个核心概念，其内涵与外延的探讨一直是学者们关注的焦点。现有文献中，虽然"教师教育""教师职业生涯发展"与"教师专业发展"等概念相互交织，但各有侧重，呈现出丰富的内涵。

教师职业发展可以分为两个层面，即教师群体的职业发展和教师个体的职业发展。教师群体的职业发展是指整个教师职业群体在社会地位、职业声誉、薪酬待遇、政策支持等方面的整体提升，关注教师作为一个专业群体在教育体系和社会中的影响力和认可度的提高。教师个体的职业发展则是指单个教师在其职业生涯中，专业知识、教学技能、职业素养以及职业成就等方面的持续成长与进步，强调教师个人在职业道路上不断积累经验、提升能力和完善自身。本书所涉及的教师职业发展，属于教师个体的职业发展。

关于职业发展内涵的研究，学者们进行了多角度的界定。贾爱武从个人心理和教育背景的角度，将其解释为教师专业成长的过程[40]。贾荣固认为，教师职业发展包括内隐性发展和外显性发展两个层面，二者相互影响、相互促进。其中，内隐性发展指教师职业素质与能力的提升，外显性发展则涉及教育教学实践的进步、工作发展、事业推进以及成就取得等[41]。肖丽萍指出，教师在职业生涯中从一个阶段迈向下一个阶段，是一个积累经验、构建职业知识、技能、行为和态度的过程[42]。杨爽认为，教师职业发展的内涵主要指教师在从教之后，基于专任教师岗位的技术技能发展之上的职业提升，涵盖职业发展意识、职业发展能力和职业发展素质三个方面[43]。

从职业生涯的视角出发，研究者将教师的职业发展划分为多个阶段。美国学者费斯勒将教师的职业发展置于对其产生影响的背景情境中，强调教师职业的发展是一个动态、变化的过程，是对各种影响因素的回应和循环互动，此消彼长，周而复始[44]。

教师职业发展是触及精神、心理、社会关系乃至物质生活状况的整体性发展。相较而言，教师专业发展更聚焦于专业理念、师德、知识和能力的精进，主要体现在学科专业知识与内容的深化，其核心在于学科专业能力的锤炼。

3. 乡村教师职业发展

乡村教师职业发展是指教师在乡村这一独特教育环境中，通过持续学习、实践反思、交流合作等方式，不断提升专业知识、教学技能、教育理念和个人素养的动态过程。作为教师专业成长的重要领域，乡村教师职业发展体现了个体在职业生涯中通过持续学习和实践，提升专业能力、获取社会资源、实现职业目标的过程。这一过程涉及职业保障、职业空间、专业能力、职业精神等多个维度，反映了个人与环境的持续互动，旨在促进教师的全面发展和价值实现。

乡村教师职业发展是指乡村地区教师在其职业生涯中，通过不断地专业成长与自我提升，满足乡村教育的特殊需求，实现个人价值与教育事业同步发展的过程。这一过程具有持续性和阶段性特征，不同职业发展阶段的教师面临着各自的发展任务与挑战。乡村教师职业发展的内涵已超越传统意义上教学技能的单一提升，涵盖了教育理念的更新、心理调适能力的培养、信息技术应用能力的增强等多个维度。

在乡村教师职业发展中，外部的政策扶持、资源投入和专业培训固然重要，但更为关键的是教师自身的内在驱动力、职业认同感与专业追求。倡导教师在实际教学情境中发现问题、解决问题，并通过反思性实践不断提升教学质量和专业能力，已被证明是推动教师职业发展的有效路径。外部支持与内在动力的深度融合，是促进乡村教师职业发展的关键。

二、新生代乡村教师乡土情怀研究的理论依据

（一）"差序格局"理论

费孝通先生是中国社会学与人类学的杰出代表，其"差序格局"理论为理解中国语境下的乡土情怀提供了重要的本土化视角。他凭借扎实的田野工作与深刻的理论剖析，展示了乡土社会的多元面向，为乡村教师深入理解乡村社会结构和人际关系奠定了坚

实基础。

　　费孝通在《乡土中国》中提出的"差序格局"理论，是理解中国乡村社会结构和人际关系的重要框架之一[24]。"差序格局"指以个人为中心，像水波般向外扩散的人伦关系网络，其特点是关系的亲疏远近呈现出层级性和差异性。在这种社会结构中，个人的责任与义务依据与他人关系的亲疏程度来决定。该理论为乡村教师理解学生、家长及村民之间的关系提供了重要的依据，有助于他们在教学过程中更有效地沟通与互动，融入乡村社会。

　　费孝通还提出了"熟人社会"的概念，认为在乡土封闭的环境中，由亲属、邻里和朋友组成的社交网络中，人们彼此建立了高度的信任与依赖关系[24]。这种网络逐层向外扩展至家庭、亲戚、朋友，直至陌生人，每一层关系都遵循特定的伦理与行为规范。社会的调控更多地依赖道德和习俗的力量，而非正式的法律条文。"熟人社会"生动地勾勒出乡村社会中人际关系的紧密纽带与深厚情感。在乡村社会，对家庭和亲属的责任感与情感依恋尤为突出，随着关系圈的扩大，这种情感依恋逐渐减弱。该理论揭示了人际交往的复杂层次，阐明了乡土情怀在不同社会圈层中所展现的差异。

　　此外，费孝通还深入探讨了"礼治秩序"在乡土社会中的核心地位。他指出，在传统乡村，礼治并非依赖法律与行政的强制力，而是通过礼仪、习俗与道德来维系社会秩序[24]。这种秩序建立在对传统文化与伦理道德的深刻尊重之上，强调人际关系中的和谐共处与相互扶助，以及个人在社会中应承担的角色与责任。礼治秩序不仅规范了个体的行为举止，也塑造了乡土情怀的价值观基础。

　　基于上述理论背景，乡村教师需要理解村民之间的关系模式，因地制宜地开展教育教学活动，提升教育的针对性和有效性。然而，随着现代化进程的推进，乡土社会的传统结构正在发生深刻的变化，乡土情怀也在这一转型过程中寻找新的表达形式。费孝通的"差序格局"理论提示，需要从历史的视角关注乡土情怀在现代化过程中的变迁。对于乡村教师而言，应积极适应社会变迁，探索在新的社会条件下传承和发展乡土文化的方法。这不仅有助于自身职业发展，更能为乡村教育注入新的活力。

（二）生活教育理论

陶行知先生作为我国乡村教育改革的先驱，他提出的生活教育理论对乡村教师乡土情怀的培育具有重要的启示。他倡导"生活即教育"，强调教育应深深扎根于生活实践之中，教育不应脱离实际生活，而应从生活中汲取营养，为生活服务[45]。他的这一理念强调了乡土生活经验在教育中的重要价值，启发乡村教师应善于挖掘和利用当地的自然环境、文化传统和社会资源，将这些丰富的乡土元素融入教学内容，使学生在熟悉的情境中学习和成长。

陶行知先生倡导"社会即学校"的教育理念，强调教育应深度融入社会生活。在陶行知看来，整个社会都是广阔的教育舞台。对于乡村教师而言，乡村的田野、村庄、集市和社区都蕴含着丰富的教育资源，可以成为生动的教学场所。他进一步指出，乡村教师所经历的生活，就是他们所接受的教育[46]。这意味着，乡村教师应拓宽教育视野，使自己的生活与教育实践紧密结合，将课堂延伸至乡村的每一个角落。

"教学做合一"是陶行知生活教育理论的核心之一，强调理论与实践的紧密结合。他鼓励学生在实际操作中学习，在行动中思考。乡村教师可以带领学生参与乡村的生产劳动、社区活动和文化传承。通过实践教学，使学生在真实的环境中获得知识和经验，培养学生的动手能力和创新精神，同时深化他们对乡土文化的理解和认同。

面对现代化进程，陶行知先生的生活教育理论也为乡村教育的现代化提供了指导。乡村教师需要探索将乡土教育与现代教育理念相融合的方法，利用现代教育技术，丰富教学手段，提高教育质量。

（三）身份认同理论

"身份"（identity）一词，其词源含义指向"相同"或"同一"。在牛津词典中，该词被具体阐释为"个体或事物在任何时间点或情境下保持的一致性状态，即作为单一实体的存在，确保其为自身而非其他"，以及"个体或事物所展现或被他人感知的独特性印象，是一系列特征或描述，用以将其与其他实体相区分"[47]。由此可见，"身份"概念不仅强调了个体或事物跨情境的一致性，还着重于其区别于他者的独特性。当这一概念应用于教师身份时，它体现为教师如何归属于教师群体并被识别为该群体的一员，同时也隐含了教师个体如何理解和展现自身与其他教师之间的差异。换言之，教师身份议题探讨的是"教师如何自我认知为教师"的问题，涵盖了对自我角色的认知与期望。鉴于个体对自我的认知随时间与情境的变化而变化，身份因此具备了可变性的特征，这为教师身份的建构与认同提供了可能性。

身份认同理论中的符号互动理论由杜威、库利和米德等人发展而成，乔治·赫伯特·米德对此作出了重要贡献。他提出了三个核心观点：第一，个体根据事物对自身的意义来形成态度；第二，这些意义来源于与他人的互动过程；第三，这些意义处于持续的动态变化和解释之中[48]。米德深入探讨了心灵、自我与社会之间的关系，认为心灵虽然存在于个体之中，但本质上是社会的产物。只有当社会过程融入个人的经验，心灵才会出现，使个体成为具有自我意识的主体[49]。该理论揭示了有机体与环境、主我与客我、个体与社会之间的相互作用关系，体现了米德对语言交往在社会生活改造中的功能的关注。

按照符号互动理论的观点，个体应具备反思能力和在社会发展中进行交往的能力。个人通过观察、角色扮演和行为模仿来学习，进而遵守群体的规则和规范，控制自身的行为。这一过程将个体与社会紧密联系，使二者相互影响、相互促进。

社会身份认同理论则由泰弗尔和特纳在研究群际行为和群际关系的基础上提出，该理论认为，个体对自己属于特定社会群体的认知，以及作为该群体成员所带来的情感和价值意义，构成了社会身份认同[50]。由于从属于不同的社会群体，个体需要构建特定的社会身份，以确认自己在社会中的独特位置。

该理论突破了以往仅从个体心理层面理解社会行为的研究路径，强调对个体如何建构自我和他人身份的方式、方法和路径的关注。在此基础上，泰弗尔提出了社会分类、社会比较和积极区分三个原则，共同构建社会身份认同[51]。首先，社会分类是指个体根据特定特征将自己和他人归入不同的社会群体，倾向于将自我归入内群体，并赋予自身群体的特征，这是一个自我定型的过程。值得注意的是，个体在分类时，往往更倾向于将有利资源分配给所属群体的成员。其次，社会比较使得社会分类的价值意义更加凸显，个体通过放大群体间的差异，对内群体成员给予更积极的评价，以满足获得积极自尊的内在需要，从而在认知、情感和行为上更深刻地认同所属群体。最后，积极区分原则指出，为了满足自尊需求，个体会刻意突出所属群体的优势，在相关维度上表现得比他人更为明显，这种自我激励动机使得个体更加积极地认同并维护所属群体的利益。

身份认同理论为深入理解新生代乡村教师乡土情怀的形成与发

展提供了坚实的理论基础。基于该理论视角，研究可聚焦于乡土情怀的动态建构过程，其与其他身份认同的关联，情感和价值因素对乡土情怀的影响，乡土情怀在不同情境下的表达，以及乡土叙事对乡土情怀的塑造作用等方面。身份认同理论为解析新生代乡村教师乡土情怀的形成机制提供了关键视角，不仅深化了对乡土情怀内涵的理解，也为乡村教师的职业发展提供了理论支撑与实践启示。

三、新生代乡村教师职业发展研究的理论依据

（一）场域理论

场域理论，作为社会学理论体系中不可或缺的组成部分，其与新生代乡村教师职业发展的内在联系值得深入研究剖析。追溯场域理论的渊源，可至 19 世纪物理学领域的"场"概念，此概念由牛顿提出用来阐释万有引力定律，后经法拉第发展至电磁场研究。库尔特·勒温将此概念引入社会科学，创立"场论"，为场域理论的跨学科拓展奠定了基石[52]。勒温视社会生活空间为影响个体行为的多元要素集合，为后续研究开辟了新视角。

然而，勒温的场论虽在社会科学界引发广泛讨论，但主要基于心理学知识体系，其普适性仍有待进一步验证。20 世纪 60 年代，布尔迪厄对场域理论进行了具有里程碑意义的开创性发展[53]。场域理论乃是布尔迪厄社会学思想体系中的基石，占据着举足轻重的地位。其核心概念涵括"场域""资本"与"惯习"，构成了一个严谨而深邃的理论框架。该理论着重指出，个体在不同"场域"中的行为模式，无不受到其所拥有的"资本"及"惯习"的深刻影响。这一理论主张，为我们合理剖析新生代乡村教师的职业发展动向提供了有力的分析工具。通过场域理论的视角，我们可以深入探究乡村教师在其特定职业场域中，如何受到经济资本、文化资本、社会

资本等多重资本的影响，以及他们如何在长期的教育实践中形成独特的惯习，进而影响着其职业发展的路径与选择。

布尔迪厄的场域理论以"场域""资本"与"惯习"三大核心概念为支柱，构建了一个系统而深入的分析框架[54]。在这一框架下，场域被界定为行动者实践活动的社会空间，它以一种关系网络的形式呈现，并融合了环境性、关系性与规则性三大显著特征，为理解社会行为提供了全新的维度。与此同时，惯习作为行动者在特定场域中逐步形成的实践逻辑，如同个体行动的"第二天性"，不仅深刻影响着个体的行为模式，还与场域环境以及个体的知识储备、经验积累等因素紧密相连，共同塑造着个体的社会实践。该理论强调，个体在不同场域中的行为表现是其所拥有的资本和惯习相互作用的结果，这一观点为解析社会现象提供了有力的理论工具。

进一步而言，布尔迪厄所提的"场域"概念超越了物理意义上的空间区域和一般意义上的"领域"范畴，它是一种蕴含着力量、充满活力的社会存在。在场域之中，行动者之间为了争夺资源和地位展开了激烈的竞争，而竞争的实现则依赖于行动者所掌握的资本。资本作为一种真实而有力的存在，是行动者在场域中竞争的关键所在。无论是经济资本、文化资本、社会资本还是象征资本，都是行动者在场域中竞争的重要筹码。竞争的逻辑归根结底是资本的逻辑，即个体通过运用自身所掌握的资本进行竞争，并在竞争中不断获取更多的资本，从而在场域中占据更有利的位置。而惯习则是行动者在场域中为争夺资本而逐步形成的秉性系统，它源于个体长期的实践活动和经验积累，一旦形成便具有持久性，不易轻易改变。惯习在潜意识的层面上发挥着重要作用，它包含着行动者个人的认知模式和对世界的独特理解，指引着行动者在场域中的行为选择。

在理解场域理论的基础上，我们可以将其应用于新生代乡村教师职业发展的研究中。乡村教育场域作为一个特殊的子场域，其内部运行规则和逻辑会对新生代乡村教师的职业发展产生深远影响。通过分析乡村新生代教师作为行动者在乡村空间网络中拥有的资本和形成的惯习，可以深入探讨他们所面临的职业发展困境及其根源。例如，新生代乡村教师的文化资本（如教育背景、专业知识等）、社会资本（如人际关系网络）以及经济资本（如收入水平）在很大程度上决定了他们在乡村教育场域中的位置。同时，他们在乡村教育环境中形成的特定惯习（如教学方法、职业认同等）也会反过来影响场域的结构和运作。

因此，通过考察乡村教育场域的特性、新生代教师的资本构成以及其职业惯习的形成过程，可以更全面、深入地理解新生代乡村教师职业发展的复杂性和多样性。

（二）生态系统理论

布朗芬布伦纳所提的生态系统理论，自 1979 年问世以来，便为个体发展研究提供了一个全面且多维度的分析框架，其影响力横跨心理学、教育学等多个学科领域。本书旨在深入剖析该理论，并探讨其如何与新生代乡村教师的职业发展紧密相连，特别是在乡土情怀这一维度上的体现。

在《人类发展生态学》一书中，布朗芬布伦纳首次系统地阐述了生态系统理论[55]。他强调，个体的发展并非孤立事件，而是深深嵌入一系列相互交织、相互影响的环境系统之中。这些环境系统根据与个体直接接触的紧密程度，被精细地划分为微观系统、中观系统、外部系统和宏观系统。微观系统关乎个体日常生活的直接环境，如家庭与学校；中观系统则聚焦于这些微观环境之间的相互作用与联系；外部系统虽不直接涉及个体，却对其发展产生着不可忽视的影响，如社区资源与社会机构；宏观系统则更为宽泛，涵盖了文化、社会结构与意识形态等层面。生态系统理论将环境视为一个动态变化的过程，强调个体与环境的相互作用，主张个体的成长历程不仅受到直接环境因素的雕琢，还受制于间接环境因素以及环境间相互交织的复杂作用，极大地拓宽了心理学发展研究的视野。

基于生态系统理论视角，新生代乡村教师的职业成长呈现出多维度、多层次的复杂特征。从微观层面来看，教师个体的性格特质与家庭背景构成了职业发展的基础性要素；从中观层面来看，学校教育体系的制度设计与组织文化对其职业成长产生直接影响；就宏观层面来看，社会经济发展态势、政治生态环境以及区域文化传统等因素则在更为宏大的维度上制约和影响着乡村教师的职业发展进程。生态系统理论为深入剖析新生代乡村教师在职业发展过程中面临的诸多挑战提供了系统化的分析框架，这些挑战主要表现在职业身份认同的建构困境、工作压力的应对机制以及社会支持资源的获取途径等方面。

从布朗芬布伦纳生态系统理论的视角审视新生代乡村教师的乡土情怀，可以发现其形成与发展过程呈现出鲜明的系统性特征。深植于心的情感纽带与身份认同，实质上是多重生态系统共同作用的结果。就微观系统层面而言，家庭教育的潜移默化与学校环境的系统性熏陶，共同构筑了新生代乡村教师对乡土文化的情感认知基础。早期的情感浸润与价值观培育，为其后续的职业选择与身份认同奠定了重要基石。在中观系统层面，乡村社区特有的文化生态以及盘根错节的人际关系网络，不断强化并深化着教师群体的乡土情怀。情感维系既体现在日常教育实践中，也渗透于社区互动的方方面面。从宏观系统层面考察，国家教育政策的演变轨迹、社会文化的转型发展等宏观因素，对新生代乡村教师的乡土情怀产生着深远而复杂的影响，既可能强化其职业认同感与使命担当，也可能因现代化进程中的价值冲突而带来新的挑战。

布朗芬布伦纳生态系统理论不仅强调了个体与环境之间的动态互动关系，更为深入理解乡土情怀对教师职业发展的重要作用提供了理论支撑。通过多层次系统的综合考察，能够更加全面地把握新生代乡村教师的职业成长规律。

第三章 CHAPTER 3

相关研究概述

　　加强乡村教师队伍建设，促进新生代乡村教师的高质量成长，是提升乡村教育质量的重要课题。为了更清晰、更准确地展示与该领域相关的研究成果，本书利用多种学术资源，如"CNKI 中国期刊全文数据库""维普数据库""万方数据库""CNKI 中国优秀硕博学位论文全文数据库""百度学术""Spring-erLink""Google 学术"和"ERIC 数据库"，围绕"乡村教师""新生代乡村教师""rural teachers""countryside teacher""new generation rural teachers"等关键词进行文献收集，然后从乡土情怀和职业发展两个方面对现有研究进行梳理，并在此基础上对相关文献进行评价和分析。

一、乡土情怀相关研究概况

（一）国外相关研究

1. 乡土教育

　　国外对乡土情怀的研究，主要集中在对乡土教育的探讨上。乡土教育的理念最早源于近代西方的教育思想，许多发达国家高度重视本国的乡村教育，通过改革教育体制，增设农业、工业、水产等相关学科，因地制宜地发展具有地方特色的乡土教育[56]。这一过程不仅培养了大量农业和工业领域的技术人才，还增强了人们的乡土情怀，从而激发了他们参与本国乡村建设的热情。

德国在乡土教育方面走在了世界前列。早在19世纪末20世纪初，"乡土研究"在德国中小学教育中广泛传播，对当时的地理教育产生了重要影响。一些地理学家也开始关注地方研究，并将其融入大学的教学和研究中，促进了区域地理学的发展[57]。这种教育模式不仅提升了学生的思维与观察能力，还激发了他们对家乡和民族的热爱。例如，中学的地理课程大纲要求教师首先讲授当地的地理知识，然后逐步扩展到更广泛的区域，从德国到欧洲，最终到达全球[58]。同时，课程内容的选择也充分考虑了学生的生活经验，例如，老师会选择臭氧层空洞、垃圾处理站选址、农场土地酸性等课题，让学生能够切身体验所学知识[59]。

德国政府与民间农业协会对乡土教育的支持也不可忽视。他们通过立法、颁布相关政策和福利措施，推动了乡土教育的发展。例如，《职业教育法》《联邦教育法》和《培训条件总纲》等法律文件，为乡土教育的实施提供了法律保障[60]。这种政府与学校的密切合作，为乡土情怀的培育奠定了坚实基础，并为德国乡土教育的健康发展提供了强大的精神支撑。

美国的乡土教育具有独特的特色。教育家约翰·杜威曾指出，传统教学课程常常与学生的实际生活经验脱节，因而影响了学生的学习兴趣[61]。为了解决这一问题，美国各州的社区常常举行本地特色文化展会，鼓励学校组织学生走出教室，亲身感受本地的历史与文化[62]。通过与社区资源的紧密结合，学生的历史亲历感和信任感得以增强，从而促进了他们对家乡的情感联系。

在教学实践中，美国学校还会组织学生参观古建筑、工业遗址等，布置相关的实践作业，如收集本地历史资料、撰写关于家乡的文章等[63]。这种教育模式不仅关注名人和伟人，更加强调平凡人的情感经历与生活经验。美国乡土教育的成功，得益于政府的技术支持与资金投入、城乡共生互惠的原则以及乡土文化专家的培养，从而使学生从小便树立了对家乡的使命感与责任感，为乡村的持续发展提供了坚实的人才保障。

日本的乡土教育同样拥有深厚的历史背景。自明治时期以来，日本便开始将乡土教育纳入课程体系。《小学教则大纲》明确要求教师在教授地理、自然和历史等课程时，必须结合乡土与本地自然风景，并与学生共同进行实地考察[64]。这种教学方式旨在培育学生的乡土情感与民族意识。第二次世界大战后，日本通过多项教育法令，强调授课要与乡土紧密结合，以培养学生的爱家乡、爱民族、爱祖国的意识[65]。在日常教学中，日本教师会结合当地文化进行课外知识拓展，渗透乡土德育[66]。例如，在语文课程中，学生需要查找本地诗人和作家的作品，以学习方言和民谣，从而体会乡土人文风情。此外，在音乐与美术课程中，教师将乡土手工艺和当地民间艺术融入课堂，帮助学生从小培养审美观念[67]。日本的"综合学习时间"要求学生基于现实生活与土地进行探索，鼓励他们自主体验与解决问题[68]。

乡土教育在德国、美国和日本等国的成功实践，表明乡土情怀的培育不仅依赖于系统的教育政策与课程设计，更需要政府、学校与社会的共同努力。乡土教育通过提升学生对家乡的认同感与责任感，促进了学生的全面发展，同时也为国家的乡村振兴与社会进步提供了重要的精神动力。通过对这些国家乡土教育经验的深入分析，我们可以更好地理解乡土情怀在教育中的重要性，并为我国乡土教育的发展提供借鉴与参考。

2. 乡土情怀与教师教学效能感

乡土情怀不仅反映了教师的个人情感与价值观，更是影响乡村教育质量和可持续发展的关键因素。作为一种深层次的文化认同与情感依恋，乡土情怀对乡村教师的教学信念、教学策略以及教学效能感产生了深远的影响。

首先，在教学信念方面，具有强烈乡土情怀的教师往往更加重视本土文化的传承和学生的全面发展。这种情怀使他们在教育过程中更倾向于关注学生的情感需求、文化背景和社会环境。研究表明，教师的乡土情怀能够直接影响其教学信念，从而影响其教学策略的选择和课堂实践[69]。例如，教师在课堂上强调当地文化、历史和传统，能够增强学生的文化认同感，提升他们的学习动机。这种信念的转变有助于构建以学生为中心的教学模式，促进学生的主动学习与探索。

其次，在教学策略方面，乡土情怀促使教师更加注重将本土元素融入教学过程。Ratri 等的研究发现，具有强烈乡土情怀的教师更倾向于设计与当地文化、历史和生态环境相关的课程内容[70]。这种课程设计不仅提升了学生的学习兴趣，还增强了教学的相关性与有效性。Rifa 的研究进一步指出，那些能够将当地农业知识和实践融入科学教学的教师，往往能够取得更好的教学效果[71]。这种策略不仅使学生能够在实际情境中应用所学知识，还促进了他们对本土文化的理解与认同。

最后，乡土情怀与教师教学效能感之间存在正相关关系。教学效能感理论指出，教师对自身能力的信念直接影响其教学行为和学生学习成果[72]。教师的乡土情怀增强了他们对自身教学能力的信心，使他们在教学过程中表现得更加积极主动，进而提升了教学效果。这种效能感不仅体现在教师对自身能力的认知上，还影响了他们与学生的互动质量和课堂氛围。研究显示，教师的高效能感能够提高学生的学业成就，促进学生的自我效能感提升[73]。

在此基础上，乡土情怀还能够通过增强教师的职业使命感和责任感，进一步提升其教学效能感[74]。教师在教学过程中，若能够感受到自身对当地文化和教育的责任，往往会更加投入于教学实践。这种投入不仅体现在课堂教学中，还体现在教师对学生的关心与支持上。乡土情怀使教师能够更好地理解学生的需求，从而提供更为个性化的指导与帮助。

乡土情怀在乡村教师的教学中扮演着重要的角色，不仅影响教师的教学信念和策略选择，还与教师的教学效能感密切相关。通过将本土元素融入教学实践，乡村教师能够激发学生的学习兴趣，提升教育的相关性与有效性。同时，乡土情怀也增强了教师的职业使命感，促进了其教学效能感的提升。

3. 乡土情怀与教师留任意愿

乡村教师流失是全球乡村教育面临的重大挑战之一，而乡土情怀在增强教师的归属感和提升职业满意度方面发挥着重要作用。深入探讨乡土情怀对教师留任意愿的影响机制，不仅有助于理解乡村教师的职业选择行为，也为制定有效的教师留任政策提供了理论依据。

首先，乡土情怀通过增强教师的地方认同感和归属感，直接影响其留任意愿。Gruenewald 提出的"地方意识教育学"理论强调，教育过程应与特定地方的生态、文化和社会背景紧密结合[75]。这一理论为理解乡土情怀与教师留任之间的关系提供了重要视角。例如，Cui 等人对偏远地区教师的研究发现，那些对当地社区有强烈情感连接的教师，更倾向于长期留在乡村学校工作[76]。这种情感连接不仅包括对自然环境的喜爱，还涉及与社区成员的深厚关系和对当地文化的认同。乡土情怀使教师在情感上与所处环境容易产生共鸣，从而增强了他们的职业归属感，进而提升留任意愿。

其次，乡土情怀通过提升教师的职业满意度，间接影响其留任意愿。Cochran 等人的研究指出，教师的职业满意度是影响其留任决策的关键因素之一[77]。乡土情怀能够通过多种途径提升教师的职业满意度。例如，Eppley 的研究表明，具有强烈乡土情怀的教师更容易从教育工作中获得意义感和成就感，因为他们将自己的工作视为对社区发展的重要贡献[78]。这种内在动机不仅增强了教师的工作热情，也提高了其对职业的满意度。教师在感受到自身工作的价值和意义时，往往会更愿意在乡村学校长期任教。

最后，乡土情怀还能够通过缓解文化冲突，增强教师的适应能力。在许多乡村地区，特别是少数民族聚居区，教师可能面临文化差异带来的适应困难。Tsui 等人的研究表明，乡土情怀较强的教师更容易理解和尊重当地文化，从而减少文化冲突，增强自身的适应能力[79]。这种文化适应性不仅有利于教师的教学工作，也提高了其留任的可能性。教师在面对文化差异时，若能以乡土情怀为基础，便能更好地融入当地社会，增强与学生及家长的互动，从而促进教育的有效性。

地区文化差异也是影响乡土情怀与教师留任关系的重要因素。Azano 和 Stewart 的研究发现，在不同文化背景的乡村地区，乡土情怀对教师留任意愿的影响程度存在显著差异[80]。例如，在一些传统文化较为浓厚的地区，乡土情怀对教师留任的正面影响更为明显。相反，在那些正经历快速现代化的乡村地区，乡土情怀的影响可能相对较弱。这一发现提示我们，在研究乡土情怀与教师留任的关系时，需要充分考虑地区文化特征和社会经济发展水平的差异。

可见，乡土情怀在教师留任意愿中扮演着重要角色。它通过增强地方认同感、提升职业满意度以及缓解文化冲突，显著影响教师的留任决策。然而，乡土情怀的影响并非单一维度，教师的职业发展需求和地区文化背景也同样重要。因此，未来的研究应进一步探讨如何在不同文化和经济背景下有效培养乡土情怀，以促进教师的职业承诺和留任意愿。

4. 乡土情怀与乡村教育资源整合

在乡村教育资源普遍匮乏的背景下，如何有效整合和利用现有资源成为提升乡村教育质量的关键问题。乡土情怀作为一种独特的文化资源和精神动力，在促进乡村教育资源整合方面发挥着重要作用。国外研究者从地方知识的教育应用、传统习俗的课程融入以及社区参与的资源动员三个方面，探讨了乡土情怀在乡村教育资源整合中的作用。

首先，乡土情怀促进了地方知识在教育活动中的有效应用。Villa 和 Knutas 指出，传统的乡村教育往往忽视了地方知识的价值，导致学生与当地文化的疏离[81]。具有强烈乡土情怀的教师更倾向于将地方知识融入教学过程，从而丰富了教育内容，增强了教学的针对性和有效性。例如，Avery 和 Hains 的研究发现，那些积极将当地农业知识融入科学课程的教师，不仅提高了学生的学习兴趣，也增强了学生的环境意识和社区认同感[82]。这种地方知识的应用不仅使学生能够更好地理解和适应其生活环境，还提升了教育的实际意义，使学生在学习过程中感受到与家乡的紧密联系。

其次，乡土情怀推动了传统习俗在课程体系中的创造性融合。Gruenewald 和 Smith 提出的"地方意识课程"理念强调，将当地文化元素融入正式课程不仅能够增强教育的相关性，还能促进文化传承和创新[83]。在这一理念指导下，具有乡土情怀的教师往往能够创造性地将传统习俗与现代课程内容相结合。例如，Demmert

和 Towner 的回顾性研究指出，在美国原住民教育中，那些成功将传统文化实践（如口述历史、工艺制作等）纳入正式课程的学校，学生的学业成绩和文化认同感都有显著提升[84]。这种课程的融合不仅使学生能够在学业上获得成功，还帮助他们在文化上建立自信，增强对当地文化的认同感。

最后，乡土情怀在促进社区参与和资源动员方面发挥了重要作用。Epstein 的学校、家庭和社区伙伴关系理论强调，有效的教育需要学校、家庭和社区的共同参与[85]。在乡村教育环境中，具有强烈乡土情怀的教师往往能够更好地调动社区资源，促进家校合作。Semke 和 Sheridan 的研究发现，那些积极与社区建立联系的教师，更容易获得家长和社区成员的支持，从而为学校带来额外的教育资源[86]。例如，一些具有专业技能的社区成员被邀请到学校进行职业教育讲座，或者为学生提供实习机会。这种做法不仅拓展了学生的学习资源，也增强了学生对学校的认同感，形成了良好的教育生态。

然而，值得注意的是，乡土情怀在促进教育资源整合过程中也面临一些挑战。首先，如何在保持本土特色的同时，确保教育内容与国家课程标准的一致性，是许多乡村教师面临的难题。教师需要在地方知识与国家教育政策之间找到平衡，以确保学生在接受本土文化教育的同时，也能具备必要的知识能力与素养。其次，在一些经济落后地区，过度强调乡土情怀可能导致教育资源的封闭和保守，不利于学生的长远发展。Corbett 提出，乡村教育需要在"扎根"和"开放"之间寻求平衡，既要传承本土文化，又要为学生提供与外部世界连接的机会[87]。这种平衡不仅有助于学生的全面发展，也为乡村教育的可持续发展奠定了基础。

总体而言，研究者们认为乡土情怀对于推动传统习俗与课程内容的有机融合，促进地方知识的有效运用等方面发挥着至关重要的作用。然而，教师及教育管理者在实践中需审慎平衡乡土情怀与教育需求之间的关系，以保障乡村教育在继承传统与追求创新之间实现持续健康发展。未来研究应进一步探究在不同文化语境和经济条件下，乡土情怀如何更有效地促进教育资源的整合，旨在为乡村教育改革与发展提供更加全面深入的理论支撑与实践指导。

（二）国内相关研究

1. 乡土情怀的内涵结构和测量工具

费孝通在其经典之作《乡土中国》中，深刻剖析了乡土文化对社会发展的深远影响，并凸显了乡土情怀在农村社会构建中的核心地位[24]。自此，乡土情怀研究逐渐崭露头角，尤其在乡村教育背景下，其重要性日益凸显。尽管"乡土情怀"这一概念尚未形成统一定义，但通过对相关文献的梳理可以发现，"乡土情感"和"乡土情结""乡土情怀"等概念频繁出现，反映出学者们对这一主题的关注与探索。

在探讨乡土情怀的深刻内涵时，学者们通过相近概念来揭示其丰富性。李景韬与刘华荣着重阐述了乡土情感，指出这种情感深深植根于地缘与血缘关系之中，蕴含着对家乡发展的深切关怀[26]。马宽斌则进一步强调，对于乡村教师来说，乡土情感不仅是一种必备的文化意识，还能引导乡村教师树立正确的价值观，并增强他们对乡土文化的自信心[27]。这种情感超越了简单的家乡依恋，升华为一种深层次的文化认同和价值追求。

乡土情结是乡土情感的进一步深化，它体现了个体对故乡的强烈依恋以及难以割舍的地方特色眷恋[88]。罗晓翔将乡土情结细分为两个层面：一是对故乡的强烈依恋与不愿离弃，这种依恋深植于心，无论身处何方都难以割舍；二是在异乡生活中，故乡仍被视为心灵的归宿，难以在新环境中建立情感认同[89]。李洲秀与陈绍山则从心理、生活习惯及语言三个维度界定了乡土情结，突出了对乡土的深深眷恋、地方特色的生活习俗以及对乡音的认同与赞美[90]。这种情结不仅是对故乡地理空间的依恋，更是对故乡文化、习俗及语言的深刻认同和赞美。

在乡土情感和乡土情结的基础上，乡土情怀进一步升华，成为个体对乡村的综合心理特征与责任感、使命感的体现。例如张立平和王德洋将乡土情怀定义为个体对乡村的情感依恋、认知认同及行为倾向的综合心理特征[91]。这一定义不仅涵盖了乡土情感和乡土情结的核心要素，还强调了个体对乡村的认知认同和行为倾向。龙瑶基于社会认同理论，提出了乡土情怀的"四元结构模型"，包括情感依恋、文化认同、责任意识和奉献精神四个核心要素[92]。这四个要素相互关联、相互促进，共同构成了乡土情怀的完整框架。其中，情感依恋是乡土情怀的基础，文化认同是核心，责任意识和奉献精神则是乡土情怀的重要体现。

在测量工具开发方面，国内学者进行了一些探索性研究。主要通过乡土情怀问卷或量表的开发和设计对乡土情怀进行测量，例如龙瑶开发的乡土情怀问卷[92]，包含乡土文化认同感、职业归属感、职业使命感和自我价值感 4 个维度，总共 30 个项目，并采用李克特 5 点量表计分的方式对乡土情怀进行测量。黄美娇等人基于对现有文献的分析，并结合与返乡学生和专家的深度访谈，设计了包含 3 个维度的乡土情怀量表，3 个维度分别是乡土情结、乡土认同和乡土责任。该量表共 12 个题目，同样采用李克特 5 点计分[93]。另外，王霞霞运用对农村小学老师进行访谈和文献研究相结合的方式，设计了乡村教师乡土情怀量表，该量表包含乡土认知、乡土认同、乡土情感和乡土能力 4 个维度，共 37 个正向和反向设计的题目，采用李克特 5 点计分进行评价[33]。总体而言，对乡村教师乡土情怀的测量工具以问卷和量表居多，但相关量表和问卷的测量学指标还有待考证，尤其是量表的信效度还需要后续研究加以检验。此外，现有的乡土情怀测量工具多集中于静态评估，难以捕捉乡土情怀的动态变化过程。因此，后续研究有必要从乡土情怀发展轨迹的视角设计测量工具，或者通过纵向追踪研究探讨乡村教师乡土情怀的发展规律。关于乡土情怀测量的跨文化适用性也应该引起注意，现有乡土情怀测量工具在开发过程中具有文化局限性，难以全面反映少数民族教师的乡土情怀特征，因此多元文化视角下的乡土情怀测量框架在后续研究中应该被纳入思考的范畴。

2. 乡村教师乡土情怀的价值

关于乡土情怀的价值，国内学者已提出多种观点。例如马多秀认为乡土情怀是乡村教师队伍建设的重要组成部分，它是乡村教师坚守和奉献乡村教育的内在动力[30]。乡村教师的乡土情怀不仅影响教师的职业认同和工作热情，而且是教师进行教育教学研究、创新教学方法并引导乡村学生精神成长的基础。没有这种情怀，乡村教师可能会对乡村教育事业失去热情，影响乡村教育的质量和发展。而张立平和程娇娇认为，乡村不仅是一个地理概念，更是一个社会组织、文化和伦理的载体[94]。在这样的背景下，乡土情怀成为乡村教师连接本土文化、增强教育与本土联系的桥梁，对于培养学生的本土文化认同、强化学校教育的社会和文化功能具有重要价值。通过培育农村教师的乡土情怀，不仅可以提升教师对本土文化的理解和尊重，还能为学生提供更丰富、更贴近生活的教学内容，从而促进学生全面发展，并有助于传承和发展本土的文化遗产。

马宽斌认为，乡土情怀是乡村教师对自己身份的认同，以及对乡村社会、文化的深厚情感和热爱[27]。乡村教师的乡土情怀和认同不仅是其专业身份的体现，更是推动乡村教育治理和教学质量提升的重要动力。乡土情怀认同能够帮助乡村教师在充满乡土气息的环境中树立教育自信，形成现代化的乡村教育发展治理格局，并激发对乡村振兴的支持和贡献。胡恒钊等认为，乡土情怀是农村教师教育情怀的重要支撑与精神动力，对他们的留任、教学质量以及乡村教育振兴具有关键影响[95]。李江和张向华提出了乡土情怀在乡村振兴背景下对师范生专业发展中的重要性，认为乡土情怀不仅是师范生认同乡村生活的价值认知，更是他们积极投身乡村教育、坚守乡村、奉献乡村的感情基础和内在动力[96]。刘敏和石亚兵认为乡土情怀具有多方面价值：一方面，乡土情怀要求教师深入了解乡村的特性和文化，这有助于他们更有效地进行教育教学活动，使教育内容与乡村的实际情况相结合，提升教育的贴合度和有效性。另一方面，乡土情怀鼓励教师对乡村社区持有强烈的责任感和使命感，这对于留住教师、提升教育质量都至关重要[97]。此外，乡土情怀还强调对乡土文化的传承和创新，使得乡村教育既能保留本土文化的精髓，又能与现代化教育接轨。

　　虽然不同学者对乡土情怀价值的理解和阐述有所不同，但总体上都认同乡土情怀对于乡村教师和乡村教育的重要性。乡土情怀作为乡村教师队伍建设的灵魂纽带，不仅是驱动教师坚守与奉献乡村教育的内在动因，亦深刻塑造着教师的职业认同与工作热情，成为教育教学研究、方法创新及学生精神培育的坚实基石。其作为连接教师与本土文化的桥梁，强化了教育与乡村社会的紧密联系，对培养学生的本土文化认同、拓展学校教育的社会文化功能具有不可估量的价值。同时，乡土情怀彰显着乡村教师的专业身份，是推动乡村教育治理现代化与教学质量提升的关键力量，助力教师在乡土环境中树立自信，激发对乡村振兴的投入热情。此外，乡土情怀还承载着对乡村社区的责任感与使命感，强调本土文化的传承与创新，使乡村教育在保留精髓的同时，与现代教育体系相融相通。

3. 乡村教师乡土情怀缺失的原因

乡村教师的乡土情怀是推动乡村教育发展的重要动力，而其缺失则对乡村教育的质量和可持续发展构成严峻挑战。近年来，国内学者对乡村教师乡土情怀缺失及其原因进行了深入探讨，形成了多维度的理论视角与实证研究。以下将对相关研究进行梳理与分析，并结合已有文献，深入探讨乡村教师乡土情怀缺失的根源。

首先，乡村教师乡土情感的走向受到社会变迁与教育改革的深刻影响。在新型城镇化进程中，乡村教师对乡村教育的疏离感、对乡村生活的陌生感以及自身角色定位的模糊，导致其对乡土的情感逐渐消解[98]。这种现象不仅反映了教师在乡村教育中的无力感，也加重了他们对乡村社会的陌生感甚至对立感。教师的身份认同与乡土情感的缺失，直接影响了其教学热情与教育责任感。

其次，乡土情怀还受到教师的社会认同与文化背景对乡土情怀的影响。随着大量农村出身的青年教师进入异乡任教，他们原有的乡土文化优势逐渐消失[99]。同时，乡村教师普遍面临文化困境，受限于乡村环境的单一性，其专业发展受到压制。社会对乡村教师的刻板印象也导致了其职业认同感的降低，进一步加剧了其乡土情怀的迷失。此外，乡村教师常被赋予"国家干部"的身份[100]，这与乡土社会空间存在一定隔离，导致教师身份与乡土文化的失联，最终使教师沦为乡村社会的边缘人。在身份迷失的过程中，乡村教师逐渐缺乏对乡土的情怀，这一现象在乡村教育中表现得尤为明显[101]。

最后，乡土文化的"离土"转向、乡土情感的"离乡"转向均在一定程度上削弱了乡土情怀的培育。这种文化断裂使得乡村教师在教育实践中难以找到情感的寄托，进一步加深了对乡土的疏离感。在功利主义的诱导下，乡村教师对乡村教学生活的逃离和责任感的虚化，使得他们对角色定位产生迷茫[25]。这种逃避不仅是对乡村教育环境的不适应，也是对自身职业使命的放弃，导致乡土情怀的缺失。另外，宏观经济与文化环境变化对乡村教师情感构建也有深远影响。在现代化进程中，经济发展的不平衡使得乡村文化逐渐虚化，乡土价值体系的解体与村落的瓦解，成为乡土情怀缺失的重要因素[33]。

4. 乡村教师乡土情怀培育困境

在当前教育体系中，乡土文化的缺失使得教师在教学过程中难以与乡土情感建立联系，进而影响其对乡村教育的投入与热情。然而，乡村教师的乡土情怀培育面临多重困境，对此，国内学者从不同侧面对乡村教师乡土情怀培育的困境进行了思考和分析，以期为乡土情怀的有效构建提供关键价值线索。

例如李爱珍认为，由于乡土文化教育的渗透不足，乡村教师们对当地文化的了解和认同程度有限[102]，这限制了他们与乡土文化的联系和情感联系的建立。社会支持体系的不完善也为教师的乡土情怀培育设置了障碍，缺乏必要的政策和资源支持，影响了他们深入乡村社区的积极性。另外，乡村教师自我参与乡土文化建设的主动性不足，也限制了他们在职业发展和乡土情怀培养层面的内生式成长。舒欢对城镇籍乡村教师乡土情怀的培育进行了探讨，指出了乡土情怀培育过程中的多重困境[103]。首先，乡村教师的乡土认同感、归属感以及责任感和使命感三个维度存在明显的不足，特别是城镇籍乡村教师在乡土文化认同和职业认同上的不足，以及对乡村学校和社会的归属感较低。其次，造成这些困境的原因，包括政策执行不深入、教师培养中存在的"去乡村化"现象、乡村教师面临的污名化问题等，这些因素共同引发了乡村教师消极的情感体验，从而影响了其乡土情怀的形成。从主观层面来看，城镇籍乡村教师的成长经历往往是"离农""离土"的状态，这使得他们在乡土社会中处于"无根"的状态，缺乏对乡土生活的情感寄托。而客观层面上，社会历史变迁和城镇化进程中，城市理想化的生活方式吸引了大量乡村教师，造成了他们对乡土情怀的淡漠。此外，经济驱动的发展模式也使得乡村教师更倾向于追求物质利益，进一步削弱了对乡土的情感认同。

宋维毅和胡恒钊认为，当前农村中学生对乡土文化的理解和认同感较弱，这在一定程度上制约了他们对乡村发展的积极参与和实质性贡献[104]。而造成这一现象的原因是多方面的，包括城乡地位观念的差异、教育内容的局限性、教师专业水平不高和培育标准的单一化等。温健和胡恒钊针对中学生乡土情怀培育的探讨也指出了类似的问题，他们认为农村地区的文化认同危机正在影响着学生对家乡的归属感和认同感，这对培养他们的乡土情怀构成了挑战[105]。而当前存在的教育资源缺乏，包括教材内容与实际农村生活脱节，教育方式过于城市化等问题，都限制了乡土情怀的有效培养。加之农村社会实践的机会有限，很多学生缺乏亲身体验和实践学习的机会，这也限制了新生代乡村教师对乡村的深入理解和感情的升华。

牟萍对公费师范生乡土情怀的培育困境进行了分析，她认为虽然公费师范生是乡村教育的重要力量，但他们的乡土情怀相对较弱，这会直接影响他们对乡村地区、乡村教育和乡村学生发展的关注与关爱[106]。在师范生的培养过程中，如何有效激发其内生乡土情怀成为当前师范教育的一大挑战。此外，她还认为目前师范生的培养，从国家政策、学校培育、社会参与到家庭教育等多方面的协同效果并不太理想，这也进一步加剧了培育师范生乡土情怀的困难。

综合以上观点可见，乡村教师乡土情怀的培育困境主要体现在以下几个方面：首先，城镇化的快速发展使得教师倾向于进入城市，远离乡村；其次，乡土教育的缺失导致乡土情感淡薄，乡村人才流失；再者，乡村文化的衰落使得乡土情怀的培育缺乏基础；最后，专业化师资缺乏乡土文化知识，难以培养乡土情怀。

5. 乡村教师乡土情怀培育策略

针对乡村教师乡土情怀的培育，学者们提出了多样化的策略。例如张鹏雪和靳淑梅基于结构功能主义的 AGIL 模型，提供了分析与优化乡村教师乡土情怀培育的有效工具[107]。她们认为，在经济发展层面，乡村教师的收入和工作条件是直接影响生活满意度和职业吸引力的重要因素。因而提高乡村教师的待遇，改善工作环境，是留住乡村教师并激发其乡土情怀的基础。而在培养导向方面，地方师范院校作为乡村教师培养的主阵地，应重视培养方案的设计，加强学生对乡村文化的认识与了解，鼓励他们将乡土文化视为自身专业发展的重要资源。在制度建设上，需要建立一套科学的乡村教师选聘与激励机制，确保乡村教师队伍的稳定性与专业水平，同时通过定期的专业培训和学术交流，不断丰富乡村教师的乡土知识和教学技能。最后在精神文化层面，应鼓励乡村教师参与本土文化活动，通过实际参与体验和学习，深化其对乡土文化的理解和认同，从而在教学过程中自然而然地传承乡土文化。

张立平和程姣姣从三个方面提出了乡土情怀的培育策略[94]。首先，制度设计方面，建议制定专门针对乡村教师的乡土情怀培养计划，将其纳入教师职业培训的必要组成部分。通过组织乡村教师定期参与有关乡村文化、地方历史、地方产业等方面的培训与学习，增强他们对本土文化的认识和认同，从而培育和增强他们的乡土情怀。其次，教育培养方面，建议加强对乡村教师进行本土文化融入教学方法的培训。通过培训，让教师们掌握如何将本土文化融入课程设计和教学实践中，使之成为提升学生学习兴趣和增强其对本土文化认同感的有效手段，同时也能进一步激发和强化新生代乡村教师们的乡土情怀。此外，社会支持方面，建议地方政府和社区组织能够提供更多的支持，如为参与乡土教育活动的教师提供一定的经费支持，以及为学生提供丰富的本土文化体验活动，营造全社会重视和支持乡土教育的良好氛围。

李爱珍对全科教师乡土情怀的培育也提出了多条建议[102]。一是需要系统性地完善小学教育人才培养方案，使之能够充分融入乡土文化的教育。这意味着在培养方案中，不仅要有关于乡村教育的专业知识和教学技能的培养，还应该有关于乡土文化知识的学习和体验，让未来的全科教师在成长初期就能够对乡土文化有所认识和理解。二是要加强社会支持体系的建设，为全科教师的乡土情怀培育提供更广泛的支持。这包括但不限于政策支持、物质保障、社区参与等多方面，以营造一个有利于全科教师深入了解并参与乡土文化建设的环境。三是要鼓励和促进教师自我内生式成长。通过让教师参与乡土文化活动、社区服务、教育研究等多样化的实践活动，可以让他们在实践中增进对乡土文化的理解与认同，从而内化为个人的情感与价值观。

王华女也认为，在乡村教师的培养过程中，无论是在入职前还是入职后，都应当重视对乡土知识的传授和乡土情怀的培育[108]。对于课程设计与优化方面，教育机构应当设计和优化相关课程，以增强乡村教师对乡村社会文化、经济发展以及当地传统习俗的理解和认识。这些课程既可以作为教学内容的一部分，也可以作为专业发展的工作坊或研讨会。在实践活动安排方面，要通过组织教学实践、社区服务以及田野调查等活动，让乡村教师有机会亲身体验乡村生活，增强他们对乡村的归属感和认同感。对于导师制度建立方面，应让有着丰富乡村生活经验的老教师与年轻乡村教师进行一对一的指导和交流，从而在传授乡土知识的同时，也能够培养他们的乡土情怀。对于专业发展方面，应尽力为乡村教师提供持续的专业发展机会，鼓励他们深入研究乡村教育问题，以及探讨如何更好地服务于乡村社区。

通过对以上不同学者提出的对策建议的分析可以看到，乡村教师的乡土情怀培育是一个系统性工程，需要从多个维度综合施策。一方面，要通过提升乡村教师的经济待遇和工作条件，优化其培养方案，建立科学的选聘与激励机制，为其提供良好的职业发展环境。另一方面，要鼓励乡村教师积极参与本土文化活动，深化其对乡土文化的理解和认同。同时，还应加强制度设计，将乡土情怀培养纳入教师职业培训体系，加强本土文化融入教学方法的培训。此外，社会支持体系的建设也至关重要，地方政府和社区组织应提供必要的经费支持和文化体验活动，共同营造重视和支持乡土教育的良好氛围。通过这些措施的综合实施，可以有效激发乡村教师的乡土情怀，促进其更好地服务于乡村教育。

二、乡村教师职业发展研究概况

（一）国外相关研究

1. 乡村教师职业发展路径

乡村教师的职业发展路径，即其职业生涯的规划与进展模式，是教育研究中的重要议题。国际劳工组织及联合国教科文组织在《关于教师地位的建议》中首次明确指出，教学工作应视为专业职业，要求教师通过持续学习来维持专业知识与技能。这一观点为教师职业化提供了理论基础，强调了教师在教育改革中的关键角色。

自 20 世纪中期以来，西方学者对教师职业发展进行了深入探讨。费斯勒将教师视为在特定情境中发展的个体，提出教师职业生涯发展是一个动态的、循环互动的过程，强调不同阶段教师的成长需求[109]。斯德菲则建立了教师的人文发展模式，依据教师的主观能动性和实践行为对职业生涯阶段进行划分，强调教师在不同职业生涯阶段的职业特点[110]。

近年来，美国乡村教师的发展问题逐渐引起关注。Biddle 和 Azano 研究分析了美国乡村教师教育的演变，并对乡村建设的方式进行了结构性分析，质疑了"乡村"作为问题的固有观念[111]。乡村教师面临的吸引力和流失率问题，以及乡村学生学习机会的不平等，进一步强调了教师职业发展的重要性。在此背景下，研究发现，年补助每增长 1 080 美元可提高 1% 的乡村教师招聘率，而津贴的增加也能显著提升在职教师的留任率[112]。

为了促进乡村教师的职业发展，各国在政策上给予了支持。例如，美国在偏远乡村学区成立教育合作社，为乡村教师提供在线培训和入职指导[113]。日本则通过乡村教育振兴法令提高教师津贴，以增强乡村教师岗位的吸引力[114]。加拿大采取了宏观调控与地方政府落实相结合的方式，确保乡村教师队伍的建设与职业发展[115]。澳大利亚则通过建立教师教育大学与乡村学校的合作关系，推进乡村教师的职业发展[116]。

2. 乡村教师职业选择动机与职业认同

乡村教师的职业选择动机与职业认同是理解其职业发展的重要切入点。研究表明，乡村教师选择在乡村任教的动机多元，包括社会使命感、职业发展机会和经济因素等。Azman 的研究发现，许多乡村教师的主要动力是希望通过教育改变乡村学生的命运，促进乡村社区的发展，这种社会责任感往往能够增强教师的职业认同[117]。

然而，职业选择动机与职业认同之间的关系并非线性。Gu 和 Day 的研究显示，初始的职业选择动机会随着教学经验的积累和工作环境的变化而发生转变[118]。例如，一些教师最初出于经济原因选择乡村教师职业，但随着时间推移，他们可能逐渐形成更强烈的社会责任感，从而增强职业认同。Kennedy 等人指出，在一些发展中国家，乡村教师将乡村教学视为获得城市工作机会的跳板，这种动机可能对其职业认同和留任意愿产生负面影响[119]。

职业认同的形成过程受到多重因素的影响。Beauchamp 和 Thomas 提出，乡村教师的职业认同是一个动态、持续的过程，受到个人因素、社会环境和教育政策等多方面的影响[120]。职业认同不仅影响教师的教学效能和职业满意度，还与乡村教育的质量和可持续发展密切相关。

3. 乡村教师职业适应与多元发展策略

乡村教师的职业适应一直是国际教育研究的重要议题。Monk 强调，乡村教师需应对多重角色期待、资源匮乏和文化差异等复杂挑战，这些挑战可能导致职业倦怠和高流失率[121]。为克服这些障碍，乡村教师采取了灵活调整教学方法、融入社区生活等适应策略，并建立同事支持网络和寻求学校领导指导。

乡村教师的专业发展对于保障乡村教育质量至关重要。Avalos 指出，专业发展模式呈现多样化趋势，包括校本培训、外部专家指导、在线学习社区等。其中，校本培训因其针对性强、成本较低而广受欢迎[122]。然而，单一模式也面临挑战，如资源有限难以满足多样化需求。因此，结合多种模式成为应对复杂性的有效策略，如澳大利亚的"教师教育中心"项目[123]。

在线学习社区作为新兴模式，能够打破地理界限，促进乡村教师与都市同行的交流，但其效果依赖教师的自主性和数字素养[124]。关于专业发展模式对乡村教师职业成长的影响，研究表明其能显著提升教学效能，增强自我效能感和职业认同感，从而提高工作满意度和留任意愿[125]。

（二）国内相关研究

1. 乡村教师的流失问题

乡村教师流失问题一直是教育领域关注的焦点，其不仅动摇了教师队伍的稳定性，还对教学质量及城乡教育均衡产生了深远影响。首先，从现状与特征来看，乡村教师流失情况严峻，高流失率使得教师队伍难以保持稳定，进而影响到教学质量，城乡教育差距因此被进一步拉大。这一流失现象呈现出明显的"向城性"[126]，中青年教师及主干课程教师成为流失的主力军，同时，不同群体间的流失意愿存在显著差异，如男性、青年、本科学历及低职称教师流失意愿更为强烈[127]。

乡村教师流失所带来的影响是广泛而深远的。它不仅加剧了城乡教育的不均衡，降低了农村学校的公信度，还导致农村人口外流，加剧了农村社会的空心化。对于学校而言，乡村教师流失严重制约了教学质量的提升，阻碍了学校的发展，并影响了教学秩序的稳定性。更为严重的是，频繁更换教师对学生产生了不良影响，打断了学生的学习节奏，影响了他们的学习积极性和成绩[128]。

探究乡村教师流失的原因，我们发现其背后的因素复杂多样。社会层面的城乡二元结构使得乡村教师在社会地位和经济待遇上与城市教师存在明显差距，乡村经济发展滞后和教育财政投入不足也加剧了这一问题[129]。学校层面，管理制度的不健全、管理者引导力的不足以及考核机制的漏洞都使得乡村教师感到压力重重。而个人层面，乡村教师自我价值感难以实现，自尊需求难以满足，个人发展受到限制，缺乏必要的指导和培训[130]，这些都成为乡村教师流失的重要原因。

针对乡村教师流失问题，学者们提出了多种对策。通过提升待遇和社会地位，让乡村教师感受到更多的尊重和认可[131]。制定和完善相关政策制度，如设立乡村教师津贴、提供住房补贴和交通补贴等，以激励教师长期扎根农村。同时，优化环境和管理，改善农村学校的工作环境和生活条件，加强学校管理的人性化，缓解教师的工作压力。还需要增强教师的职业认同感，让他们认识到农村教育的重要性，并主动投身其中[132]。建立健全教师流动机制，促进教师的合理流动，打破农村教师向城市单向流动的现状，以实现城乡教育的均衡发展。

2. 乡村教师的专业成长

乡村教师的专业成长是提升乡村教育质量和促进教育公平的重要保障。随着我国教育改革的深入，乡村教师不仅面临着教学质量提升的压力，还需应对教育信息化和数字化转型的挑战。因此，研究乡村教师的专业成长路径和机制，旨在为乡村教育的可持续发展提供理论支持和实践指导。近年来，国内学者围绕乡村教师专业成长的路径和机制展开了深入研究，归纳出多种主要途径，包括职业培训、师徒制、校本教研等。

职业培训作为乡村教师专业成长的核心途径，虽然我国的教师培训制度已基本完善，但在实际执行中，乡村教师的培训满意度却未能达到预期目标。调查显示，农村中小学教师在培训内容、方式及效果等方面普遍存在不足，尤其是培训的针对性和实用性不足，导致教师在实际教学中难以有效运用所学知识[133]。近年来，随着教育数字化转型的推进，乡村教师培训内容逐渐向信息能力和数字素养培训倾斜。教育部发布的《教育信息化 2.0 行动计划》明确了推动教育现代化的目标，要求在培训中融入数字化教学理念[134]。与此同时，师徒制作为传统的成长路径，依然发挥着重要作用。栾珺玄和程岭认为，师徒制在帮助新任教师快速适应教学工作和提升教学技能方面具有显著效果，但也面临导师资源不足和指导方式单一的问题，需要进一步优化[135]。

此外，校本教研和城乡教师交流轮岗机制为乡村教师专业成长提供了新的途径。张恩德发现，校本教研能够有效提升教师的教学反思能力和问题解决能力，而城乡教师交流则帮助乡村教师学习先进的教学理念和方法，拓宽视野[136]。参与教育科研项目也是乡村教师专业成长的重要路径，能够提升乡村教师的理论水平和研究能力[137]。然而，乡村教师参与高水平教育科研的机会仍然较少，未来需要关注如何为他们创造更多的科研参与机会。

3. 乡村教师的职业压力

乡村教师职业压力及其应对策略，作为教育研究的核心议题，近年来日益受到学术界的深切关注，尤其是在教育公平与质量双重提升的背景下。通过深入挖掘相关文献，我们可将乡村教师面临的压力源精炼为四大方面：繁重的工作负荷、较低的社会认同、受限的职业发展以及艰苦的生活条件，这些因素不仅侵蚀着教师的身心健康，也直接关乎乡村教育的长远质量与可持续发展能力。

工作负荷的沉重，尤其是教师数量短缺导致的多任务教学及行政兼职，是乡村教师难以承受之重。黄慧泽对乡村教师的调研显示，偏远及少数民族聚居地区教师压力与倦怠问题尤为突出，教师工作时间无限延长，身心俱疲，教学效果与生活品质双双受损。长期高强度工作引发的职业倦怠，更是对教育热情的致命影响[138]。

因此，优化工作环境，合理配置教学任务，成为破解这一难题的当务之急。

社会认同的缺失，同样让乡村教师倍感压力。城乡发展失衡导致乡村教师的社会地位与职业尊严远低于城市同行，加之部分家长对教育重视不足，教师工作缺乏足够支持，社会冷漠与误解如影随形，职业压力倍增[139]。提升社会认同，重塑职业自豪，成为缓解压力的关键一环。

职业发展空间的局限，限制了乡村教师的成长与晋升，尤其是年轻教师，面对狭窄的晋升通道，往往选择逃离乡村，加剧了乡村教育人才的流失[140,141]。为此，建立城乡教师交流桥梁，拓宽培训进修路径，完善职称评定体系，为乡村教师铺设公平的晋升之路，显得尤为迫切。

此外，艰苦的生活条件也是不容忽视的压力源。向华萍通过调研和访谈发现，偏远乡村地区生活设施匮乏、文化生活单一，加之子女教育难题，给教师带来沉重的生活压力，削弱了其工作热情与扎根乡村的决心[142]。

针对上述压力源，国内学者也提出了一系列建设性的应对策略。例如教育行政部门应加大扶持力度，通过增加教师编制、引入"特岗教师"等措施，有效减轻工作负荷，让教师回归教学本职[143]。同时，利用媒体宣传、表彰优秀乡村教师等手段，提升社会认同，加强与家长的沟通协作，增进理解与支持[144]。拓宽职业发展路径，完善晋升机制，为乡村教师提供更多成长机会，同样不可或缺[145]。而在生活条件方面，提高工资待遇、改善住房条件、解决子女教育问题，以及加强心理健康教育，提升教师的心理素质与抗压能力，都是增强教师幸福感与归属感的有效举措[146]。

三、新生代乡村教师研究概况

(一) 国外相关研究

新生代乡村教师群体逐渐成为教育研究的热点话题。Gullh 和 Rush 的研究表明，新生代乡村教师普遍具有更高的自我评价和自信心，更注重工作—生活平衡，同时更倾向于寻求即时反馈和认可。这些特征反映了新生代乡村教师成长背景的独特性[147]。

在职业价值观方面，新生代乡村教师更重视工作的意义感和个人成长机会，而非单纯的工作稳定性和经济回报[148]。然而，这种价值观的差异可能导致与学校管理层之间的潜在冲突，需要教育管理者采取更灵活的管理策略[149]。

在教学理念上，新生代乡村教师表现出强烈的创新意识和技术整合能力。作为数字时代的"原住民"，新生代乡村教师更易接受和运用新技术，倾向于采用以学生为中心的教学方法。在职业发展路径方面，他们更倾向于探索多样化的职业发展方向，包括跨学科教学、教育管理等[150]。

然而，新生代乡村教师也面临独特的职业挑战。Hammond 指出，尽管新生代乡村教师在技术应用和创新教学方面具有优势，但在课堂管理和学生关系处理等方面可能面临更大困难[151]。这种挑战反映了教师教育体系需要针对新生代乡村教师的特点进行相应调整。

总体来看，国外学者研究了新生代乡村教师在特征、职业价值观、教学理念、职业发展路径和工作满意度等多个维度上表现出与传统教师的显著差异。这些差异既反映了时代变迁对教师群体的深刻影响，也为教育领域带来了新的机遇和挑战。

（二）国内相关研究

1. 新生代乡村教师的心理健康

新生代乡村教师的心理健康状况不容乐观，近年来学者们对此进行了深入研究。张林梦针对乡村初中教师的研究表明，该群体的心理弹性水平处于中等水平，情绪体验和自尊水平则相对较高[152]。然而，教师们的心理健康状况受到多种因素的影响。访谈结果显示，教师的不满情绪主要源于管理方式和工作时间的过长。此外，经济支持、学校支持和人际支持的缺乏，使得教师在应对工作压力时感到无力。谢计的研究进一步剖析了新生代乡村教师在情绪管理领域所面临的挑战。他们普遍被失落、埋怨及冷漠等消极情绪所困扰[153]。为有效缓解这些负面情绪，谢计提出了一系列多维度的干预策略，包括内部与外部情绪表达规则的制定、情绪素养的全面提升以及情绪体验环境的优化。

侯东辉和于海英的实证研究发现，新生代乡村教师的"一般自我效能感"相对较低，获得的"社会支持"也相对有限，进一步加剧了他们的心理负荷，使乡村教师在面对工作压力和生活挑战时感到更加孤立和无助[154]。李瑞的研究也表明，新生代乡村教师普遍存在职业倦怠现象，主要表现在教学成就感不强、职业认同感低以及负面情绪较大等方面[155]。

还有研究揭示了新生代乡村教师幸福感普遍低迷的严峻现实，具体表现为留任意愿的显著下降、职业认同感的严重缺失、教学投入的不足以及教育理想的逐渐失落。通过对导致这种低幸福感的影响机制剖析发现，相关因素包括政策支持与教师内在需求的脱节、社会偏见对教师身份认同的削弱、城乡差距对教师职业理想的打击，以及异地分离对教师情感负担的加重[156]等。

针对新生代乡村教师心理健康问题，研究者们普遍呼吁，教育部门应更加贴近教师的实际需求，精准实施政策倾斜。同时，社会各界应共同努力，营造尊师重教的良好氛围，逐步消除对教师的误解与偏见。乡村学校则需加强民主管理，为教师的专业发展提供有力支持。

2. 新生代乡村教师的留任意愿

自 2015 年始，国内学术界对新生代乡村教师群体投以日益增多的关注目光，尤其聚焦于其留任意愿，使之成为研究领域的热点议题。得益于《乡村教师支持计划（2015—2020 年)》等一系列强效政策的推动，乡村教师的留任意愿显著提升，实现了数量上的显著增长。相关研究表明，相较于其他年龄段，"90 后"及"00 后"乡村教师的流动意向更为显著，这一特征使他们成为乡村教师队伍稳定性的一大挑战[157]。在此背景下，探究影响新生代乡村教师留任意愿的多元因素显得尤为重要。

个人偏好是影响新生代乡村教师留任的关键因素之一。许多年轻教师在初期投身乡村教育时，怀揣着对教育事业的满腔热情和对乡村发展的美好憧憬。然而，随着时间的推移，乡村生活的艰辛与职业发展路径的有限性逐渐显现，导致他们的离职意向悄然滋生[158]。此外，乡村文化的适应性亦不容忽视，乡村教师需要融入与城市大相径庭的生活方式与文化习俗，这种文化差异可能使他们感到孤立无援，进而加剧了离职的风险[159]。

针对新生代乡村教师留任意愿薄弱的现状，学者们提出了一系列应对策略。首要任务在于培养师范生的乡村教育情感，通过精心设计的教育课程与丰富的实践机会，使未来教师在入职前便能深植对乡村教育的认同与归属感[160]。同时，完善乡村学校的管理体系、提升教师的身份认同，亦被视为增强留任意愿的有效途径[161]。这些措施的实施，既需顶层政策的鼎力支持，也需在实际操作中不断微调与优化。研究者还倡导采用个体生活叙事的研究方法，深入挖掘教师的内心世界与真实感受，以期揭示影响其留任意愿的深层动因。

3. 新生代乡村教师的身份认同

新生代乡村教师群体普遍经历了从农村出生、外出求学再到回归乡村工作的独特职业路径，成为首批脱离土地、离开家乡、不再直接从事农业生产的乡村教师。这样的背景使得他们在重返故土从事教育工作时，往往会遭遇"环境依旧，人事已非"的情感挑战，进而影响到他们的工作归属感及身份认同[162]。

新生代乡村教师身份认同的复杂性，主要体现在个人偏好与乡村文化适应之间的张力上。许多教师在远离乡土文化的过程中感到疏离，同时面临着乡土知识缺乏和乡土情感淡漠的问题[163]，这进一步加剧了他们的离职倾向。此外，乡村社会的治理结构往往将他们视为"外来者"，使他们在乡村社会中感受到边缘化的压力[164]。这种身份认同的危机，不仅阻碍了教师的个人职业发展，也对乡村教育的整体质量造成了不利影响。

在探讨身份建构的过程中，学者们对新生代乡村教师所承担的多重角色进行了深入剖析。乡土文化，作为传统文化的深厚基石，对乡村教师的行为模式和精神世界产生了深远的影响。同一乡村区域的人们共同塑造了独特的乡土文化，这种文化既是教师的精神寄托，也是其职业认同的重要基石[165]。然而，当新生代乡村教师在扮演城乡教育资源桥梁、乡村社区治理参与者等多重角色时，他们常常陷入角色间的冲突之中[166]。这种冲突源自教师在不同社会环境中所需承担的角色和期望之间的差异，使他们在履行职责时感到迷茫和压力重重。角色内部的矛盾以及角色间的冲突，不仅削弱了教师的职业成就感和幸福感，也限制了乡村儿童所能接受的教育质量。

重塑新生代乡村教师的身份，必须重视提升他们的文化认同感和增强角色适应能力[167]。通过深化对乡土文化的理解和认同，教师能够更好地融入乡村社会，肩负起乡村教育的使命与责任，从而为乡村教育的持续健康发展贡献力量。

4. 新生代乡村教师的乡土情怀

近年来，新生代乡村教师的乡土情怀问题日益引起国内学术界的关注。研究发现，新生代乡村教师的乡土情怀现状堪忧，表现出明显的失落趋势[108]。这种失落的根源有多方面，主要体现在城镇化进程的加速、乡土文化认同的缺失以及教师职业生涯中的多重压力等方面[160]。随着农村传统村落的消失，乡土文化逐渐被边缘化，导致乡村教师在教育实践中难以有效融入和传承地方文化。费孝通曾指出，农业向城镇的转移使得乡村地区的物资与人力资源面临严重短缺[168]，这一现象在乡村教师的身份认同和乡土情怀的形成上产生了深远的影响。

例如戚姝婷认为，乡村教师对于乡土文化的认同不足，难以将地方文化资源融入教学中[169]。教师的素养和对乡土文化的理解不足，使得他们在教学过程中无法有效地传递和弘扬乡土文化。王勇则指出，乡村教师在资源匮乏的环境中，缺乏对乡村传统文化的深入了解，进一步加剧了乡土情怀的缺失[170]。纪德奎和赵晓丹也认为，随着传统村庄的消亡，乡村居民失去了精神依托，乡土情怀变得如同无根之树，无法扎根于乡村的文化土壤中[171]。

马宽斌指出，社会结构的变化和城乡一体化进程使得乡村教师对乡村教育的疏离感加剧，功利主义的盛行使得乡村教师在角色定位上迷茫，进而影响了他们的乡土情怀[27]。张立平等进一步分析认为，城乡二元结构所带来的压力和外部物质化因素的诱惑，使乡村教师在职业生涯中与乡村生活产生了隔阂[94]。

学者们除了从外部因素探讨乡土情怀的缺失原因，更着眼于内部因素方面，研究发现，教师个人的专业素养、人格特质、生活经历以及收入待遇等，都是影响乡土情怀的重要因素。刘善槐等指出，乡村教师由于不科学的师资配备和"同工不同薪"的现象，承受着巨大的工作负担，其对乡土情怀的认同感减弱[172]。刘敏等从生活史的角度分析，乡村教师在职业发展的初期积极性与后期发展受阻之间的矛盾，也在一定程度上影响了他们对乡土情感的认同[97]。

关于新生代乡土情怀的培育，可以从多位学者的相关研究中获得启示。例如马多秀认为，乡土情怀是乡村教师内在情感的自然流露，乡村教师通过学习与乡村教育相适应的课程，增强职业认同感，从而形成乡土情怀[30]。杨艺斐建议，乡村教师应主动融入乡村文化，加强与乡亲的联系，以增强对乡土情感的认同[173]。龙瑶则将乡土情怀的生成机制分为三个方面：首先，教师个人的核心价值品质和职业认同感的培养；其次，学校应创造有利于乡土情怀生成的环境；最后，社会应对乡村教师的乡土情感提供支持，包括完善相关教育政策体系[92]。可见，在现有乡土情怀研究中，学者们普遍认为，乡村教师的乡土情怀不仅是其个人情感的体现，更是乡村教育振兴的基础[27,174]。只有在乡土情怀的滋养下，乡村教师才能真正融入乡村社会，承担起教育的使命。

四、相关研究简评

（一）研究贡献

1. 研究主题的深化

在研究主题上，呈现出从对教师基本素质的关注到对其心理健康重视的显著转变。早期的研究主要聚焦于乡村教师的核心素质，包括知识储备、教学技能以及职业道德等方面，为理解乡村教师队伍构成和素质提升提供了重要基础。然而，随着教育实践的深入和理论研究的拓展，学者们逐渐认识到，教师的心理健康状态对于教育质量的提升具有不可忽视的作用。

这一转变不仅体现了对乡村教师全面发展的高度重视，也极大地丰富了研究的内涵和层次。研究主题不再局限于教师的外在表现和技能，而是深入到他们的内心世界，关注他们的心理需求和健康状况。此外，研究重点也逐渐向微观实践层面延伸，更加关注教师的日常教学实践、师生互动等具体议题，使得研究更加贴近教育的实际运作，为提升教育质量提供了更为具体的指导。

2. 研究视角的多维性

在研究视角上，从单一学科视角到多维度综合研究。早期的研究往往局限于某一特定学科，如教育学或心理学，这种单一视角的研究虽然有助于深入挖掘某一方面的规律，但难以全面把握问题的复杂性。随着对乡村教师问题认识的不断加深，研究者开始采用多学科、多维度的综合研究方法，以更全面地揭示乡村教师的真实面貌。例如，社会学与教育学的交叉研究揭示了乡村教师的身份认同问题，为我们理解他们在社会结构中的位置和角色提供了新的视角。国内研究则进一步从教育学、心理学和社会学等多个视角对乡村教师的职业幸福感进行了全面分析，这种多维度的研究视角不仅极大地丰富了研究内容，也提高了研究的深度和广度，为我们更全面地理解乡村教师提供了有力的支持。

3. 研究方法的创新

随着实证研究的不断深入，研究方法正朝着多元化和精细化的方向发展。问卷调查等量化研究方法的使用日益增多，计算机技术的进步也为方法的创新提供了有力支持。通过这些先进的统计分析工具，能够更准确地揭示乡村教师的数量特征和关系模式，从而为政策制定和实践改进提供科学依据。

同时，质性研究方法的应用也为探究现象背后的规律和机制提供了更为深入的见解。民族志方法和叙事研究方法等质性研究方法使我们能够更深入地挖掘乡村教师的乡土情怀和个体经验，揭示他们在教学实践中的真实感受和内心世界。这种多元化的研究方法不仅提高了研究的科学性，也增强了研究结果的实践应用价值，为乡村教师的成长和发展提供了更为全面的指导和支持。

（二）研究不足

1. 研究成果不成体系

当前关于乡村教师乡土情怀的研究，整体上缺乏系统性和连贯性。许多研究集中于外在客观因素，如政策支持、经济条件和工作环境等，而忽视了教师个体的社会背景和成长经历对其乡土情怀的影响。乡土情怀不仅仅是外部环境的产物，它还深受教师个人的成长背景、教育经历以及社会文化氛围的影响。忽视这些内在因素，导致研究无法全面揭示乡土情怀缺失的复杂原因。

此外，许多研究缺乏实地调查和数据支持，导致其结论与实际情况存在较大偏差。没有足够的数据支撑，研究结果往往流于理论推测，难以反映真实的乡村教育现状。这种状况不仅影响了研究的可信度，也限制了其实际应用价值。为了形成系统性的研究成果，研究者需要加强实地调查，获取更多一手数据，以确保研究结果的准确性和现实性。

要解决这些问题，研究者应在设计研究时，充分考虑内外因素的交互作用，构建更为全面的研究框架。同时，通过跨学科的方法，结合教育学、社会学和心理学等多个领域的理论和方法，形成对乡村教师乡土情怀的多维度分析。这将有助于揭示问题的本质，提出更具针对性的解决方案。

2. 研究理论不足

目前关于乡村教师乡土情怀的研究，普遍依赖于一线教师的经验和感受，但缺乏坚实的理论基础。这种经验主义的研究方法，虽然能提供一些直观的见解，却难以深入挖掘乡土情怀缺失的深层次原因。理论上的不足，使得研究结论的普遍性和适用性受到限制，难以在不同情境下推广应用。

在探讨乡土情怀缺失的原因时，研究往往停留在表层现象，没有深入分析其背后的心理机制和社会文化因素。例如，不同地区的文化背景和社会价值观对乡村教师的影响，以及这些因素如何与教师的职业压力相互作用，都是值得深入研究的课题。然而，目前的研究中，这些方面的探讨仍显不足。

为了弥补理论上的不足，未来的研究应加强对乡土情怀的理论构建，借鉴社会心理学、文化人类学等学科的理论和方法，对乡土情怀的形成机制进行更为深入的探讨。同时，应加强对不同地区、不同文化背景下的乡村教师群体的比较研究，以揭示乡土情怀与职业压力之间的复杂关系。这将有助于形成更具普遍性和适用性的理论框架，为乡村教师队伍建设提供理论支持。

3. 研究方法单一

在研究乡村教师乡土情怀的问题上，方法的单一性是一个显著的不足。许多研究仅采用质性研究或定量研究中的一种，缺乏两者的结合使用。这种方法上的局限性，导致研究结果难以全面反映乡村教师的真实状况，也限制了研究结论的说服力。

质性研究方法，如访谈和观察，能够深入了解个体的主观体验和感受，但缺乏广泛的普遍性。而定量研究方法，如问卷调查，虽然能提供较为广泛的数据支持，但往往难以揭示个体的深层次心理和情感。因此，单一的方法难以满足对乡村教师乡土情怀进行全面分析的需求。

为提高研究的科学性和可靠性，未来的研究应采用多种研究方法的结合。通过质性和定量方法的互补使用，研究者可以获得更为全面和深入的分析。例如，先通过定量调查了解乡村教师群体的整体状况，再通过质性访谈深入探讨具体个案。这种方法的多样化，将有助于提高研究结果的客观性和准确性。

此外，研究者在数据收集和分析过程中，应注重数据的质量和分析的严谨性。通过严格的研究设计和数据验证，确保研究结论的可靠性。这不仅有助于提升研究的学术价值，也为政策制定和实践提供了更为坚实的依据。

新生代乡村教师的基本特征分析

在城镇化进程不断加速与教育改革持续深化的背景下，新生代乡村教师群体展现出区别于前辈乡村教师的显著特征。深入把握该群体的基本特征，对于优化乡村教师队伍建设具有重要意义。本章立足实证调查数据，从性别构成、年龄分布、教龄特征、学历层次、籍贯分布、婚育状况、职称情况、学校分布、收入水平及居住地等多个维度，系统分析新生代乡村教师群体特征。通过对各维度特征的深入解析，揭示新生代乡村教师队伍的整体面貌，为制定针对性的政策措施、优化乡村教师队伍建设提供实证依据。

一、调查对象与方法

（一）调查对象

本书以 1990 年及以后出生的乡镇中小学教师为研究对象，选取了四川省的部分乡镇地区作为调查区域。选择该区域主要基于两点考虑：第一，四川省作为我国西部地区的典型代表省份，其乡村学校数量和教师群体规模具有较强的区域代表性和典型性；第二，该省乡村教育发展既反映了全国乡村教育改革的普遍性特征，又呈现出独特的区域发展路径，这种典型性与特殊性的统一为本书提供了丰富的样本资源，有助于提升研究结果的外部效度。通过问卷调查和数据统计分析，力求全面把握新生代乡村教师群体的基本特征。

本次调查向研究对象发放了《新生代乡村教师基本特征调查问卷》，共计发放问卷 360 份，回收了 328 份有效问卷，有效回收率达到 91.11%。样本的基本构成情况如下：

性别构成：男性 156 人，占 47.56%；女性 172 人，占 52.44%；年龄分布：25 岁以下 67 人，占 20.43%；26～30 岁 122 人，占 37.19%；31～35 岁 139 人，占 42.38%。教龄分布：3 年及以下 77 人，占 23.48%；4～10 年 132 人，占 40.24%；11 年以上 119 人，占 36.28%；学历水平：大专学历 86 人，占 26.22%；本科及以上学历 242 人，占 73.78%；籍贯分布：农村籍 239 人，占 72.87%；城镇籍 89 人，占 27.13%；婚育状况：未婚 96 人，占 29.27%；已婚无子女 44 人，占 13.41%；已婚 232 人，占 70.73%；职称情况：高级职称（包括高级教师和一级教师）67 人，占 20.42%；中级职称（二级教师）124 人，占 37.80%；初级职称（包括三级教师及未评职称）137 人，占 41.78%；收入水平：3 000 元以下 22 人，占 6.71%；3 000～4 000 元 163 人，占 49.69%；4 000～5 000 元 98 人，占 29.88%；5 000 元以上 47 人，占 14.32%；居住地：居住农村 9 人，占 2.74%；居住乡镇 37 人，占 11.28%；居住县城 179 人，占 54.58%；居住城市 103 人，占 31.40%（表 4-1）。

表 4-1　新生代乡村教师基本信息表

类别	选项	人数	占比（%）
性别	男	156	47.56
	女	172	52.44
年龄	25 岁以下	67	20.43
	26～30 岁	122	37.19
	31～35 岁	139	42.38

（续）

类别	选项	人数	占比（%）
教龄	3 年及以下	77	23.48
	4～10 年	132	40.24
	11 年以上	119	36.28
学历	大专	86	26.22
	本科及以上	242	73.78
籍贯	农村户籍	239	72.87
	城镇户籍	89	27.13
婚育	未婚	96	29.27
	已婚无子女	44	13.41
	已婚有一子女	131	39.94
	已婚有两子女	57	17.38
职称	一级	67	20.42
	二级	124	37.80
	三级和未评级	137	41.78
学校层次	小学	202	61.59
	初中	126	38.41
收入	3 000 元以下	22	6.71
	3 000～4 000 元	163	49.69
	4 000～5 000 元	98	29.88
	5 000 元以上	47	14.32
居住地	农村	9	2.74
	乡镇	37	11.28
	县城	179	54.58
	地级市	103	31.40

（二）研究方法

1. 研究工具

在本项研究中，鉴于主题聚焦及结构布局的需求，着重从人口学统计特征的维度，深入剖析新生代乡村教师群体的核心特质。为此，专门设计了《新生代乡村教师基本特征调查问卷》作为研究工具。该问卷中，人口统计学特征部分承担着收集基础信息的重要任务，旨在系统地获取研究对象的多项基本背景资料。具体而言，问卷涵盖了以下关键指标：年龄分布状况，用以揭示教师队伍的年龄结构特征；教龄分布情况，用以评估教师的教学经验积累程度；性别比例构成，以反映教师队伍的性别均衡状况；籍贯分布特征，用以探索教师来源的多样性；婚育状况概览，以考虑个人生活状态对职业发展的潜在影响；以及居住地分布格局，用以分析工作与生活环境的相互关联性。通过综合收集并分析上述信息，本书旨在全面描绘并深入理解新生代乡村教师的基本特征，为后续深入研究其职业发展、心理状态等因素提供坚实的实证基础。

2. 抽样方法与数据收集方法

本书采用分层抽样和便利抽样相结合的方法，选取四川省乐山市、绵阳市、南充市、雅安市、阿坝州、凉山州等 6 个地市州的乡镇中小学 35 岁以下教师为调查对象。数据收集工作于 2024 年 3 月至 4 月开展，采用现场问卷调查和委托调查相结合的方式进行。其中，现场问卷调查主要依托乡村教师集中培训活动开展；委托调查则通过事先培训的学校管理者协助完成问卷发放与回收工作。以上调查方式既确保了样本的区域代表性和群体覆盖面，又有效提升了问卷回收率。

二、新生代乡村教师的性别构成特征分析

（一）性别比例趋于均衡

本书通过问卷调查发现，新生代乡村教师的性别构成呈现相对均衡态势，其中女性教师占比 52.44%，男性教师占比 47.56%。这一数据与教育部 2020 年公布的全国乡村学校男教师比例接近

40％的情况[175]基本吻合，表明乡村教育领域的性别构成出现了新变化。

从历时性视角分析，新生代乡村教师性别结构趋于均衡主要受三个层面因素的综合影响。国家层面的教师法规和乡村教师支持计划明确规定教师招聘、职称评定、薪酬待遇等方面的性别平等原则，消除制度性别歧视，为女性教师进入乡村教育体系提供了政策保障。教师教育体系的完善和招聘机制的规范化，尤其体现在统一的教师资格考试制度和公开招聘制度中，以专业能力为评价标准，推动了教师队伍性别多元化发展。乡村教育环境的持续优化更是关键，教师周转宿舍建设、教学设施改善、工资待遇提升和职业发展通道拓宽等举措，显著改善了乡村教师工作生活条件，弱化了性别因素在职业选择中的影响。

就教育实践层面而言，性别比例的均衡对教育教学本身也产生了较大影响。女性教师以其特有的细腻与耐心，往往能更深入地洞察学生的需求，为他们提供更加贴心和全面的成长关怀。而男性教师，则可能在教学风格、学科专长上表现出不同的特质，为学生带来多样化的学习体验。这种性别的互补，不仅丰富了教育的内涵，也更好地满足了不同性别学生的学习需求和成长期待，有助于他们的全面发展。

此外，尽管整体性别比例趋于平衡，但在具体的学科和管理层级中，性别分布可能仍存在不均衡的现象。这可能与学科特性、职业选择倾向以及管理职位上的性别偏见等因素有关。例如，在某些传统观念中被认为是男性主导的学科或管理职位中，女性教师的比例可能仍然较低。因此，未来的研究需要更深入地探讨性别因素在乡村教育中的具体表现，以期为优化乡村教师队伍结构，推动教育公平提供更为坚实的依据。

（二）需关注女教师的特殊需求

本书数据表明，新生代乡村女教师人数超过男教师。女教师在教师队伍中的人数越来越多，首先得益于社会性别观念的进步和女性教育地位的提升。随着社会的不断发展，越来越多的女性有机会接受高等教育，并选择将教育事业作为自己的职业追求。同时，乡村教育政策的支持和引导也为女性教师提供了更多的就业机会和发展空间。这些因素共同作用，使得女性教师在乡村教师队伍中的比例也占主导。

不过，女教师群体在职业发展过程中面临着诸多现实困境。其中，工作与家庭的平衡问题最为突出。乡村学校地处偏远，女教师可能面临长途通勤或异地居住的困难，难以兼顾家庭生活。特别是育有学龄前或低年级孩子的女教师尤感压力，早出晚归的工作时间、繁重的教学任务让照护子女问题成为心头之忧。乡村地区托育服务资源匮乏，更让这一困境雪上加霜。学校课后服务等额外工作安排挤占了照顾家庭的时间，女教师常在工作与家庭责任间左右为难。

职业发展通道、培训机会等方面的需求亦待破解。偏远的地理位置限制了女教师参与专业培训和学术交流的机会。线下培训需长期离家，已为人母的女教师难以抽身。网络培训看似便利，却受制于乡村地区薄弱的网络基础设施和设备条件。家庭照顾责任占据大量时间精力，职称评定、岗位晋升中，女教师难以全身心投入科研项目或教学竞赛，职业发展空间因此受限。因此，需要进一步关注女性教师在乡村教育中的发展现状和困境，为她们提供更多的职业发展和晋升机会，以充分发挥其在乡村教育中的独特作用。

三、新生代乡村教师的年龄分布特征分析

(一) 年龄结构凸显政策效应

本书将新生代乡村教师按年龄划分为 25 岁以下、26～30 岁、31～35 岁三个年龄区间进行分析。调查数据显示，31～35 岁教师占比最高达 42.38%，26～30 岁教师占比 37.19%；25 岁以下教师占比 20.43%。从该年龄分布来看，其与国家乡村教育振兴政策的实施进程呈现显著关联性。

调查数据显示，"特岗计划"等定向培养政策的持续推进，显著优化了乡村教师队伍的年龄结构。26～30 岁年龄段教师占比最高（42.38%），其次为 31～35 岁年龄段教师（37.19%），形成了以中青年教师为主体的队伍结构，体现了政策实施的阶段性成效。

从专业发展来看，26～35 岁年龄段的教师群体兼具教学经验和发展潜力。其中，31～35 岁教师群体已积累了较为丰富的教学实践经验，在教学方法运用和课堂管理等方面具备较强的专业能力；26～30 岁教师群体则可能表现出较强的学习适应性和教学创新意识。新生代乡村教师队伍的引入，对优化乡村教育教学质量具有积极的促进作用。

(二) 年龄结构有待优化

近年来，乡村教师队伍建设政策虽取得显著成效，但在年轻教师引进与保留方面仍面临诸多挑战。数据显示，乡村学校 25 岁以下教师占比偏低，表明对年轻教师的引进还需加强。从人力资本理论的角度来看，年轻教师通常具备高学历和高素质，他们在职业选择上更加理性和慎重。除了薪资待遇和工作环境，他们更关注职业发展前景和个人价值实现。因此，乡村教育需要在政策制定和实施

过程中，特别注重提高对年轻教师的吸引力。

优化乡村教师队伍年龄结构，尤其是提升 26～35 岁教师占比，是推动乡村教育高质量发展的关键所在。当前亟须构建系统性支持体系，在加大财政投入、改善基础设施的同时，完善职称晋升通道、拓展教师专业发展空间。通过健全培训机制、提升教师专业素养，促进年轻教师实现职业价值。

未来政策设计应聚焦提升乡村教育对年轻教师的吸引力与保留率。优化教育教学环境、构建多元化职业发展平台、强化政策保障机制等系统性改革举措，将有效促进优秀年轻人才向乡村教育集聚，为教育振兴提供坚实人才支撑。

四、新生代乡村教师的教龄分布特征分析

(一) 新老交替过渡期

本书深入剖析新生代乡村教师队伍的教龄结构及其分布规律。调查数据显示，4～10 年教龄教师占比 40.24％，11 年以上教龄教师占比 36.28％，中青年教师群体以 76.52％ 的比例优势构成乡村教育的主体力量。这种结构特征凸显了乡村教师队伍的稳定性，为教学质量提升和教育经验传承提供了有力支撑。中青年教师凭借扎实的教学经验和成熟的教学技能，有效保障了教学活动的连贯性和教育质量。

值得关注的是，教龄 3 年及以下新入职教师占比达 23.48％，反映出乡村教育系统正经历新老交替的关键时期。新入职教师为乡村教育注入新鲜血液，其较强的学习能力和创新意识有助于推动教育理念和教学方法革新。人才更替也对乡村教育管理提出新课题，需要妥善处理新老教师间的教学理念差异，促进教学经验与创新思维的融合。

从教育质量维度看，现有教龄结构呈现双重特征。中青年教师群体的稳定性和丰富经验为教学质量提供基本保障，新入职教师的创新活力则为教育发展增添动力。教师队伍更新过程中的新老教师协调、新教师适应以及未来可能出现的教师老龄化等问题，需要教育管理者及时制定应对策略，确保乡村教育持续健康发展。

（二）教师梯队构建面临挑战

从教龄结构的深入分析可以看出，乡村教师队伍在梯队构建上存在一定的不合理性。具体而言，教龄 4～10 年的教师占比最高（40.24%），这既体现了近年来乡村教师招聘和留任工作的积极成效，也反映了这一群体正处于职业发展的关键阶段，他们既已积累了一定的教学经验，又保持着较高的职业热情和成长动力。然而，11 年以上教龄教师的较高比例（36.28%），虽然体现了部分教师对乡村教育事业的长期投入和职业认同，但也预示着未来可能面临教师队伍老龄化的风险。

相比之下，教龄 3 年及以下新教师的比例（23.48%）虽然不低，但与中青年教师群体相比仍有一定差距。这一现象背后，可能隐藏着乡村教师队伍建设的几个问题。新教师的招聘难度可能正在增加。乡村学校在吸引高素质人才方面面临挑战，艰苦的工作和生活条件，以及较少的职业发展机会，使得部分优秀毕业生更倾向于选择城市学校。这需要乡村学校在招聘策略上进行创新，提供更具吸引力的条件和激励措施。同时，新教师的流失率可能较高。职业适应困难、发展空间有限等因素可能导致新教师对职业的满意度降低，从而增加流失风险。许多新教师进入乡村学校后，面临教学资源不足、工作压力大、生活条件不便等挑战。教育管理者需要提供更加全面的支持体系，包括职业指导、心理辅导和生活保障，帮助新教师更好地适应乡村教育环境。教师队伍的年龄结构也可能存在断层风险。随着部分中青年教师的流失和老龄化问题的加剧，乡村教育可能面临人才梯队结构不够合理的问题。教育管理者在人才梯队的建设上需投入更多关注，以确保各年龄段教师的合理分布，维持教育质量的连续性和稳定性。

五、新生代乡村教师的学历层次特征分析

（一）学历结构得到优化

调查数据显示，新生代乡村教师学历层次整体呈上升趋势，本科及以上学历教师占比达 73.78%，大专学历教师占 26.22%。这一学历分布格局体现了乡村教师队伍学历结构的显著优化，与国家推行的教师学历提升计划密切相关。从人力资本理论视角看，高学历教师比例提升反映了乡村教育人力资本质量的整体提高，有助于丰富学生的知识结构和思维方式。高学历教师队伍的形成也有利于缩小城乡教育资源差距，为教育机会均等奠定基础，同时为教师持续学习和自我提升提供了良好条件。

尽管本科及以上学历教师占主导地位，大专学历教师占近两成的比例表明乡村教师队伍学历结构仍有优化空间。这种学历结构不均衡可能影响教师团队整体协作效能和教育质量均衡发展，需要进一步加大对在职教师学历提升的支持力度，全面提升乡村教师专业素养。乡村教师学历水平提升是适应新时代教育要求、增强乡村教育竞争力的必然选择。

（二）学历提升与教学实践的转化

尽管新生代乡村教师的学历水平显著提升，但如何将高学历转化为高效的教学实践，仍然是一个亟待解决的重要问题。从理论层面来看，学历提升与教学能力提升之间并非简单的线性关系。根据

教师专业发展理论，教师的专业成长是一个多维度、动态的过程，不仅包括知识的积累，还涉及技能的磨炼、态度的调整和反思能力的培养[176]。因此，仅仅依靠学历的提升，并不能自动转化为教学实践的提升。这就要求我们在关注学历提升的同时，更要重视如何建立一种有效的转化机制，将理论知识转化为实践智慧。

从实践层面来看，实现学历与教学能力的同步提升，需要教育管理部门和教师个人的共同努力。首先，教育管理部门应该建立一种更加灵活和针对性的教师培训体系。这种体系不仅要注重理论知识的传授，更要强调实践技能的培养和反思能力的提升。例如，可以通过案例教学、行动研究、教学观摩等多种形式，帮助教师将理论知识与实际教学情境相结合。

其次，应该建立一种激励机制，鼓励教师将学历提升与教学实践创新相结合。例如，可以将教师的教学创新成果作为职称评定和绩效考核的重要依据，从而激发教师将理论学习成果转化为教学实践的动力。再者，应该构建一种支持性的学校文化，鼓励教师之间的交流与合作。通过同伴互助、经验分享等方式，促进不同学历背景教师之间的优势互补和共同成长。

对于教师个人而言，则需要培养终身学习的意识和反思性实践的能力。一方面，要主动将学历教育中获得的新知识、新理念与自身的教学实践相结合，不断更新教学内容和方法。另一方面，要养成反思的习惯，通过不断总结和反思教学经验，实现理论与实践的良性互动和螺旋式上升。

此外，从教育技术的角度来看，随着信息化时代的到来，如何利用现代教育技术提升教学效能，也成为新生代乡村教师面临的重要课题。高学历背景为教师掌握和应用新技术提供了基础，但如何将技术与教学有机融合，仍需要系统的培训和实践。因此，未来的教师培养和培训计划中，应该加强教育技术应用能力的培养，帮助教师更好地利用现代化手段提升教学质量。

六、新生代乡村教师的籍贯分布特征分析

（一）农村籍教师占多数

新生代乡村教师的籍贯分布特征是衡量教育资源配置与教育成效的重要维度。调研数据显示，农村籍教师在新生代乡村教师队伍中占据主导地位，共计 239 人，占比 72.87％；城镇籍教师 89 人，占比 27.13％。这一分布格局体现了乡村教育"本土化"培养策略的实施成效，凸显乡村教育中"乡土情结"的文化传承价值。

农村籍教师具有独特的乡土认知优势，他们对乡村社会结构、生活方式和价值观念有着切身体验，能够准确把握乡村学生的认知特点和学习需求。这种基于乡土经验的教育实践增强了教师的职业认同感，提升了教学的针对性。农村籍教师熟悉当地方言、习俗和文化传统，在与学生及家长沟通过程中表现出明显优势，有助于构建更为紧密的师生关系和家校联系。

从文化传承视角看，农村籍教师是乡村文化的重要载体。他们既是知识传授者，也是乡土文化的传承人，在教育实践中自觉融入乡土元素，丰富教学内容。这种文化认同感和使命担当为乡村教育的可持续发展奠定了深厚的文化基础，有利于培养学生对乡土文化的认同感和归属感。

鉴于农村籍教师的主导地位，应进一步完善和强化本土化教师培养机制，如扩大农村定向师范生培养计划，为农村学生提供更多接受高等教育并返乡任教的机会[177]。同时，继续加强乡村教师的培训和发展，引导他们不断更新教育理念和方法，提升教学质量和水平。

（二）城镇籍教师持续加入

调研数据显示，尽管农村籍教师占据主导地位，但城镇籍教师的存在亦不容忽视。超过 1/4 的城镇籍教师比例，反映了近年来城乡教育资源流动的趋势，这可能与"特岗计划""支教计划"等一系列政策的推动密切相关。城镇籍教师的涌入为乡村教育注入新的教学理念与方法，推动了乡村教育现代化进程和教育质量提升。这种人才流动趋势与国家实施的"特岗计划""公费师范生"等政策密切相关。

"公费师范生"政策作为国家推动教育均衡发展的重大战略举措，其核心在于通过一系列综合措施，有效引导和激励城镇籍学生投身于师范教育，进而为乡村教育输送高素质的教育人才。该政策不仅提供了全面的经济支持，还明确了就业导向，极大地激发了城镇籍学生参与师范教育的积极性。与此同时，国家不断加大对乡村教师待遇的优化力度，在薪资待遇、职业发展等多个维度给予有力保障，这一举措构成了吸引师范专业毕业生投身乡村教育的重要外部激励因素。

职业选择理论表明，个体在做出职业决策时，往往基于对职业预期结果的深入评估[178]。在此背景下，乡村教师待遇的显著提升，直接增强了该职业在价值预期上的吸引力。而"公费师范生"政策则为城镇籍大学生提供了清晰的职业发展蓝图，从而提高了他们对未来职业发展的信心。这两项政策措施的有机结合，形成了强大的政策合力，显著增强了城镇籍教师选择乡村教育岗位的意愿和动力。

进一步分析，这一政策体系构建了一种独特的推拉机制[179]。一方面，通过制度设计和人才培养的推动，促使高质量师资向乡村地区流动；另一方面，职业待遇的优化则增强了乡村教育的整体吸引力，使得更多优秀教师愿意扎根乡村，为乡村教育贡献自己的力量。这种推拉机制的有效运行，不仅促进了教育资源的合理配置，还为城乡教育一体化发展奠定了坚实的基础。

从社会认知的角度来看，师范教育的系统培训不仅提升了师范生的专业技能和综合素质，还增强了他们胜任乡村教育工作的自信心。同时，待遇的改善也让师范生对职业发展前景充满了期待，进一步强化了他们对乡村教育职业的身份认同感和归属感。这些因素共同作用，使得城镇籍教师更加愿意投身乡村教育，为乡村教育的振兴和发展贡献自己的力量。

尽管如此，乡村教育的长期发展仍面临挑战，城镇籍年轻教师如何适应乡村教育环境及如何建立可持续的人才留用机制等，仍需进一步研究和政策支持。

七、新生代乡村教师的婚育特征分析

（一）婚育状况呈多元化

调查数据显示，新生代乡村教师呈现出多样化的婚育状况分布特征。从婚育结构来看，已婚教师群体占总体的 70.73%，其中已婚并育有一子女的教师达 39.94%，占比最高；已婚且育有两子女的教师占 17.38%；已婚无子女的教师占 13.41%。值得注意的是，未婚教师群体也占据相当比重，达到 29.27%，反映出新生代乡村教师队伍中存在较大比例的适婚未婚群体。调查结果显示的新生代乡村教师婚育状况分布特征，一方面体现了新时代乡村教师群体的婚育观念变迁，另一方面也折射出当前乡村教师群体的家庭建设现状。

从婚育状况对职业发展的影响审视，已婚并育有子女的教师群体呈现复杂多变的特征。他们虽已组建家庭，但家庭结构与居住方式却千差万别。有的教师与家人同住在学校所在地，工作与家庭兼顾相对容易；有的教师则因配偶职业或子女教育等原因，不得不与家人两地分居。稳定的家庭关系往往能增强他们扎根乡村的决心，而对于那些分居两地的教师，家庭与工作地的远离则可能给职业选择带来诸多不确定因素。

同时，已婚教师群体尤其面临着在工作压力与家庭责任之间寻求平衡的挑战。他们既要在教育教学、班级管理上投入大量精力，又要妥善处理好子女教育、家庭照料等事务。尤其在乡村教育资源匮乏、教学任务繁重的环境下，实现工作与家庭的平衡变得更为艰难。这不仅需要教师自身具备时间管理和压力调节能力，也需要管理部门构建更加富有人文关怀的教师支持体系。

(二)未婚教师的婚恋困境

乡村教师队伍中未婚群体比例较高，这一现象折射出当代乡村青年教师在婚恋择偶过程中面临的多重难题，同时也反映了乡村社会变迁对教师婚恋观念与行为的影响。

乡村未婚青年教师的婚恋选择受到多重因素影响，既受到个人受教育经历的影响，又受到城市化进程中择偶观念的冲击，同时还受到传统婚恋模式的制约。乡村地区经济社会发展滞后、青年人口持续外流，以及教师职业的特殊性，进一步加剧了未婚教师的婚恋困境。尤其是他们工作压力大、社交圈层相对固定等特点，使得婚恋问题日益突出，亟须社会各界给予关注和支持。

此外，教师群体的性别结构失衡也是加剧婚恋困境的重要因素。随着女教师比例不断提升，乡村女教师在择偶过程中面临更大压力。她们不仅受到适婚年龄范围相对较短的限制，而且因工作环境的特殊性，其社交机会也颇为有限。反观乡村男教师，尽管在数量上相较于女教师显得较为稀缺，但受制于自身的社会经济地位以及传统"男高女低"婚恋观念的影响，这一观念往往要求男性在经济、社会地位上高于女性，使得男教师在择偶时面临更高的期待，而他们在婚恋市场中的实际竞争力并未因此显著提升。

针对未婚教师的婚恋困境，需构建教育管理部门、社会各界与教师群体间的多维协同机制。教育部门宜推行婚恋辅导服务项目，助力青年教师树立正向的婚恋观念；社会各界则应着力优化乡村地区的公共服务体系，营造更为有利的社交氛围。同时，教师个人亦可积极拓宽社交圈层，踊跃参与各类文体活动，在促进职业发展的同时，也丰富自身的个人生活体验。

（三）已婚家庭的生育选择难题

已婚新生代乡村教师中子女数量的差异，尤其是二孩比例的相对较低，不仅反映了我国全面二孩政策在乡村地区的实施效果，也揭示了乡村教师在生育决策过程中可能遭遇的诸多难题。对于新生代乡村教师而言，生育选择不仅关乎个体及家庭的长远规划，更与职业生涯的发展息息相关。而在现实生活中，他们往往在生育选择上承受着多方面的压力与挑战。

经济负担成为影响新生代乡村教师生育选择的关键因素。随着物价的持续攀升及生活成本的日益增加，抚养子女的经济压力愈发沉重。乡村教师的收入水平相对有限，难以轻松应对家庭日常开销及子女的教育支出，经济压力颇大。增添一名子（女），即意味着需承担更大的经济负担，这可能会削弱家庭生活质量，并影响到对子女的教育投入。因此，经济压力或促使他们在生育选择上趋于保守。

同时，乡村学校教育资源匮乏，新生代教师常需肩负繁重的教学任务。高强度的工作压力不仅消耗了他们大量的时间与精力，还可能妨碍其履行家庭角色，尤其在子女的教育与陪伴上显得力不从心。这种工作与家庭之间的冲突，可能导致新生代乡村教师在生育决策时更为谨慎。

针对新生代乡村教师在生育方面面临的挑战，加强生育保障与服务支持显得尤为必要。通过提供育儿指导、心理咨询等专业服务，帮助乡村教师更加科学地平衡家庭与事业之间的关系。同时，完善代课教师制度、优化产假安排等具体措施，切实减轻乡村教师在生育与职业发展上的双重压力。

八、新生代乡村教师的职称分布特征分析

（一）职称呈现金字塔式结构

本书中，新生代乡村教师的职称分布情况呈现出鲜明的特点。三级职称及未评级教师所占比例高达 41.78%，二级职称教师占比 37.80%，而一级职称教师则占 20.42%。职称分布呈金字塔式结构，反映了当前乡村教师队伍的职称晋升现状及其发展趋势。参照职业生涯发展理论，本书发现的教师职称分布格局与教师专业成长的阶段性特征高度一致[180]。在初级阶段，教师主要进行探索与奠基，逐步积累教学经验和专业技能；中级阶段，教师教学能力与专业素养稳步提升，职业发展趋于稳固；高级阶段，教师则达到职业生涯的成就巅峰，展现出深厚的专业功底和卓越的教育智慧。这一分布态势符合教师职业生涯的自然演进规律，客观反映了教师成长的阶段性特征。

进一步分析发现，中高级职称教师占比合计达 58.22%，这一数据具有显著的意义，它标志着乡村教育人力资本质量迈上了一个新的台阶。这一提升并非偶然，而是国家政策有力支撑的结果。特别是"特岗计划"等政策的实施，为乡村教育输送了大量优秀人

才，注入了新的活力和血液。

然而，初级职称教师比例较高的问题也不容忽视。这可能与乡村地区职称评定制度的不完善、评定资源相对匮乏等制度性因素有关。因此，在未来的政策制定中，应重点关注乡村教师的职称晋升通道，力求优化机制，促进教师队伍的均衡、健康发展。

（二）职称晋升机制需优化

分析发现，初级职称的比例相对较高，这透露出年轻教师在职称晋升方面可能遭遇了一定的挑战。同时，各级职称教师的比例分布情况也凸显了优化职称晋升机制的迫切性。一方面，年轻教师由于教学经验尚浅，教研成果积累不足，往往难以在短期内达到职称晋升的基本要求；另一方面，部分乡村学校由于教育资源相对匮乏，教师参与专业培训和学术交流的机会有限，这在很大程度上限制了他们的专业成长。年轻教师通常要承受来自教学业绩、科研成果、班级管理等多个维度的考核压力。而尤为突出的是，从二级职称晋升到一级职称的难度显著增加，这不仅与评价标准的严苛有关，也与优质教育资源分配不均、乡村教师专业发展支持体系尚不完善等现实问题紧密相连。

基于上述研究发现，职称晋升机制的完善应着重关注评价体系的科学性与导向性。教师评价体系应更加注重教学实践效果、教育教学研究成果以及班级管理水平等核心指标，构建起科学合理的评价标准。同时，教师在学科背景、发展阶段等方面存在显著差异，学科教学、班级管理、教育研究等不同发展方向均应设置相应的评价细则，最终建立起更具包容性的晋升标准体系，有助于减少对资历因素的过度依赖，更好地反映教师的专业能力与教育成效。

九、新生代乡村教师的收入特征分析

乡村教师的工资收入主要由基本工资、绩效工资以及乡村教师生活补助这几部分组成。调查结果显示，收入在 3 000～4 000 元的教师占比最高，达到了 49.69％；其次是 4 000～5 000 元，占比为 29.88％；收入 5 000 元以上的教师占 14.32％；而收入 3 000 元以下的教师比例最低，为 6.71％。需要指出的是，由于本调查采用自我报告的方式，被调查者在收入方面的作答可能存在一定的保守和保留，但总体出入不大。

新生代乡村教师的工资收入处于中等水平，国家推行的公费师范生政策及"三支一扶"计划，在推动乡村教育均衡发展中发挥了举足轻重的作用。这些政策措施不仅为乡村学校注入了大量新鲜血液，还为乡村教师提供了稳定且可预期的职业发展路径。尤为值得一提的是，乡村教师岗位津贴制度的建立与完善，有效缩小了城乡教师之间的收入差距。

尽管教育资源分配不均的问题依然存在，边远山区教师的收入与城市教师相比仍有一定差距，但各级政府已采取了一系列差异化的补助政策来应对这一挑战。包括发放艰苦边远地区津贴、设立教育教学成果奖励等，收入激励机制既考虑到地区差异又注重对教师个人专业能力提升的激励。

薪酬体系的持续优化，体现了对乡村教师职业价值的高度认同，也是推进教育公平不可或缺的基石。对于新生代教师群体，薪资待遇成为他们选择职业时的重要考量因素。提升乡村教师的收入水平，不仅有助于改善其生活品质，还能增强他们对职业的认同与归属感，从而提升教师的职业满意度和队伍稳定性。这一制度性的收入增长机制，为吸引并稳定优秀教育人才提供了坚实保障，对乡村教育质量的全面提升起到了积极推动作用。

为此，政府及相关部门需制定并落实一系列有效政策，如提高乡村教师的薪资和福利待遇，提供住房及交通补贴，并建立健全职称评审与晋升机制。这些举措旨在不仅提升教师的经济收益，还拓宽其职业发展空间，增强职业的吸引力，进而促进教育资源的均衡配置和教育公平的实现。未来政策制定时，应在持续提升教师整体收入水平的同时，更加注重收入分配的均衡与公平，确保每位教师都能获得与其贡献相匹配的回报。

十、新生代乡村教师的居住地特征分析

（一）居住地城市化趋势显现

调查数据显示，选择在县城和市区安家的教师占比分别达到54.58%和31.40%，而农村地区仅有2.74%的教师居住。乡镇吸引了11.28%的教师居住，反映出部分教师对工作便利性的重视。

县城作为连接乡村与城市的桥梁地带，成为新生代乡村教师居住的首选之地。县城具有相对完备的基础设施和便捷的生活条件，既便于往返乡村学校，又能满足子女教育需求，生活配套齐全，自然吸引众多教师选择在此安家。

调查数据显示，新生代乡村教师群体正展现出明显的城市化居住倾向，选择市区居住的比例颇为显著。这一居住选择，无疑与城市所独有的诸多优势紧密相连。城市中，书店、图书馆、文化场馆林立，为教师提供了丰富多彩的文化体验；优质的中小学教育资源，让教师子女的就学需求得以满足；而城市发达的学习资源，更为年轻教师的专业学习提供了便捷途径。同时，家庭因素也不容忽视，教师配偶的就业需求、老人的医疗养老需求等，往往成为他们选择在城市安家的重要考量。

然而，"城居乡教"这一模式也带来了不少现实困境。教师们常常需要往返于城乡之间，单程通勤时间普遍超过 1 小时，不仅每月要增加数百元的交通支出，更关键的是，大量的时间耗费在路途上，让人感到疲惫不堪。这种疲惫感，直接影响了教学质量。与个别调查对象的交谈中也发现，相较于居住地离校较近的教师，居住市区的教师参与课后辅导和农村社区活动的积极性明显较低，师生互动和教学投入度也显得相对不足。有教师直言，往返奔波的疲惫让他们难以静下心来备课，也很少有余力去参与乡村学校的各项活动，久而久之，与乡村学校和学生之间产生了一种距离感。

（二）居住地选择的两难

"工作于乡村，居住于城市"，这一现状揭示了新生代乡村教师在居住地选择上所面临的两难抉择。城市优越的生活环境和发展机遇对他们有着强大吸引力，但这种选择也带来生活成本上升、亲子关系疏离等压力。作为职业舞台的乡村，因基础设施落后、文化生活单一等客观条件限制，难以让他们产生归属感和认同感。这种处境既制约了乡村青年教师的专业成长，也给乡村教育发展带来不确定性。

破解这一难题需要多方面努力。加大乡村教育投入是基础，通过改善教师周转房、提供教育补贴等措施，提升乡村教师岗位吸引力。建立城乡教师交流机制，让优质教育资源双向流动，为乡村教师创造专业发展空间。关注教师心理健康，开展职业规划指导，帮助他们在教育事业中找到价值和意义。这些举措将有助于缓解乡村青年教师的居住困境，推动乡村教育健康发展。

新生代乡村教师的职业发展现状

　　新生代乡村教师作为乡村教师队伍的中坚力量，其职业发展状况直接影响着乡村教育的未来走向。本章借鉴已有研究对职业发展内涵和维度的理解，从职业保障、发展空间、职业精神和职业能力等维度出发，对 328 名新生代乡村教师的职业发展现状进行了系统性调查。调查内容涵盖新生代乡村教师在薪酬待遇、职称晋升、专业培训、教学环境等方面的基本情况，以及在教学能力和专业素养等方面的具体表现。旨在揭示新生代乡村教师职业发展中存在的主要制约因素，为完善乡村教师支持政策、优化职业发展环境提供实证依据。

一、调查对象与工具

（一）调查对象

　　本章继续沿用第四章的调查对象，选取四川省部分地区乡镇中小学校的新生代教师作为研究样本，具体为 1990 年及之后出生的在职教师。通过问卷调查的方法收集相关数据，并经过严格的质量控制，最终获得了 328 份有效问卷，为本章的新生代乡村教师职业发展现状分析奠定了实证基础。

（二）调查工具

1. 乡村教师职业发展现状调查问卷

本书首先采用崔艳芳编制的乡村教师职业发展现状调查问卷作为调查工具[181]。该问卷由四个核心部分组成：第一部分重点关注职业保障方面，通过评估教师对基本收入、教学设备条件、地区交通状况、居住条件、信息接收渠道以及社会关怀的满意度来展开研究；第二部分探讨职业发展空间，涉及职业流动、职称晋升、评价制度及荣誉制度等方面的感受；第三部分原设计用于评估职业能力，但考虑到自评方式的主观性，本书未予采用；第四部分则深入考察职业精神，细分为职业理想、职业认同、职业精神及职业道德等维度，并采用李克特5级分量表进行量化评价，以确保研究的精确性和可靠性。本书中，该问卷的 α 系数为 0.819，表明其内部一致性较好。

2. 乡村教师专业能力调查问卷

为全面准确地评估新生代乡村教师的专业能力，本书采用杨萍编制的农村教师专业能力调查问卷进行施测[182]。该问卷依据教师专业能力模型的五个核心维度设计而成，即教育教学设计、组织与实施、激励与评价、沟通与合作、反思与发展。问卷采用李克特5级分量表进行自陈式回答，并设置了2道反向计分题以增强问卷的科学性和合理性。问卷共包含29道题目，得分范围从29分到145分，得分越高表示教师的专业能力越强。本书中，该问卷的 α 系数为 0.817，表明具有较好的内部一致性。

二、新生代乡村教师职业保障现状

职业保障是指一系列旨在确保从业者工作稳定性、安全性及职业发展权益的制度安排与措施体系。对于新生代乡村教师而言，职业保障不仅关乎其经济收入的稳定性，更着眼于提供一个有利于专业成长与能力提升的工作环境。本书聚焦于新生代乡村教师职业保障的现状，通过深入分析调查对象对工资收入合理性、教学设施环境的完善性、交通与通勤条件的便捷性、信息获取渠道的畅通性以及住房保障的充足性等方面的满意度情况，力求全面把握其职业保障的实际状况及存在的问题。

（一）薪酬满意度调查

薪酬水平作为影响职业抉择的核心经济要素之一，其重要性不言而喻。组织所提供的物质待遇及对员工基本生活需求的满足程度，直接关联着员工是否愿意倾心投入并为组织的发展贡献力量。作为职业保障体系中的一个关键构成部分，薪酬满意度不仅成为衡量教师工作满意度及职业幸福感的重要标尺，更是左右教师工作热情、职业忠诚度以及专业发展内在驱动力的核心要素。本次调研针对新生代乡村教师的薪酬满意度进行了问卷调查，结果如图 5－1 所示。

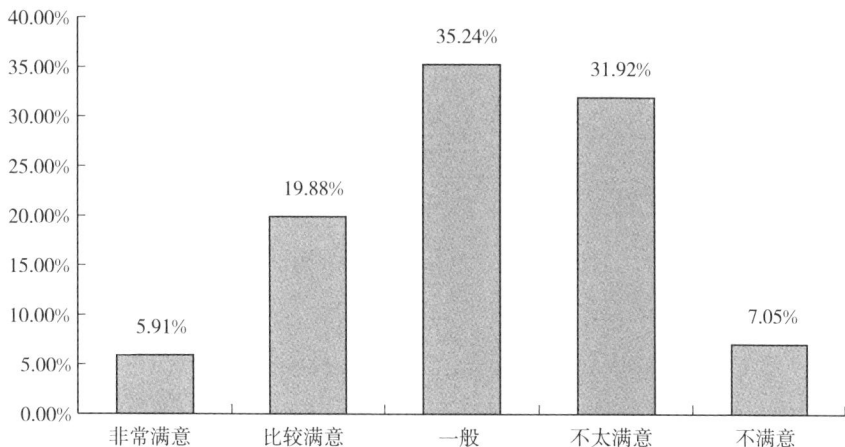

图 5－1　新生代乡村教师薪酬满意度

图 5-1 的薪酬满意度数据显示，仅有 5.91% 的教师对薪酬表示"非常满意"，19.88% 的教师对薪酬感到"比较满意"，而 35.24% 的教师认为薪酬"一般"，31.92% 的教师对薪酬表示"不太满意"，7.05% 的教师直言对薪酬表示"不满意"。这一结果表明新生代乡村教师对薪酬的满意度整体上处于中等偏下的水平，说明新生代乡村教师的个人实际薪酬收入与教师期望的薪酬收入之间存在一定的差距。

新生代乡村教师对薪酬满意度评价偏低的原因，可能是多重因素交织所致。首先，尽管近年来国家不断加大对乡村教师工资的支持力度，但相较于城市教师，乡村教师的薪酬水平仍显不足[183]。这种差距不仅体现在绝对数值上，也反映在增长速度上，从而导致新生代乡村教师在横向比较中感受到经济的落差。其次，新生代乡村教师群体普遍拥有较高的学历背景，其对职业薪酬的期望值自然处于相对较高的水平，然而现实薪酬水平往往难以满足这一预期，这种期望与现实的落差成为影响其薪酬满意度的重要因素[184]。此外，尽管乡村地区生活成本相对较低，但教师职业的特殊性，如需要频繁往返于家校之间，导致其承担着额外的交通、通信等支出。这些额外经济负担不仅削减了实际可支配收入，降低了生活品质，也在客观上加剧了其对薪酬水平的不满情绪。

（二）教学设施环境

职业保障作为一个内涵丰富的综合性概念，不仅包括经济报酬和职位稳定性，还涵盖了为从业者提供的安全、舒适的工作环境。其中，教学设施作为教师工作环境的关键构成要素，其完善程度与教学活动的顺利进行息息相关。宽敞明亮的教室、先进的教学设备以及充足的图书资料等良好的教学设施，为教师创造了便利的教学条件，这样的环境能够有效激发教师的教学热情，进而提升教学质量。新生代乡村教师对本校教学设施的评价，问卷调查结果如图 5-2 所示。

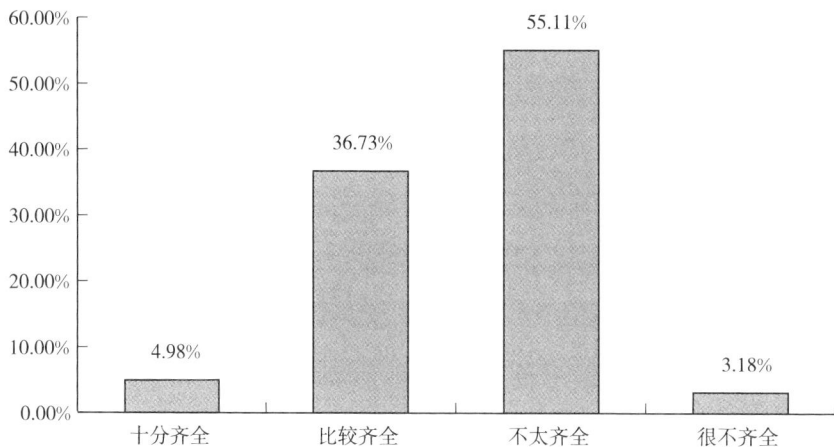

图 5-2　新生代乡村教师对教学设施的评价

关于学校教学设备的调查结果表明，仅有 4.98％的新生代乡村教师认为教学设备"十分齐全"，36.73％的教师认为"比较齐全"，而高达 55.11％的教师认为"不太齐全"，甚至有 3.18％的教师表示"很不齐全"。这一数据直观地反映了当前乡村学校教学设备配置得明显不足，亟须采取有效措施加以改善。

乡村学校教学设备匮乏的现状，其成因可从多个维度进行深入剖析。首要原因在于财政投入的有限性，乡村学校往往难以承担全面更新和完善教学设备所需的高额费用[185]。这一经济因素直接制约了教学设备的更新速度和质量，难以满足现代教学的需求。

其次，基础设施条件的限制也是影响教学设备发挥作用的重要因素。即便乡村学校引入了一些先进的教学设备，但由于网络、电力等基础设施的不完善，这些设备往往无法充分发挥其应有的功能。例如，网络不稳定可能导致多媒体教学设备无法正常使用，电力供应不足则可能影响实验设备的运行效果。

此外，新生代教师对教学设备的高要求也是导致评价偏低的原因之一。这些教师通常接受过高等教育培训，对教学设备的功能和性能有着较高的期望。然而，由于乡村学校教学设备的实际配置水平相对较低，无法满足他们的教学需求，因此他们对现有教学设备的评价往往偏低。

（三）交通与通勤条件

交通与通勤条件作为职业保障的必备条件之一，直接影响着从业者的日常工作效率与生活质量。乡村教师因其工作地点的偏远与特殊性，对此体会尤为深刻。本章对工作地点的交通和通勤条件进行了问卷调查，结果如图5-3所示。

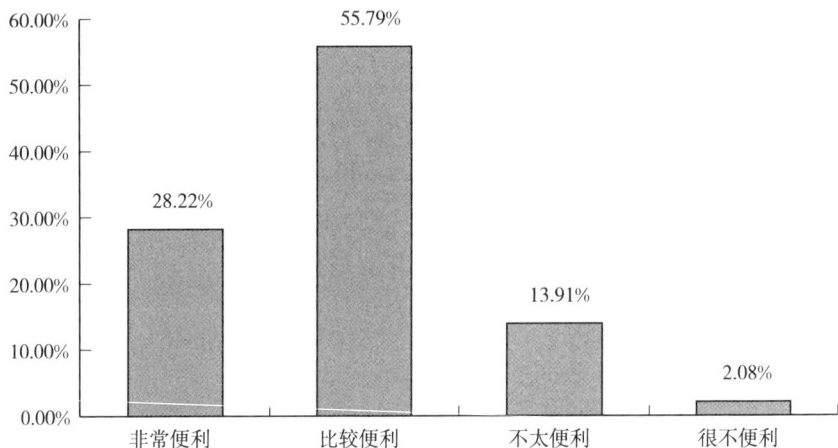

图5-3 新生代乡村教师对交通和通勤条件的评价

通勤便利性调查显示，28.22%的新生代乡村教师认为其工作所在地区的交通"非常便利"，55.79%的教师评价为"比较便利"，而13.91%的教师则表示"不太便利"，另有2.08%的教师认为"很不便利"。这一结果反映了近年来乡村地区交通条件的显著改善，但也揭示出仍有相当一部分教师面临着通勤上的困难。

　　近年来，国家在基础设施建设方面投入巨大，尤其在乡村振兴战略背景下，对乡村交通的改善尤为显著，众多地区已实现了村村通和家门口通的目标。然而，由于自然条件与经济条件的差异性，乡村地区交通发展呈现出不均衡的特点，这一差异性在调查结果中得到了明显体现。具体而言，一些偏远山区学校的交通条件改善进度相对滞后，因而这些地区的乡村教师在通勤上还存在诸多不便。此外，由于家庭住址与学校所在地存在空间距离，部分教师不得不进行跨区往返，因而对交通便利性的需求较迫切。值得关注的是，新生代乡村教师群体更倾向于选择现代化、高效的交通方式，但在部分乡村地区，这些交通方式尚未得到广泛推广与普及，从而也在一定限度上制约了他们的通勤体验及工作效率。

（四）信息获取渠道

　　在信息时代的大背景下，信息获取已成为职业保障体系中不可或缺的重要条件之一。信息渠道的广泛性和及时性，作为信息获取的两个核心特征，对个体的工作绩效及职业发展具有深远的影响。对于乡村教师这一特定职业群体而言，他们同样需要广泛而及时地获取信息，以适应教育改革的需求，提升教学质量，并促进个人专业成长。因而本章对新生代乡村教师关于信息获取渠道的评价进行了问卷调查，结果如图 5-4 所示。

　　关于信息获取渠道的调查结果显示，10.91％的新生代乡村教师认为信息渠道"非常广泛"，28.43％认为"比较广泛"，41.36％表示渠道"一般"，15.82％认为"比较闭塞"，而 3.48％则表示"非常闭塞"。这一数据清晰地显示出，尽管多数新生代乡村教师能够获取到必要的信息资源，但信息渠道的广泛性和及时性仍存在显著的提升空间。

　　乡村教师由于身处相对偏远的地区，其在信息资源的获取上面

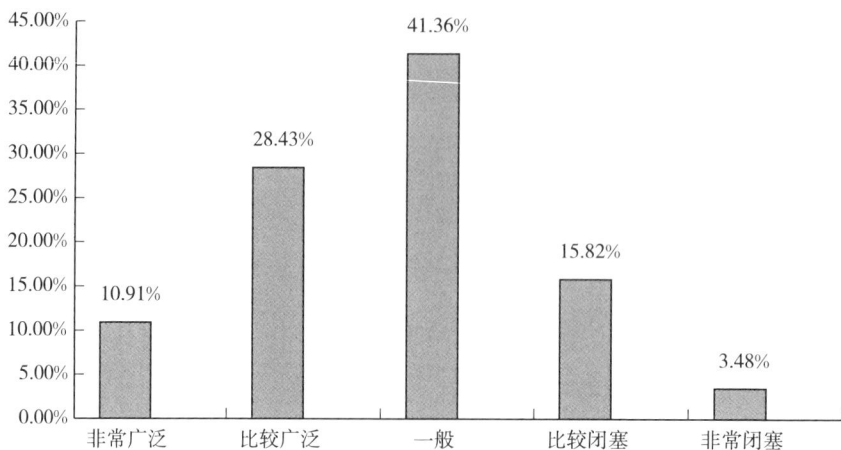

图 5-4　新生代乡村教师对信息获取渠道的评价

临着多重挑战。首先，乡村地区的网络基础设施建设相对滞后，网络覆盖不全面，网速较慢，这直接影响了教师获取信息的便利性和效率。其次，乡村学校可能缺乏一套完善的信息共享机制，教育政策、教学资源以及专业发展信息等的传递不够及时和有效，导致教师难以及时获取到最新、最全面的信息。最后，新生代乡村教师的信息需求呈现出多元化和个性化的特征，他们对教育前沿动态、新颖的教学方法以及学科知识的更新有着较高的期待，而现有的信息渠道往往难以满足其多样化、个性化的需求，从而在一定限度上影响了他们对信息获取的满意度。因此，构建多元化、高效的信息渠道，确保新生代乡村教师能够及时接触到最新的教育理念、教学方法及学科知识，对于提升其职业素养、缩小城乡教育差距具有至关重要的意义。

（五）住房保障

作为职业保障体系中不可或缺的重要组成部分，住房保障对于新生代乡村教师的职业稳定性有着非常积极的促进作用。在乡村教育环境中，教师的工作与生活条件往往较为艰苦，其中住房问题尤为突出。良好的住房条件不仅能够满足教师的基本生活需求，提升其生活质量，还能够作为一种激励机制，增强教师对职业的认同感和归属感，从而促进其职业稳定性的提升。对于新生代乡村教师而言，他们往往面临着更多的家庭责任和个人发展需求，住房保障的缺失或不足可能成为其职业选择和职业发展的重要考量因素。本书关于新生代乡村教师对于住房保障条件的自评调查，结果见图 5-5。

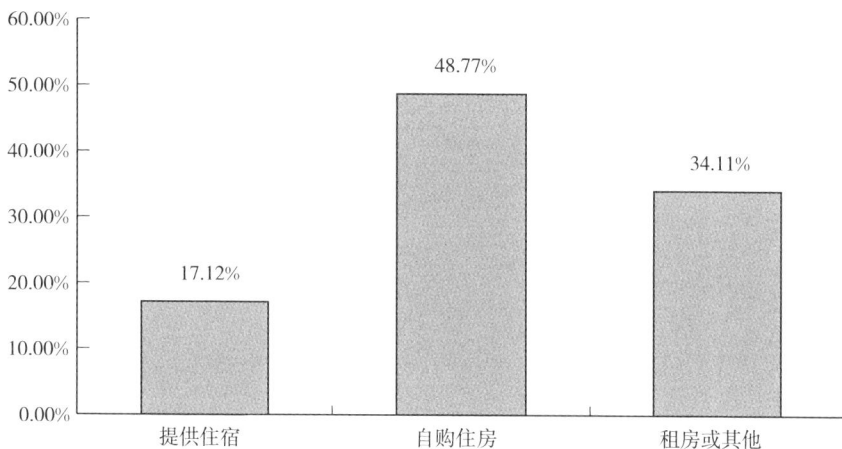

图 5-5 新生代乡村教师对住房保障条件的评价

数据显示，17.12%的新生代乡村教师居住于学校提供的员工宿舍，48.77%的教师选择了自购房屋作为居住方式，而剩余的34.11%则居住在出租房或借住于父母家中。这一结果不仅表示新生代乡村教师住房状况的多元化，也凸显了部分教师在住房方面所面临的压力。乡村学校教师宿舍资源的相对匮乏，是部分教师无法获得学校住宿服务的关键因素。与此同时，新生代乡村教师在住房选择上表现出更为显著的自主性和个性化需求，他们更倾向于通过自购房屋来满足自身对生活品质的期望。此外，家庭因素也在一定限度上影响着教师的住房决策，部分教师因家庭缘由选择在城镇购房或租房，这无疑增加了他们的通勤负担，对工作与生活的平衡带来了一定的挑战。诸多因素的相互交织，共同构成了新生代乡村教师复杂且多样的住房现状。对于这一现象，还需相关部门多给予关注，并进行深入细致的研究。

三、新生代乡村教师职业发展空间现状

新生代乡村教师的职业发展空间，指的是乡村教师在其职业生涯中能够获得成长与进步的可能性和路径。为了深入探究这一群体在职业发展历程中所面临的现实情况和心态，本书从多个维度展开分析，涵盖了职业发展规划的明晰性、教师荣誉制度的公平性感知、培训机会的充足性、职业流动的灵活性，以及职称晋升的机遇等。这些方面共同构成了新生代乡村教师职业发展的重要因素，影响着他们的职业满意度和工作积极性。通过对这些因素的考查，希望揭示出新生代乡村教师在职业发展中的真实感受和存在的问题，进而为相关政策的科学制定提供坚实依据。

（一）职业发展规划

职业发展规划作为职业发展空间的核心构成要素，是指教师个体基于自身条件、职业环境及发展目标，在职业生涯过程中系统制定的职业成长路径与策略。它不仅直接关系到教师个体的职业定位、专业能力提升及长期职业规划，更深刻影响着其职业满足感与职业成就感的实现。对于新生代乡村教师而言，职业发展规划不仅是引导其职业发展的明灯，也是激发其工作热情和潜力的关键。研究表明，清晰且切实可行的职业发展规划能够有效帮助新生代乡村教师明确职业方向、增强职业认同、提升专业素养，进而在广阔的职业发展空间中探寻适合自身的成长路径[186]。基于此，本书通过新生代乡村教师对职业发展规划清晰程度的自我评估，深入考察该

群体在职业发展规划方面的现实状况，其调查结果如图 5 - 6 所示，旨在系统揭示职业发展规划清晰度对其职业发展空间的具体影响机制。

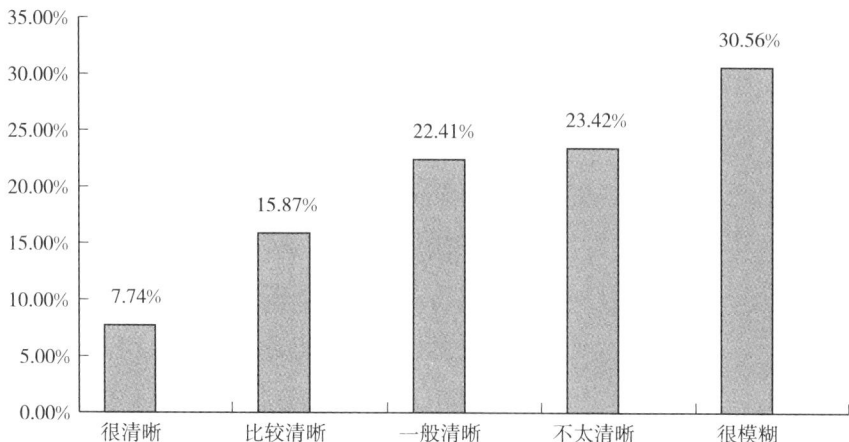

图 5 - 6　新生代乡村教师的职业发展清晰度

　　调研结果显示，新生代乡村教师中，仅有 7.74％的教师表示对自己的职业发展规划持有"很清晰"的认识，15.87％的教师认为其职业规划"比较清晰"，22.41％的教师感到"一般清晰"，而 23.42％的教师则表示"不太清晰"，更有高达 30.56％的教师对职业规划感到"很模糊"。这一系列数据清晰地揭示了新生代乡村教师在职业生涯规划方面存在的普遍缺失与认知模糊现象。

　　分析新生代乡村教师职业生涯规划现状的成因，可从多个维度入手。青年教师处于职业生涯的起步阶段，面临诸多不确定性和挑战，其职业规划思考往往尚未成熟。他们尚在探索自身的职业兴趣、能力及价值观，因此对于长远的职业规划缺乏明确的方向和目标。此外，从教信心的不足也是影响职业规划清晰度的重要因素。乡村教师常面临资源匮乏、教学条件艰苦等实际困境，这些因素易使他们对从教前景产生疑虑，进而削弱其制定职业规划的积极性和清晰度。同时，乡村学校在职业规划引导方面的不足亦不容忽视。学校可能未能提供充分的支持和指导，帮助教师制定并实施有效的职业规划，缺乏专业的职业规划培训和指导，使得教师难以全面、系统地审视自身的职业发展问题。

职业生涯规划不仅是教师基于当前实际，对未来职业发展进行全面考量的过程，更是其深刻自我反思、明确个人生活与职业目标的重要途径。合理的职业规划在教师的职业成长中发挥着至关重要的导航作用，它能帮助教师在面对未来的不确定性时，找到前行的方向。通过职业规划，教师既能回顾并肯定自己的教育成就，又能审视自身的不足，从而不断鞭策自己追求进步。因此，对于新生代乡村教师而言，制定并实施有效的职业规划具有深远意义。加强职业规划的培训和指导，提升教师的职业信心和规划能力，将是提升乡村教育整体水平的有效途径。

（二）荣誉制度的公平性

荣誉制度，作为一种激励机制与评价体系，是教育机构中用以表彰教师卓越成就、鼓励专业成长及提升职业认同感的重要制度安排，同时也是教师职业发展空间不可或缺的一个重要内容。荣誉制度的公平与否，对于教师的职业态度、工作动力及职业发展规划具有重要影响。因为公平的荣誉制度能够确保每位教师的努力与贡献得到应有的认可与奖励，从而激发其工作热情，增强其职业满意度与忠诚度；反之，若荣誉制度存在不公，则可能挫伤教师的积极性，引发职业倦怠，甚至影响其长期的职业发展路径选择。因此，荣誉制度的公平性是衡量其有效性的关键指标之一。本次调查特意考察了新生代乡村教师对于本校荣誉制度公平性的感受，旨在深入了解这一群体对于本校荣誉制度实施现状的评价与期望，结果如图 5－7 所示。

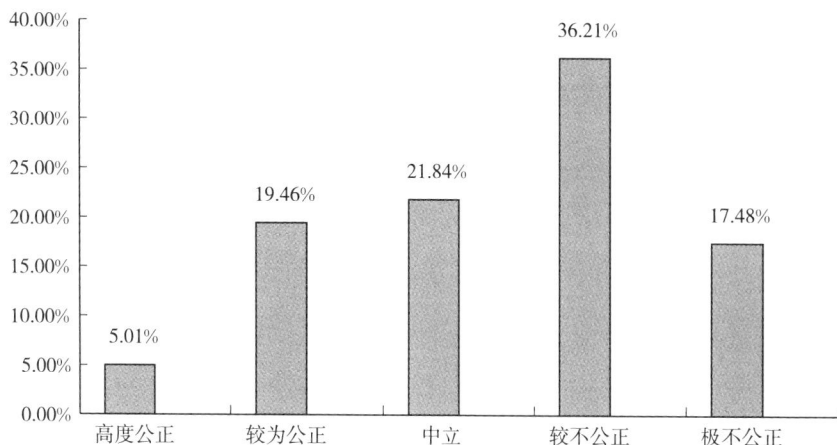

图5-7 新生代乡村教师对荣誉制度公正性的评价

调研数据显示，高达78.91%的新生代乡村教师所在学校已建立了教师荣誉制度框架。然而，在对该制度的公平性评价上，仅有5.01%的受访教师认为"高度公正"，19.46%的教师认为"较为公正"，21.84%的教师持中立态度，而36.21%与17.48%的教师则分别表示"较不公正"与"极不公正"。这一数据结果凸显了新生代乡村教师群体对当前荣誉制度公正性的普遍质疑，值得深入探究。

究其原因，首先应从荣誉评选标准的设定入手分析。学校现行的荣誉评定标准，多沿袭自传统，可能过分偏重教学评价体系中的传统指标，而未能充分考量新生代教师的独特性与优势。具体而言，这些标准往往忽视了教育技术创新、学生综合素质培养等新时代教育领域的重要成就，导致新生代教师在荣誉评选中处于相对劣势，其真实价值与贡献难以得到充分展现。

同时，评选流程的透明度不足及教师参与度不高，也是影响评价公正性的关键因素。新生代乡村教师作为学校中的年轻力量，往往资历较浅，话语权有限，这在一定程度上导致了他们在荣誉评选过程中的信息不对称，难以及时获取相关评选信息。加之若评选机制缺乏公开透明，且缺乏有效的教师参与渠道，势必会削弱新生代乡村教师对荣誉制度的信任基础。这种信任感的缺失，进一步加剧了他们对评选结果公正性的质疑，从而削弱了荣誉制度应有的激励效能。

此外，乡村学校及教育机构的荣誉制度设计，可能存在偏重传统教学成果的倾向，未能充分与时俱进。新生代教师作为网络原住民，他们秉持着更加现代的教学理念，在教学方法上倾向于运用信息技术手段来提升教学效果。然而，传统的荣誉制度可能未能充分涵盖这些创新的教学理念和方法，从而可能无法全面、准确地反映新生代教师的真实工作价值。这种可能性的存在，或许会加深新生代教师对现有荣誉制度的不满与质疑，进而可能影响其对教育工作的积极性与创造力。因此，荣誉制度的设计需考虑更加贴近新生代教师的实际，以充分激发其教育潜能。

（三）培训机会

教师培训机会是指教育机构为提升教师专业素养、教学技能及教育理念而提供的系统化学习与发展平台。这些培训机会不仅涵盖了学科知识的更新，还包括教学方法的创新、教育技术的应用以及教育心理学等多方面的内容，旨在全面促进教师的专业成长。对于教师而言，培训机会是其职业发展空间拓展和上升的重要途径，通过参与培训，教师可以不断提升自我，拓宽视野，增强教学竞争力。作为乡村教师，由于地域、资源等限制，培训机会显得尤为难得和重要。尤其对于年轻教师而言，他们正处于职业生涯的起步阶段，对新知识、新技能有着强烈的渴求，因此更加看重培训机会。本调查从培训次数的角度入手，对新生代乡村教师所获得的培训机会进行了解，具体结果如图5-8所示。

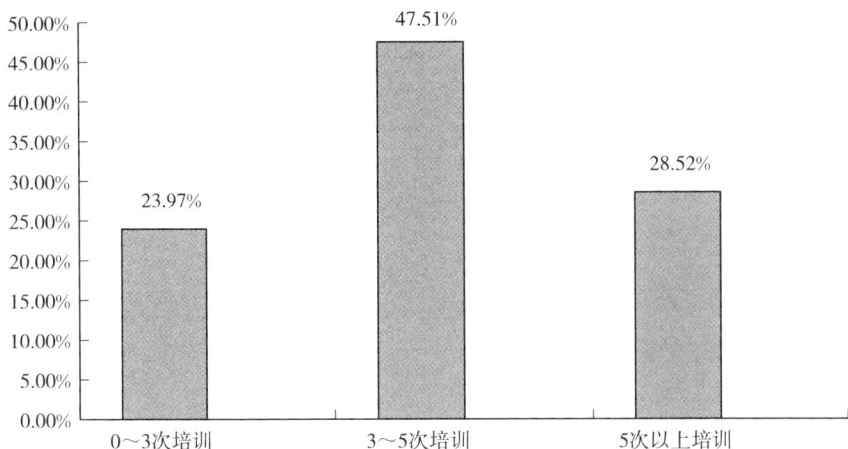

图 5-8　新生代乡村教师获得培训的次数

在培训机会方面，本书发现新生代乡村教师的培训机会比较缺乏。调查数据显示，有 23.97％的教师自入职以来仅参与过 0～3 次培训活动。值得注意的是，由于新教师通常需参加入职培训，因此未参加过任何培训的教师人数极少，仅有个别教师因突发情况未能及时参与，这部分教师人数未达统计标准，故被一并计入 0～3 次培训类别中。此外，47.51％的教师表示他们参加过 3～5 次培训，而仅有 28.52％的教师参与过 5 次及以上的培训。

进一步分析揭示，多重因素制约了新生代乡村教师参与培训活动的积极性。56.78％的教师将培训名额不足视为首要障碍，这一数据凸显了当前乡村教师培训资源供需之间的显著不匹配，亟须加大投入以满足教师专业成长的迫切需求。24.97％的教师则指出，繁重的工作压力挤占了他们参与培训的机会，这与以往研究关于乡村教师工作负担过重的结论相契合[187]，提示学校管理者应科学调配教师工作任务，为教师腾出参与培训的必要时间和空间。同时，14.02％的教师反映因信息不畅而错失培训，这暴露出乡村学校信息传递机制存在的漏洞，学校需构建更为顺畅的信息沟通渠道，确保培训信息能够及时、准确地传达至每位教师。值得关注的是，7.14％的教师提到学校支持不足成为其参与培训的绊脚石，这反映出部分乡村学校对教师培训价值的认知尚待提升，学校管理层应增强对教师培训重要性的认识，积极为教师参与培训提供有力支持。另外，3.09％的教师提及培训费用过高构成参与障碍，针对此问题，建议设立专项培训基金或提供培训补贴，以有效减轻教师的经济压力，促进更多教师积极参与培训。

（四）职业流动机会

在教育学语境下，职业流动通常指的是教师在其职业生涯中，基于个人职业发展需求及外部环境变化，在不同学校或教育岗位间的变动。对于乡村教师而言，职业流动并非简单地指离职或跳槽，而更多地是指获得到城市学校进行交流学习、进修提升的机会。这样的流动机会对于乡村教师，尤其是年轻教师而言，不仅能够帮助他们拓宽视野、更新教育理念，还能提升其教学技能和专业素养，为未来的职业发展奠定坚实基础。本调查特地从职业流动机会的角度出发，对新生代乡村教师的相关情况进行了解，其结果如图5-9所示。

针对职业流动机会方面的研究显示，新生代乡村教师普遍感知到职业流动机会较为匮乏。具体数据显示，57.94％的教师认为流动机会较少，22.46％的教师持中立态度认为机会一般，而仅有7.21％和12.39％的教师分别认为流动机会非常多或相对较多。这一分布特征表明，大多数新生代乡村教师在职业发展路径上感受到明显的局限，特别是在争取与城市优秀学校交流学习机会方面。

职业流动机会的稀缺与多重因素密切相关。乡村学校与城市学校在资源配置和管理体制上存在显著差距，使得教师流动面临障碍。城市学校拥有丰富的教学资源和先进的管理模式，乡村教师在

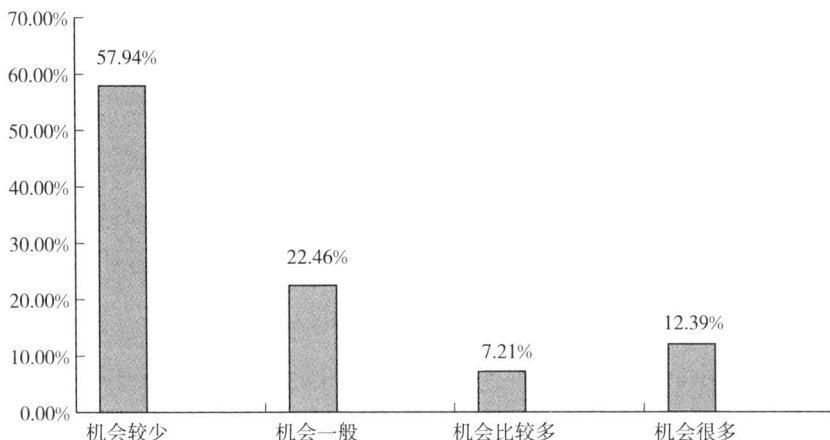

图 5-9　新生代乡村教师获得职业流动的机会

流动过程中需应对适应新环境和激烈竞争的挑战。同时，乡村教师在教学技能、教育理念以及教学方法的革新方面，与城市学校的需求存在明显差距，这一差距在很大程度上削减了他们获得流动机会的可能性。此外，一些地方教育政策可能无意中限制了新生代乡村教师的流动，例如某些地区为稳定乡村教师队伍而制定的限制性条条框框，也在一定程度上制约了教师的流动。

职业流动机会的匮乏对新生代乡村教师的职业发展产生了不利影响。教师的职业成长空间受到限制，难以接触并吸收更先进的教育理念和教学方法，不仅阻碍了个人成长，也压抑了其在教学实践中的创新潜能。缺乏流动机会可能导致教师工作积极性降低，职业满意度下降，进而影响教学质量。当职业发展受阻时，教师容易产生职业倦怠，影响教学表现和学生的学习体验。长期而言，这种状况可能加剧乡村教育与城市教育之间的差距，不利于教育公平的实现。教育资源分配的不均可能导致地区间教育质量差异进一步扩大，影响教育公平的推进。

为改善乡村教师流动受限的状况，教育管理部门可采取以下措施：建立城乡教师交流机制，为乡村教师提供更多到城市学校学习和任教的机会；加强乡村教师的专业培训，提升其竞争力，以适应城市学校的教学需求；完善教师流动的政策支持，如实施城乡教师轮岗制度，促进教育资源合理流动；同时，提高乡村教师待遇，增强岗位吸引力，吸引更多优秀教师到乡村任教，促进教育资源的均衡配置。

（五）职称晋升机会

职称晋升是指教师在职业生涯中，通过不断积累教学经验、提升专业素养及教学成果，获得更高层次职称认定的过程。这一过程不仅是对教师个人职业能力的肯定，更是其职业发展空间拓展和上升的重要途径。作为乡村教师，他们的工作环境较为特殊，地处偏僻地区，学校规模相对较小，导致职业晋升机会的相对匮乏。因此，职称晋升对他们而言具有更加至关重要的意义。特别是对于年轻教师而言，职称晋升不仅是对其教学能力和工作表现的认可，更是其职业生涯规划中的关键一环，关乎其未来的职业发展和个人价值实现。本次调查从职称晋升机会的角度出发进行了探究，调查结果如图 5-10 所示。

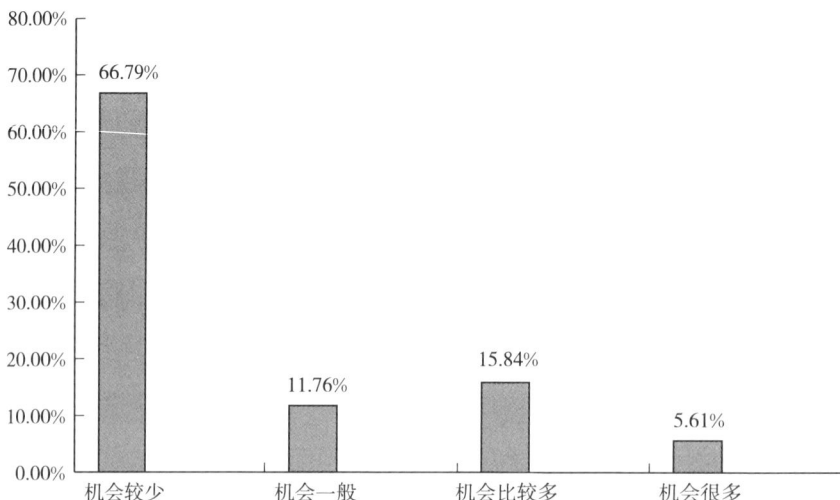

图 5-10　新生代乡村教师获得职称晋升的机会

在职称晋升机会方面，本书的数据显示了新生代乡村教师所面临的困境。具体而言，66.79％的教师表示晋升机会较少，11.76％的教师认为晋升机会一般，而仅有5.61％和15.84％的教师分别表示晋升机会非常多或较多。这一数据结果反映出，新生代乡村教师在其职业发展路径上，尤其是在职称晋升这一关键环节，正面临较大的困难。

职称晋升机会的匮乏，其根本原因在于乡村学校资源的有限性。在乡村学校中，高级职称岗位凤毛麟角，晋升通道显得尤为狭窄。由于师资力量紧张，新生代乡村教师常常需要肩负起繁重的教学任务，同时还要承担额外的兼职工作，这使得他们原本就有限的时间和精力被大量挤占，难以投入科研探索之中。同时，科研条件的欠缺也削弱了乡村教师满足职称晋升条件的能力。在职称评定的激烈角逐中，由于教学负担的沉重和科研支持的匮乏，乡村教师往往难以充分展现自身的优势，脱颖而出之路显得尤为艰难。

更为突出的是，部分地区的职称评定标准可能未能充分体现乡村教育的独特性和复杂性，使新生代乡村教师在职称评定过程中处于相对劣势。这些标准往往过度倾向于城市学校的条件和需求，未能充分考虑乡村教师所面临的特殊工作环境和实际挑战。此外，信息不对称问题也成为新生代乡村教师晋升路上的一大障碍。他们可能面临获取晋升信息和准备相关材料的渠道有限、指导匮乏的难题，由于信息传递得不畅，他们屡屡错失宝贵的晋升机会。

职称晋升机会的匮乏，可能对新生代乡村教师的职业生涯发展及教育质量带来深远的影响。首先，这一现状可能会削弱教师的职业满意度和工作热情，进而对教学质量产生负面影响。当教师感到自己的职业发展受到阻碍时，职业倦怠情绪便可能悄然滋生，从而影响到他们的教学效果和学生的受益程度。其次，晋升机会的缺乏还可能导致优秀教师的流失，进一步加剧乡村教育人才短缺的困境。若教师看不到职业发展的曙光，他们可能会选择离开乡村学校，寻求更广阔的发展天地，这无疑会造成人才的流失。此外，这一状况还可能成为乡村教师专业成长的绊脚石。职称晋升通常与教师的专业发展紧密相连，它不仅是教师职业生涯中的一个重要里程碑，也往往伴随着更多的培训和学习机会。因此，职称晋升机会的匮乏，无疑会对教师的专业成长造成重大阻碍，影响到他们教学技能的提升和教育理念的更新。

四、新生代乡村教师职业精神现状

教师职业精神是教师专业化的高度体现，乡村教师职业精神是在乡村学校中从事教育教学工作的教师所秉持的教育思想观念和教学心理状态，构成了乡村教师专业精神的基本特征[188]。这一精神内涵十分丰富，包括了对本职工作的深厚职业认同感、甘愿无私奉献的职业忠诚态度、严谨认真且充满敬业精神的职业责任感，以及坚定不移地坚守教育岗位的职业理想等诸多方面。这些维度共同构成了教师职业精神的核心要素，反映了新生代乡村教师对其职业的态度、价值观和行为倾向。本书通过问卷调查对以上几个层面进行了解，其结果如图 5-11 所示。

（一）职业认同

职业认同，亦称职业同一性，既体现了个体对职业的认知态度及心理稳定性，又彰显了其职业化的社会程度。Holland 等人指出，职业认同是个体对职业预期、属性、兴趣目标等方面的稳定认知及接受过程[189]。教师职业认同，则是教师对自我身份及教师角色的深思，它反映了教师对职业的心理接纳与积极评价，促使教师在认知、情感及行为上与职业要求相契合[190]。Korthagen 在其教师素养"洋葱模型"中，将职业认同置于核心位置，强调其在教师专业结构中的至关重要性，并提出教师教育应超越表层行为能力的培养，深入关注职业认同的培育[191]。

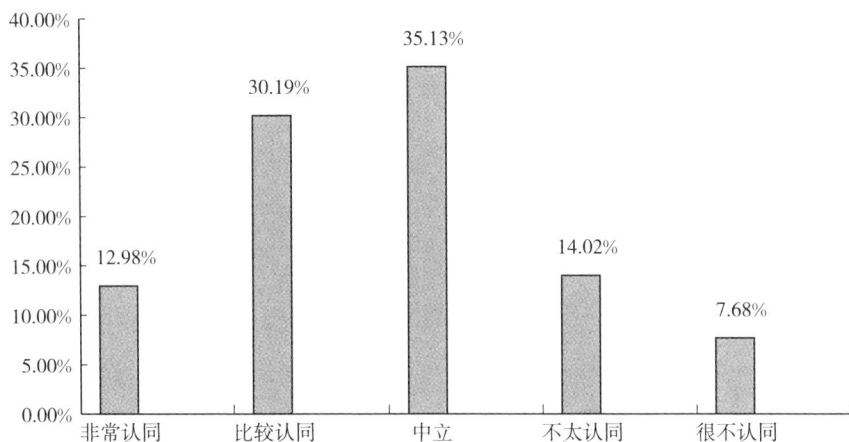

图 5-11　新生代乡村教师的职业认同程度

　　根据调查数据，新生代乡村教师对教师职业的认同呈现出多样化特征。具体而言，12.98％的教师表示非常认同教师职业，30.19％的教师比较认同，这意味着约有 43％的教师对教师职业持积极态度。与此同时，35.13％的教师持中立态度。近半数教师的积极认同表明，这些教师可能更愿意投入工作，追求专业发展，并在教学中表现出更强的主动性和创新性。职业认同感较高的教师通常具有更强的责任感和使命感，这有助于提升教学效果，提高学生的学习成果，对乡村教育的发展产生积极影响。

　　然而，值得关注的是，调查中有 14.02％的教师不太认同教师职业，7.68％的教师很不认同，总计约有 21.7％的教师对教师职业持消极态度。这一现象背后的原因可能是多方面的。首先，作为年轻的新生代教师，他们对职业的期待较高，渴望实现自我价值和教育理想。然而，乡村教育的现实与他们的理想之间存在较大落差，例如教学资源匮乏、设施条件落后、教学环境较为艰苦等，这种理想与现实的差距可能导致他们的职业认同感下降，甚至产生动摇。其次，乡村教师普遍面临较大的工作压力，如教学任务繁重、班级人数过多，以及缺乏辅助教学人员，容易引发职业倦怠感。再次，薪资待遇相对较低，经济激励不足，削弱了教师的职业满意度和认可度。最后，乡村地区职业发展机会有限，专业成长空间受限，使得部分教师感到职业发展受阻，产生挫折感。这些因素共同作用，导致部分教师对职业持消极态度。这种消极态度不仅影响教师个人的职业发展，还可能对整个乡村教育质量产生不利影响。

（二）职业责任感

职业责任感，作为教师职业精神中不可或缺的核心组成部分，体现了教师将学生进步视为自身不可推卸的责任与使命。它如同一股强大的内在驱动力，促使教师不仅重视学生在学业上的成长，更兼顾其身心、情感及社交能力的全面发展。职业责任感的产生可追溯至教师教育过程中的职业道德培养，通过系统的师德教育和实践经验的积累，教师们逐渐内化形成了一种对学生成长高度负责的职业操守。在乡村教育这一特定环境下，教师不仅仅是知识的传递者，更是乡村学生，尤其是那些父母外出务工、缺乏家庭直接监护的留守儿童成长道路上的灯塔与引路人。他们不仅教授知识，更在情感支持、价值观塑造、生活技能培养等方面发挥着不可替代的作用，为乡村儿童的全面发展撑起了一片天空。教师所承担的多元化角色，也在一定程度上强化了他们的职业责任感。因此，新生代乡村教师的职业责任感，不仅是对其专业身份的深刻认同，更是对乡村教育未来发展和乡村学生全面发展的承诺与担当。

在职业责任感维度上，本次调查问卷设计了 3 个题项进行考查。分别是："不会放弃班级中的每一个学生""将学生个体发展置于教学工作的首要位置"，以及"学生取得进步方能无愧于心"。对于"不会放弃班级中的每一个学生"这一题项，17.29％的教师表示自己非常符合这一描述，45.31％的教师则认为比较符合，这彰显了大多数教师对于班级中每一位学生的深切关注与坚定支持，体现了他们高度的职业责任感。这种责任感不仅渗透在日常教学的点点滴滴中，表现为对学生的悉心关怀与及时帮助，还体现在教师对学生个体差异的深刻理解与充分包容上。

进一步地，在"将学生个体发展置于教学工作的首要位置"这一题项上，31.71％的教师表示非常符合，61.32％的教师认为比较符合，这一数据显著表明，绝大多数新生代乡村教师对学生的个性化发展给予了高度重视。作为"90后"的一代，他们自身便具有鲜明的个性特质，并深刻理解个性在个体成长与发展中的重要性。在教育实践中，他们可能将这种认识转化为教育理念，遵循尊重和培养学生个性的原则。认为每位学生都是独一无二的，拥有独特的天赋、兴趣和潜力。因此，他们倾向于构建一个包容、开放的教育环境，鼓励学生展现自我、发展个性，希望每位学生都能在适合自身的道路上健康成长，充分展现其独特的价值。

此外，针对"学生取得进步方能无愧于心"这一调查题项，调研结果显示，39.29％的新生代乡村教师认为该描述非常贴切于他们的内心感受，而38.07％的教师也表示该说法比较符合他们的教育理念。这种以学生为中心的教育理念，不仅体现了年轻教师的责任感和使命感，也彰显了他们对教育事业的热爱和投入。对于90后新生代乡村教师而言，学生的成长与进步不仅是教育工作的核心目标，更是他们职业价值和个人成就感的重要来源。帮助学生取得实实在在的进步，才能无愧于教师的职责和使命。

(三) 职业忠诚

职业忠诚度被视为衡量教师职业稳定性与持续性的一个核心指标，不仅深刻反映了教师对所从事职业的内在认同感和情感投入程度，还在很大程度上决定了教师队伍的整体稳定性与凝聚力。职业忠诚度高的乡村教师，往往能够坚守教育岗位，不会轻易离职，从而为乡村教育的长远发展提供坚实而稳定的人力资源保障。为了更为简洁且直观地洞悉新生代乡村教师的职业忠诚状况，本次调查选取了从教意愿这一视角进行探究。从教意愿作为教师职业忠诚度的外在表现之一，能够直接体现教师对教育事业的热爱程度及对未来职业生涯的规划与期待。对新生代乡村教师的从教意愿进行调查，结果如图 5-12 所示。

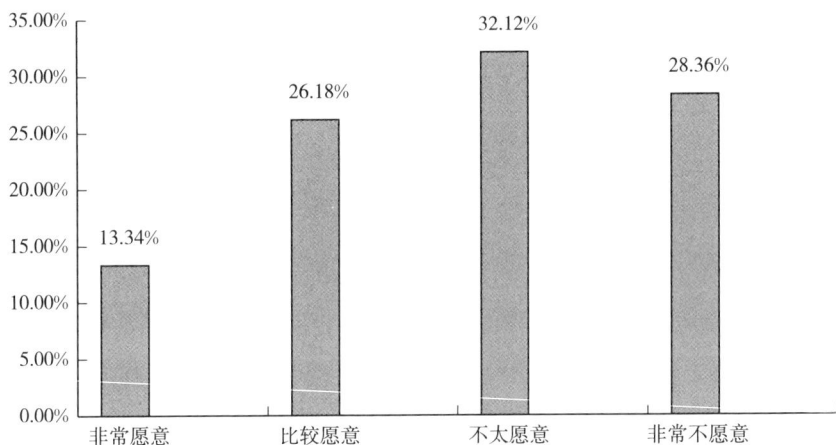

图 5-12　新生代乡村教师的从教意愿

结果显示，在针对"是否愿意一直从事乡村教师职业"的询问中，仅有 13.34% 的教师表示非常愿意，26.18% 的教师选择比较愿意，而表示不太愿意和非常不愿意的教师比例则分别高达 32.12% 和 28.36%。这一数据分布显示，新生代乡村教师的职业忠诚度呈现出不容乐观的态势。

新生代乡村教师职业忠诚度不高的现象，其背后蕴含着多重复杂因素。许多教师对自身长期职业发展前景心存忧虑，这主要源于乡村教育环境的特殊性。在乡村，教师的职业发展路径相对单一，晋升机会较为有限，使得他们对未来的职业道路持谨慎态度。同时，乡村教育资源的匮乏、教学条件的落后以及专业发展支持的不足，都成为教师职业生涯规划中的阻碍。这些局限性不仅影响了教师的教学质量和职业成长，也可能促使他们在职业生涯中寻求其他更具发展潜力的选项。

另外，社会经济的快速发展也为教师提供了更多的职业选择和机会。随着城市化进程的不断推进和经济的持续增长，中青年乡村教师们面临着前所未有的职业诱惑。这种职业流动的动机，既体现了教师对个人价值实现和职业发展的追求，也凸显了乡村教育在吸引和稳定人才方面所面临的严峻挑战。

（四）职业理想

职业理想作为教师职业精神的重要组成部分，不仅为教师的职业发展提供了明确的方向，还对其教育教学行为及职业满意度产生了深远的影响。在本次针对新生代乡村教师职业理想的问卷调查中，从"与学生共同进步""投入教学工作"以及"自我价值实现"3个维度展开分析。对于新生代乡村教师群体而言，"与学生共同进步"这一维度反映了教师在教育过程中与学生建立共生关系的理念与实践，不仅是其职业理想的重要内容，还体现了他们对学生全面发展和成长的高度关注以及对教育本质的理解。"投入教学工作"作为职业理想的外在表现，展现了新生代乡村教师对教育事业的高度投入和专业承诺。他们在教学实践中倾注精力和智慧，持续提升自身教学能力与专业素养，以实现更高的教育质量和教学效果。此外，"自我价值实现"体现了职业理想的内在追求，新生代乡村教师希望通过参与教育事业，将个人价值与社会价值相结合，从而获得职业成就感与社会认同。

调查结果显示，在"我希望与我的学生一起共同进步"这一维度中，48.36%的被调查者认为该描述与自身的认知非常符合，28.61%认为比较符合。这一数据表明，超过七成的新生代乡村教师在职业理想中表现出积极的态度，期望通过教学实践与学生共同成长。这种职业认知不仅体现了教师对学生全面发展的关注，还反映出他们对自身专业能力提升的期待。这一结果与教育学理论中强调教师与学生共同发展的理念相契合，即教师在促进学生学习和成长的同时，也通过反思与实践不断完善自身的教育能力和职业素养。

然而，调查中仍有 6.73%的教师对这一描述持否定态度，这一现象可能与多种因素密切相关。例如，部分乡村教师所处的教育环境可能面临资源匮乏、教学条件不足等问题，这不仅增加了他们的工作负担，还可能限制教学效果的发挥。此外，职业压力也是影响因素之一，新生代乡村教师往往需要在有限的条件下应对繁重的教学任务和多重角色要求，这可能导致职业倦怠感的产生，从而削弱他们对职业理想的认同感。与此同时，缺乏有效的支持体系，如专业发展的机会、心理疏导机制以及社会的广泛认可，也可能使部分教师难以在教学过程中获得成就感和归属感。这一结果提示，在关注新生代乡村教师职业理想的同时，还需进一步改善其工作环境和支持体系。

在"我愿意花很多时间投入教学工作和学习中"这一维度上，50.18%的新生代乡村教师表示比较符合，17.49%表示非常符合。大多数教师表现出较强的职业投入意愿，这与职业发展理论中强调的职业承诺和职业投入的重要性相吻合[192]。这种投入不仅反映了教师对职业的热爱，也体现了他们对自身专业发展的高度重视。然而，约 10％的教师表示不太符合或完全不符合，这一现象揭示了部分新生代乡村教师在职业投入方面面临的现实挑战。首先，乡村教师的工作环境通常面临资源不足的问题，例如教学设施不完善、课程资源匮乏等，这可能导致教师在教学过程中感到力不从心，进而削弱他们的职业投入意愿。其次，工作压力过大也是影响教师职业投入的重要因素。乡村教师往往需要承担繁重的教学任务，同时还需兼顾班主任工作、家校沟通等多重职责，这种高强度的工作负荷可能引发职业倦怠，降低他们对教学工作的热情。此外，职业发展机会的有限性也可能对教师的投入意愿产生负面影响。由于乡村学校的地理位置和资源分布限制，教师在专业培训、职称评定以及职业晋升方面可能面临更多困难，从而削弱其职业认同感和职业承诺。

此外，部分教师在工作—生活平衡方面可能存在困扰。乡村教师通常需要在教学工作之外承担家庭责任，而教学工作的高强度和时间投入可能对其个人生活产生冲击，导致职业与生活之间的矛盾。这种不平衡可能进一步影响教师的职业满意度和职业理想的实现。这可能暗示了一些教师在工作—生活平衡或职业认同方面存在挑战。由于乡村教师面临的工作压力、资源匮乏以及职业发展机会有限等问题，他们在职业投入的同时，可能会感到个人生活和职业发展的不平衡，从而影响其职业理想的实现。

最后，在自我价值实现方面，仅有 9.79％的教师认为从事乡村教师工作可以完全实现自我价值，23.54％认为比较符合。自我价值实现作为马斯洛需求层次理论中的最高层次需求，反映了个体对自身潜能和价值的追求[193]。这一结果揭示了新生代乡村教师在职业价值感知方面存在明显的分化。许多教师在乡村教育环境中难以实现自我价值，这可能与乡村教育的社会认可度不高、职业发展空间受限以及资源支持不足等因素有关。

综上所述，新生代乡村教师在职业理想的实现过程中面临着多重挑战。尽管他们在与学生共同进步和职业投入方面表现出积极的态度，但在自我价值实现上仍存在较大的困难。为此，教育主管部门应关注并改善乡村教师的工作环境，提供更多的职业发展机会和支持，以帮助他们实现职业理想。同时，社会也应提高对乡村教师职业的认可度，增强他们的职业自豪感和价值感，以吸引和留住更多优秀的人才投身于乡村教育事业。

五、新生代乡村教师的职业能力现状

(一) 职业能力的总体情况

在对新生代乡村教师专业能力的评估中，采用杨萍编制的《农村小学青年教师专业能力调查问卷》。涵盖了教育教学设计、组织与实施、激励与评价、沟通与合作以及反思与发展五个维度。

本书对 328 名新生代乡村教师的专业能力进行了调查分析。根据统计结果，这些教师的总体专业能力平均得分为 112.456 分。根据问卷的计分法设定，问卷的平均分为 87 分，显示出新生代乡村教师的实际均分高于问卷的理论均分，但距离最高分仍有较大差距，表明这些教师的专业能力水平处于中上水平。得分分布符合正态分布规律，得分最大值为 138 分，最小值为 74 分，没有人少于 70 分，大部分得分集中在 80～130 分，130 分以上的较少。

通过对 29 道题目的平均分进行计算，并根据专业能力的 5 个核心维度统计出每个维度的平均分，采用 5 点计分法，以 3 为理论中值，具体结果见表 5-1。

表 5-1　新生代乡村教师专业能力总体及各维度上情况统计

名称	最小值	最大值	平均值	标准差	中位数
教育教学设计	2.600	4.900	3.812	0.530	3.900
组织与实施	2.410	4.700	3.701	0.501	3.700
激励与评价	2.400	5	3.980	0.515	4.050
沟通与合作	2.323	5	3.950	0.530	4.000
反思与发展	2.300	4.9	3.675	0.525	3.700
总体职业能力	74	138	112.465	12.123	112

从以上数据可以看出，新生代乡村教师在"激励与评价"以及"沟通与合作"两个维度上表现较为突出，平均分接近 4 分，表明这些教师在激励学生和团队合作方面具有较强的能力。这可能得益于他们在教学实践中不断积累的经验和技巧。然而，在"组织与实施"以及"反思与发展"维度上，尽管也有较好的表现，但相对而言仍有提升空间。这可能与乡村教育环境中资源和支持的有限性有关，教师在自我提升和教学实施过程中可能面临更多的挑战和限制。

（二）教育教学设计

教育教学设计是教师开展教育活动的核心指导，不仅涵盖课堂教学，还包括教育活动的整体策划。有效的教学设计是成功组织教学活动的基石，因此，对于乡村新生代教师而言，教育教学设计能力是其专业素养的关键组成部分。

为深入了解新生代乡村教师在教育教学设计方面的现状，问卷中设置了多个题项，例如："我能利用所学理论合理制订学生个体和集体的教育教学计划""我在进行教学设计时，会提前分析学生的学情""我在设计教育教学活动时会恰当利用当地特色资源"等。这些题项通过 5 分制进行评估，每题最高得分为 5 分，最低为 1 分，得分越高意味着该方面能力越强。为便于统计分析，仿照问卷编制者的做法，将这些题项分别命名为 A1～A6，并整理出每道题的得分情况，具体结果见表 5－2。

表 5－2　教育教学设计维度各题项得分情况

名称	最小值	最大值	平均值	标准差	中位数
A1	1	5	4.015	0.825	4
A2	2	5	3.945	0.710	4
A3	1	5	3.375	1.045	4
A4	2	5	3.870	0.841	4
A5	1	5	3.660	1.020	4
A6	2	5	3.612	0.850	4

通过表 5－2 可知，新生代乡村教师在教育教学设计维度上均分超过 3 分，其中，A1（"我能利用所学理论合理制订学生个体和集体教育教学计划"）得分最高，而 A3（"我在设计教育教学活动时会恰当利用当地特色资源"）得分最低，A5 和 A6 也得分较低，这说明，新生代乡村教师对于应用教育教学理论和制定教学计划方面表现较好，在设计层次化的教案、利用当地资源进行活动设计等方面仍然存在一定问题。

（三）组织与实施

组织与实施是指教师在完成教学设计后，对教育教学活动的具体操作情况的考量。这一过程不仅包括班级组织管理、活动开展和语言表达，还涉及在具体教学情境中教育机制的体现和教学方法的选择。新生代教师的组织与实施能力，通过问卷调查中的 8 个题项进行评估。为便于统计分析，这些题项分别命名为 A7～A14，具体如下：在课堂中，我能激发学生学习的兴趣，调动学生学习积极性（A7）；我在每次集体活动中注重教育的渗透（A8）；我能较好使用书面、口头、肢体语言进行教学（A9）；我能鉴别班上学生

（尤其是留守儿童）的心理动向，并及时给予科学的帮助（A10）；我在教学中能运用探究式、启发式等以学生为主体的教学方式（A11）；我能熟练地将信息技术与教学相结合（A12）；当面对各种突发事件时，我会因不知如何妥善解决而感到头痛（A13）；我能科学管理班级事务，带领班集体实现教育目标（A14）；通过 5 点计分法，此维度中的 8 个题项，每题分值最高为 5 分，最低为 1 分，得分越高说明教师这方面的能力越强。调查结果见表 5 - 3。

表 5 - 3　组织与实施维度各题项得分情况

名称	最小值	最大值	平均值	标准差	中位数
A7	1	5	3.473	1.096	4
A8	2	5	3.780	0.890	4
A9	2	5	3.875	0.735	4
A10	1	5	3.090	1.180	3
A11	1	5	3.750	0.800	4
A12	1	5	4.079	0.886	4
A13	1	5	3.700	1.030	3
A14	1	5	3.670	1.002	4

从表 5 - 3 可以看出，在组织与实施维度上，所有题项的平均得分均超过 3 分。其中，A12（"我能熟练地将信息技术与教学相结合"）的得分最高，为 4.079 分。这表明新生代乡村教师在现代教育技术的应用方面表现出色，反映出他们在学习和接受新技术方面的优势。这一结果可能与当前信息技术的普及以及教师培训中对信息技术的重视有关。

相对而言，A10 ["我能鉴别班上学生（尤其是留守儿童）的心理动向，并及时给予科学的帮助"] 得分较低，仅为 3.090 分。这提示我们，新生代乡村教师在识别和应对学生心理动向方面仍需加强。这可能与乡村教育环境中缺乏专业心理支持资源有关，教师在这方面的培训和经验积累相对不足。

此外，A13（"当面对各种突发事件时，我会因不知如何妥善解决而感到头痛"）的得分也较低，说明新生代教师在应对突发事件时的能力需要进一步提升。这可能与教师在实际教学中面临的复杂情境和多变因素有关，教师在这方面的经验和策略储备可能不足。

（四）激励与评价

教师的激励与评价贯穿整个教育过程，既包括教师对学生的评价，也涵盖教师的自我评价。教育评价具有诊断和导向等作用，合理使用能够有效促进教师教学的开展和学生学习的进步。问卷中设置了以下题项：我善于观察学生日常学习与生活中的表现，并发现他们的点滴进步（A15）；我常利用多种评价方式对学生进行评价（A16）；我能合理利用奖励和惩罚对学生进行教育和引导（A17）；我能引导学生认识自我、进行自我评价（A18）；在教学实施之后，我能对自己的表现作出评价（A19）；我能根据各种评价结果来改进自身教育教学工作（A20）。通过 5 点计分法，每个题项最高得分为 5 分，最低得分为 1 分，得分越高说明教师在该方面的能力越强。具体调查结果如表 5 - 4 所示。

表 5 - 4　激励与评价维度各题项得分情况

名称	最小值	最大值	平均值	标准差	中位数
A15	1	5	4.118	0.693	4
A16	1	5	4.206	1.143	4
A17	2	5	4.197	0.794	4
A18	2	5	4.025	0.830	4
A19	1	5	4.083	0.801	4
A20	2	5	4.176	0.759	4

从表 5-4 可以看出，新生代乡村教师在激励与评价维度方面表现较为突出，各题项的平均得分均高于 4 分，显示出他们在这一方面的能力发展较好。其中，得分最高的是 A16（我常利用多种评价方式对学生进行评价），显示出新生代乡村教师在评价方式多样性上的意识和实践能力较强。现代教育强调全面发展和个性化培养，使教师在评价中采用多种方式，以适应不同学生的需求。同时，教育政策的推动和信息技术的应用为教师提供了多样化评价的动力和工具。这一结果表明，教师在多元评价的应用上取得了显著进展，为提升教学质量奠定了基础。

然而，A18（我能引导学生认识自我、进行自我评价）的得分相对较低，尽管仍在 4 分以上，但提示我们乡村教师在引导学生进行自我评价方面存在一定的不足。可能的原因在于，当前的教育评价体系更注重外部评价，而忽视了学生自我评价能力的培养。教师在实际教学中，可能缺乏足够的策略和资源来有效引导学生进行自我反思和评价。

此外，A15（我善于观察学生日常学习与生活中的表现，并发现他们的点滴进步）的得分也略低，这可能反映出教师在日常教学中对学生个体化观察和评价的关注度有待提高。教师可能更多地依赖于期末考试等形式化的评价手段，而忽视了对学生日常表现的持续关注和反馈。

以上发现表明，教师培训应着重培养教师引导学生自我评价的能力，提供实践案例与策略，并通过案例分析与模拟训练，增强教师观察学生日常表现的敏锐度及反馈技巧。

（五）沟通与合作

沟通与合作能力是教师在教育工作中不可或缺的素质之一，贯穿于整个教育过程，包括与学生、同事和家长的互动。在本次调查中，通过问卷调查评估了青年教师在这一维度的表现，设置了 4 个题项：A21（当面临教学问题时，我能主动与同事交流讨论、共议策略）、A22（我能利用恰当的口头和肢体语言来进行教育教学工作）、A23（我经常与学生进行沟通）、A24（我能通过恰当地与家长进行有效沟通，共同促进学生发展）。每个题项采用 5 点计分法，得分越高表明该方面能力越强。具体调查结果如表 5-5 所示。

表 5-5　沟通与合作维度各题项得分情况

名称	最小值	最大值	平均值	标准差	中位数
A21	2	5	3.974	0.840	4
A22	2	5	4.237	0.816	4
A23	1	5	4.095	0.898	4
A24	1	5	3.759	0.799	4

根据表 5-5 的数据结果，青年教师在沟通与合作维度的 4 个题项中均分在 3.6 分以上，显示出较强的沟通与合作能力。这与青年教师普遍热情、善于交流的特点相符。然而，各题项得分存在显著差异，值得深入分析。

首先，A22 题项得分最高，平均值为 4.237，标准差为 0.816。这表明青年教师在课堂上能够有效运用口头和肢体语言进行教学。这一优势可能源于其接受过系统的师范教育和培训，熟悉现代教学法，能够灵活运用多样化的沟通技巧。此外，现代教学设备和多媒体技术的普及，为教师提供了更多表达方式，增强了课堂互动性和趣味性。由于年龄相近，青年教师与学生之间的代沟较小，容易找到共同话题，使得课堂沟通更加顺畅。

其次，A23 的平均得分为 4.095，稍低于 A22。这表明青年教师在与学生的日常沟通中也表现出色。其原因可能包括青年教师与学生在文化、娱乐等方面有更多共同语言，便于建立良好的师生关系。此外，青年教师普遍具有开放的心态，乐于倾听学生的意见和反馈，促进了双向互动。

然而，A21 的平均得分为 3.974，显示出青年教师在与同事交流讨论方面的能力略逊于与学生的沟通。这可能与青年教师在教学经验上相对欠缺有关，可能在与资深教师交流时存在自信心不足的问题。尽管青年教师愿意与同事合作，但在具体策略的制定和执行上可能缺乏成熟的合作经验。

最后，A24 得分最低，平均值为 3.759，表明青年教师在与家长的沟通合作上存在一定困难。这可能与农村地区许多学生的父母常年外出务工，监护责任由祖父母承担有关，这增加了教师与家长沟通的难度。此外，教师与家长之间可能存在教育观念上的差异，导致沟通不畅。青年教师通常忙于教学工作，可能忽视了与家长建立有效沟通渠道的重要性。

可见，新生代乡村教师在沟通与合作能力上表现出色，但在与家长的沟通方面仍需加强。为提升这一能力，建议加强专门的沟通技巧培训，尤其针对与家长的交流，帮助教师掌握更有效的沟通策略。同时，利用信息技术搭建家校沟通平台，使教师与家长能够便捷地交流学生的学习发展情况。此外，通过团队建设活动，提升教师与同事之间的合作意识和能力，促进教学经验的分享与积累。通过这些措施，可以进一步提升青年教师在沟通与合作维度的整体能力。

（六）反思与发展

反思被视为教师专业成长与自我发展的核心驱动力。它不仅能够帮助教师审视自身的教学实践，还能激发其内在潜能，促进教学技艺的精进与教育理念的革新。为了深入探究新生代乡村教师在反思与发展方面的现状，本次问卷围绕"在课后我会进行自我反思，写教学日记、课后记等以促改进""我经常反思自己的专业发展"
"我能对口常教育教学中留意到的问题展开探索和研究""我乐意参
加教研活动和教师培训""我在课题研究和撰写教育科研论文上存
在困难"等 5 个题项进行分析,采用 5 点计分法,对教师的反思习
惯、专业发展意识、问题探究能力、参与教研活动的意愿,以及在
课题研究与论文撰写上遇到的挑战进行了量化评估。具体调查结果
见表 5-6。

表 5-6　反思与发展维度各题项得分情况

名称	最小值	最大值	平均值	标准差	中位数
A25	1	5	4.071	0.882	4
A26	1	5	3.983	0.871	4
A27	1	5	3.692	0.897	4
A28	2	5	3.998	0.823	4
A29	1	5	2.816	0.835	3

由以上数据可以清晰地观察到,在反思与发展这一关键维度
上,新生代乡村教师群体内部各题项之间的均分存在较为显著的差
距。具体而言,最高分 4.071 分落在了 A25 题项上,即"在课后
我会进行自我反思,写教学日记、课后记等以促改进",这一结果
显示新生代乡村教师在日常教学实践后,有着较为积极的自我审视
与总结习惯,通过书面记录的形式来促进个人教学技能的提升,这
是值得肯定的。紧随其后的是"我经常反思自己的专业发展",该
题项得分也相对较高,进一步印证了新生代乡村教师对自身专业成
长路径的持续关注与深度思考。

然而,值得注意的是,最低分则出现在 A29 题项——"我在
课题研究和撰写教育科研论文上存在困难",其得分明显偏低,这
直接指向了新生代乡村教师在教育科研能力上的短板与困境。同

时，A27 题项"我能对日常教育教学中留意到的问题展开研究"
的得分也位居末位，表明尽管新生代乡村教师具备一定的问题意
识，但在将这些问题转化为深入研究课题并付诸实践的能力上尚显
不足。

对于以上现象，可从多个维度进行解读。首先，新生代乡村教
师可能受限于教育资源与信息获取的渠道，相较于城市教师，他们
在接触前沿教育理念、科研方法以及学术交流机会上存在一定的劣
势，这在一定程度上制约了其教育科研能力的培养与提升。其次，
繁重的教学任务与日常管理职责可能挤占了教师进行深度反思与科
研探索的时间与精力，使得他们难以全身心投入到教育科研活动中
去。最后，部分教师可能对于教育科研的重要性认识不足，或是缺
乏必要的科研技能培训，导致在面对课题研究与论文撰写时感到力
不从心。

鉴于教育科研能力对于教师专业成长与发展的重要性不言而
喻，它不仅是教师专业素养的重要组成部分，也是提升教学质量、
推动教育改革创新的关键力量。因此，针对新生代乡村教师在这一
领域的薄弱环节，教育管理部门与学校应采取积极措施，如定期组
织教育科研方法培训、搭建学术交流平台、设立科研专项基金、鼓
励教师参与课题研究与论文发表等，以实际行动支持并激励青年教
师投身于教育科研实践，从而不断提升其教科研能力，增强职业竞
争力。同时，教师自身也应树立终身学习的理念，将反思与发展内
化为职业生涯的常态，勇于探索未知领域。

新生代乡村教师乡土情怀的现状与影响因素

乡土情怀作为维系乡村教师与乡村社会的情感纽带，不仅影响着乡村教师的职业认同与发展，也关系到乡村教育的质量与成效。乡土情怀不仅是一种情感依恋，更是一种文化认同，是乡村教师能够深耕乡村教育、长期服务乡村的关键动力源。乡村教师的乡土情怀既包括对乡村环境和文化的情感归属，也体现在他们对乡村社会发展的责任感和使命感。然而，受诸多因素影响，乡村教师的乡土情怀呈现出渐趋弱化的倾向，这一现象在新生代乡村教师群体中尤为明显。新生代乡村教师在成长过程中，受到城市文化和现代化教育的影响，在价值观和生活方式上与传统乡村社会产生了较大隔阂。这种情感疏离不仅影响了他们对乡村生活的适应能力，还削弱了其在乡村学校长期任教的意愿。

乡土情怀的形成受到多种因素的共同作用，既有教师个体因素，也有外部环境因素。从个体层面看，教师的成长经历、教育背景及职业理想都会影响其在乡村工作的情感体验。那些拥有较强社会责任感和教育使命感的教师，往往能够更好地适应乡村生活，并在工作中表现出较强的乡土情怀。而那些对乡村生活缺乏深入理解的教师，则可能在适应过程中遭遇困难，情感上难以与乡村产生共鸣。从环境层面看，乡村教师面临的外部环境同样对乡土情怀有着重要影响。例如乡村的物质条件和工作环境是影响教师情感认同的重要因素。基础设施的改善、生活条件的提升能够有效帮助教师适应乡村生活，增强他们对乡村的情感认同。此外，乡村学校的管理制度，家庭和社区的支持也会对教师的乡土情怀产生显著影响。

尽管已有研究从多维度探讨了乡村教师的职业满意度、职业承诺与留任意愿，但针对新生代乡村教师乡土情怀的系统性研究仍显不足。现有文献多集中于乡村教师的流动性分析、职业倦怠现象以及外部激励措施的效果评估，对于乡土情怀这一内在文化心理因素的具体现状及其影响机制缺乏深入剖析。尤其是在中西部地区及少数民族聚居区等欠发达地区，乡土情怀的形成与发展受到多种社会、文化、经济因素的交织影响，其复杂性与多样性研究尚未得到充分重视。

此外，现有相关研究大多停留在定性分析层面，缺乏系统的实证数据支持。据此，本章研究以新生代乡村教师的乡土情怀为对象，旨在通过问卷调查和个案访谈相结合的实证方法深入探讨新生代乡村教师乡土情怀的现状，并深入考察其背后的主要影响因素，以期为后续乡土情怀提升的政策制定与实践改进提供科学依据。

一、已有相关研究述评

（一）乡村教师乡土情怀现状的相关研究

国外关于乡土情怀的相关研究较少，已有研究主要集中于乡村教师的职业认同和情感归属。其中有代表性的研究如 Berry 考察了乡村教师如何在城乡差异的背景下构建情感归属[194]。结果表明，乡村教师在情感上对乡村社会的认同，直接影响了他们的职业持续性和教学投入。特别是那些在乡村社区扎根多年的教师，乡土情怀能有效促进他们与本地学生和社区的积极联系，这一情感纽带加强了教师的职业归属感与幸福感。然而随着城市文化的渗透，部分乡村教师表现出对乡村文化的认同感减弱，情感疏离现象明显[195]。此外，也有学者考察了乡村教师的文化认同与职业认同之间的关系。研究发现那些具有较高文化认同的教师，往往在教育过程中表现出更高的职业忠诚度和工作满意度[196]。研究还发现，部分新入职乡村教师因缺乏乡村生活经验，难以迅速建立对乡村文化的情感归属，这在一定程度上影响了他们在乡村的长期发展[197]。尽管国外研究从认同和适应的角度为乡土情怀的分析提供了一定理论参考，但研究视角多局限于教师个体与乡村环境的互动关系，较少关注乡土情怀形成的文化传统和社会结构因素。事实上，中国乡村教师的乡土情怀既包含对乡村生活方式和文化传统的情感认同，也涉及其在乡村教育现代化进程中的角色定位和价值追求。这种独特的情感体验和价值认同，需要置于中国特色乡村振兴战略和教育公平的宏观背景下进行深入考察。

国内对乡土情怀的研究始于20世纪90年代，随着乡村教育振兴战略的深入推进，相关研究也开始逐步深化。从研究主题来看，现有研究主要聚焦于三个层面：一是乡土情怀的内涵界定与理论建构。学者们基于教育社会学和教育人类学的理论视角，将乡村教师乡土情怀定义为教师对乡村生活方式、文化传统和教育实践的情感认同与价值认同。例如张立平等从乡土意识、乡土适应、乡土认同和乡土重建等维度构建了乡土情怀的理论框架[94]。二是乡土情怀的生成机制研究。例如马多秀从教师发展的视角提出了促进乡土情怀生成的策略，主要通过学习乡村教育课程、激发乡土情感和增强职业认同感来深化乡土情怀，以及在日常教学活动中通过回顾自身经历和与乡村学生互动逐步生成并强化乡土情怀[30]。三是乡土情怀与教育质量的关系研究。例如陶泉提出了基于乡土情怀培育的乡村教师美术教育质量提升策略，通过乡土文化教育实践，引导学生升华审美体验，内化乡土情怀为行动力，以培养符合乡村振兴需求的美术教师[198]。而关于乡村教师乡土情怀现状的研究目前仍较为缺乏，部分学者探讨了免费师范生的乡土情怀现状，发现免费师范生的乡土认同、乡土意识和乡土情感均比较薄弱，师范生乡土情怀的培育过程仍存在一些困境[199-200]。

（二）乡村教师乡土情怀影响因素的相关研究

乡村教师的乡土情怀作为一种复杂的情感归属与文化认同，受到多重因素的共同作用。这些因素不仅影响教师的乡土情感，也在一定程度上决定了教师在乡村教育中的持续服务意愿。但回顾已有文献，探讨乡村教师乡土情怀影响因素的研究还很少，仅有部分研究涉及乡土情怀影响因素的内容。

国外相关研究从本地文化认同和情感投入的角度考察了乡土情怀的影响因素，主要关注个人因素和社会环境的互动作用。例如Boylan在其研究中指出，教师的成长背景对乡土情感的形成具有突出影响[201]。那些在乡村环境中成长的教师，往往在情感上对乡村社会有着较强的依赖感，这种依赖感在他们的职业生涯中得以延续，成为他们坚守乡村教育的内在动力。相比之下，那些来自城市的教师则表现出较为复杂的情感反应，他们对乡村文化的适应性相对较差，乡土情感的培养需要更长时间。这表明，个人成长经历和职业认同是影响教师乡土情怀的重要个人因素。此外，社会因素，特别是社区支持和社会文化氛围，也对教师的乡土情怀产生了重要影响。例如Oyen和Schweinle发现，那些在社区中获得更多支持的教师，往往表现出更高的职业满意度和情感归属感[202]。乡村社区对教师的接纳程度、家长和学生的信任感，直接影响了教师的情感认同与乡土情怀的形成。社会文化环境的认可与支持，不仅增强了教师对乡村生活的适应性，还提升了他们对乡村教育的长期承诺[203]。

国内学者也从个人背景、家庭因素以及文化影响等多方面对乡土情怀的影响因素进行了探索。例如有研究表明，家庭背景对教师乡土情怀的影响尤为明显[204]。成长于乡村的教师对乡村环境有着天然的情感依恋，这种依恋在他们的职业发展中起到了情感支撑作用。而那些来自城市家庭的教师，由于缺乏对乡村生活的深入了解，在乡村工作中往往表现出情感上的疏离感和适应困难。文化因素同样在乡土情怀的形成中起到关键作用。另有研究表明，乡村教师的文化认同在很大程度上受到其成长过程中所接触的社会文化影响[205]。传统乡村文化的衰退以及城市文化的渗透，正在削弱新生代乡村教师的乡土情怀。新生代乡村教师在成长过程中受到现代化、城市化文化的熏陶，缺乏对乡村文化的深刻理解与认同，进而导致他们在职业发展中情感归属感较弱，这表明文化因素对于乡土情怀的作用效果存在代际差异。另外，政策因素在乡村教师乡土情怀的形成过程中也起到了一定作用[206]。随着乡村振兴战略的推进，政府通过政策引导对乡村教师提供了多方面的支持，包括提高待遇、提供职业发展机会等。然而，尽管实施相关政策在改善教师物质条件和职业发展空间方面取得了一定成效，但对于教师的情感认同和乡土情怀的培养尚存在不足。部分政策在实施过程中更多关注教师的经济待遇和职业晋升，而忽视了对教师精神层面的支持，尤其是如何帮助教师融入乡村社会、提升文化认同方面的举措相对薄弱。

虽然国内外关于教师乡土情怀的研究已积累了一些成果，但仍存在诸多不足。首先，国内外针对乡村教师乡土情怀的现状和影响因素的相关研究仍非常少，仅有的研究也主要将乡土情怀拆解到其他类似相关主题中进行探讨，因而所得结论缺乏针对性。其次，国内外关于乡土情怀的实证研究偏少，尤其是定量研究较为匮乏，难以客观、准确地把握乡土情怀的现状特征及其影响因素。最后，现有相关研究对于环境特征的把握不足，多是从理论层面探讨政策、文化、制度等因素对乡土情怀的作用，而缺少从家庭层面和学校层面对乡土情怀影响因素的系统考察。

二、研究方法

（一）研究对象

本书的调查对象主要是新生代乡村教师，综合现有文献中对新生代乡村教师的定义，本书将"新生代乡村教师"界定为在乡村学校从事教学工作且教龄不超过 10 年、年龄不超过 35 岁的在职教师。由于乡村学校较为分散，教师样本不易获取。但为了确保样本的广泛性和代表性，本书通过各种途径从四川省范围内多个县乡的乡村学校选取乡村教师参与调查，最后总共获取到 328 名新生代乡村教师作为研究样本。这些教师在年龄、教学经验、教育背景等方面具备一定差异性，能够较好地反映新生代乡村教师群体的状态特征。此外，为便于进一步个案访谈，本研究预先对问卷进行了编码，并通过教师所在学校将编码与教师本人信息进行了匹配，从而有助于区分和定位高低水平乡土情怀的乡村教师，便于后续个案访谈的深入分析。

（二）研究工具

1. 乡村教师乡土情怀问卷

采用王霞霞编制的乡村教师乡土情怀问卷[33]，该问卷总共包含四个维度，分别是乡土认同、乡土认知、乡土能力和乡土情感。

共计 37 个题目，采用李克特 5 点计分法进行计分，即"1＝非常不符合"到"5＝非常符合"，得分越高说明教师的乡土情怀水平越高。本研究中，该量表的内部一致性指数为 0.872。

2. 乡土情怀影响因素的访谈提纲设计

为深入挖掘新生代乡村教师的乡土情怀主要受哪些因素的影响，以及这些因素中哪些是关键因素、具体作用表现如何，本书采用典型个案访谈的方式收集乡土情怀影响因素的相关信息。对应的访谈提纲从 5 个潜在的影响因素来源着手，即个人层面、家庭层面、学校层面、社会层面和政策层面，共设计了 8 个访谈问题。

（三）研究程序

本书分为两个阶段进行。第一阶段为问卷调查阶段，本阶段通过问卷调查的方式，广泛收集新生代乡村教师的乡土情怀现状信息。首先，研究团队联系了各地的教育部门和乡村学校管理者，并分发电子版和纸质版问卷。教师们在自愿和匿名的基础上参与填写问卷。通过对问卷结果的初步分析，将教师按其乡土情怀水平进行分组，分别选取高水平组和低水平组各 3 名教师，进入个案访谈阶段。第二阶段是个案访谈阶段，在确定了高水平和低水平乡土情怀的教师后，通过与学校联系，安排面对面或远程视频的方式进行个案访谈。在告知了访谈内容和程序，并经由访谈对象许可的前提下，对每位教师进行不超过 60 分钟的访谈。访谈过程全程录音，并经过转录和编码处理，为后续的数据分析奠定基础。

（四）数据分析与处理方法

本书对于问卷收集的数据采用定量分析的办法，具体采用SPSS 26.0 软件进行统计分析，主要使用描述性统计、独立样本 t

检验和方差分析等方法。以全面了解新生代乡村教师的乡土情怀现状，以及进一步探讨乡土情怀在不同人口学特征教师群体间的差异。对于访谈获得的信息，本研究主要采用主题内容分析法对乡土情怀影响因素的个案访谈信息进行定性分析。具体而言，先是对访谈录音进行准确转录，然后准确标记出与乡土情怀相关的重要信息并形成初步编码。接着将这些代码进行归类并提炼出重要主题，然后对提炼出的主题进行反复核查与调整，以确保其合理性与一致性。最后对每个主题进行准确清晰地定义和命名，并结合受访对象实例呈现各主题相关的内容。

三、结果

（一）新生代乡村教师乡土情怀的现状

1. 被试分布特征

本研究共调查了 328 名新生代乡村教师，其中，男性被试 156 人，占比 47.56%；女性被试 172 人，占比 52.44%。教龄方面，教龄为 3 年及以下的教师有 77 人，占比 23.48%；教龄为 4～10 年的教师有 132 人，占比 40.24%；教龄为 10 年以上的教师有 119 人，占比 36.28%。在学历方面，大专及以下学历的教师有 86 人，占比 17.07%；本科及以上学历的教师有 272 人，占比 82.93%。出生于农村的教师有 239 人，占比 72.87%；出生于城镇的教师有 89 人，占比 27.13%。在婚育情况方面，未婚教师为 96 人，占比 29.27%；已婚教师为 232 人，占比 70.73%（表 6-1）。

表 6-1　调查被试基本信息

类别	选项	人数（人）	占比（%）
性别	男	156	47.56
	女	172	52.44

（续）

类别	选项	人数（人）	占比（%）
教龄	3 年及以下	77	23.48
	4～10 年	132	40.24
	10 年以上	119	36.28
学历	大专及以下	56	17.07
	本科及以上	272	82.93
成长地	农村	239	72.87
	城镇	89	27.13
婚育	未婚	96	29.27
	已婚	232	70.73

2. 新生代乡村教师乡土情怀的总体水平

首先对 328 名新生代乡村教师乡土情怀的数据进行统计描述，结果显示新生代乡村教师的乡土情怀在四个维度的得分有所差异。此外，由于缺乏常模对比，故将乡土情怀及其总均分与问卷题项 5 点计分的中间值 3 进行单样本 t 检验对比，相比常模的相对水平检验，中间值 3 能够反映乡土情怀各维度及总分的绝对高低水平。乡土情怀及其四个维度乡土认知、乡土认同、乡土情感和乡土能力的具体得分及其高低水平检验结果见表 6-2。

表 6-2　新生代乡村教师乡土情怀得分水平

序号	变量	M	SD	t 值
1	乡土认知	3.03	0.76	1.13
2	乡土认同	2.87	0.81	−3.27**
3	乡土情感	2.76	0.72	−3.65**
4	乡土能力	2.80	0.83	−3.12**
5	乡土情怀总分	2.86	0.78	−3.22**

注：** $p < 0.01$。

从表 6-2 可以看出，新生代乡村教师的乡土情怀总分（$M=$

2.86，SD＝0.78）显著低于中间值 3（$t＝-3.22$，$p<0.01$），表明整体乡土情怀处于中等偏低水平。在乡土情怀的四个维度中，乡土认知的得分最高（$M＝3.03$，$SD＝0.76$），单样本 t 检验显示该维度与中间值 3 的差异不显著（$t＝1.13$，$p>0.05$），说明新生代乡村教师对乡村文化与环境有一定的认知。乡土认同的得分为2.87（$M＝2.87$，$SD＝0.81$），显著低于中间值（$t＝-3.27$，$p<0.01$），表明教师对乡村社会的文化与身份认同感较弱。乡土情感得分为 2.76（$M＝2.76$，$SD＝0.72$），也显著低于中间值（$t＝-3.65$，$p<0.01$），表明教师对乡村的情感连接较弱。最后，乡土能力维度的得分为 2.80（$M＝2.80$，$SD＝0.83$），显著低于中间值（$t＝-3.12$，$p<0.01$），反映出教师在乡村教学、乡村治理等方面的能力有待提升。

（二）新生代乡村教师乡土情怀的人口学差异

1. 性别差异

为探讨新生代乡村教师乡土情怀在性别上的差异，本研究对乡土情怀的四个维度进行了性别差异的独立样本 t 检验，结果如表 6-3 所示。

表 6-3　新生代乡村教师乡土情怀的性别差异检验

序号	变量	M±SD		t
		男	女	
1	乡土认知	3.02±0.78	3.04±0.75	0.11
2	乡土认同	2.89±0.82	2.85±0.84	0.04
3	乡土情感	2.79±0.70	2.73±0.73	0.08
4	乡土能力	2.89±0.81	2.83±0.77	0.48

表 6-3 的结果表明，在乡土认知、乡土认同、乡土情感和乡土能力这四个维度上，男性与女性教师的得分差异均未达到显著水平

（$p > 0.05$）。具体来看，乡土认知维度上，男性教师得分为 3.02 ± 0.78，女性教师得分为 3.04 ± 0.75，t 检验结果不显著（$t=0.11$，$p=0.22$）；在乡土认同维度上，男性教师得分为 2.89 ± 0.82，女性教师得分为 2.85 ± 0.84，t 检验结果也不显著（$t=0.04$，$p=0.09$）。乡土情感维度中，男性教师得分为 2.79 ± 0.70，女性教师得分为 2.73 ± 0.73，t 检验显示性别差异不显著（$t=0.08$，$p=0.16$）。最后，在乡土能力维度上，男性教师得分为 2.89 ± 0.81，女性教师得分为 2.83 ± 0.77，性别差异同样不显著（$t=0.48$，$p=0.97$）。以上结果表明，新生代乡村教师的乡土情怀并不存在显著的性别差异，也就是说男性和女性教师在乡土情怀的得分较为接近。

2. 教龄差异

为探讨新生代乡村教师乡土情怀在教龄方面的差异，采用单因素方差分析（One‑Way ANOVA）的方法对乡土情怀各维度进行了检验，结果如表6‑4所示。

表6‑4　新生代乡村教师乡土情怀的教龄差异检验

序号	变量		平方和	自由度	均方	F 值
1	乡土认知	组间	15.24	2	6.25	6.80**
		组内	301.76	325	0.92	
2	乡土认同	组间	18.56	2	7.65	7.09**
		组内	345.44	325	1.08	
3	乡土情感	组间	12.78	2	5.00	7.04**
		组内	246.22	325	0.71	
4	乡土能力	组间	14.67	2	5.60	6.53**
		组内	289.33	325	0.86	

注：** $p < 0.01$。

方差分析结果显示，乡土认知（$F=6.80$，$p < 0.01$）、乡土

认同（$F=7.09$，$p<0.01$）、乡土情感（$F=7.04$，$p<0.01$）和乡土能力（$F=6.53$，$p<0.01$）这四个维度在不同教龄组之间均存在显著差异。为进一步了解具体差异所在，采用 LSD 事后检验方法对不同教龄组之间的乡土情怀得分进行了两两比较。结果显示，教龄为"4～10 年"（$M=3.05$，$SD=0.70$）和"10 年以上"（$M=3.10$，$SD=0.68$）的教师在乡土情怀得分上显著高于教龄为"3 年及以下"（$M=2.62$，$SD=0.78$）的教师（$p<0.001$），说明具有较长教龄的教师在乡土情怀的认知、情感和能力等方面的水平均好于较短教龄的教师。而教龄为"4～10 年"和"10 年以上"两组教师之间的乡土情怀得分没有显著差异（$p>0.05$），表明当教师的教龄达到 4 年以上时，其乡土情怀水平有趋于稳定的趋势。

3. 学历差异

接着对新生代乡村教师在不同学历层次上的乡土情怀差异进行了检验。具体而言，本研究对大专及以下学历组和本科及以上学历组在乡土情怀四个维度的得分差异进行了独立样本 t 检验，结果如表 6-5 所示。

表 6-5　新生代乡村教师乡土情怀的学历差异检验

序号	变量	$M\pm SD$		t	p
		大专及以下	本科及以上		
1	乡土认知	3.04 ± 0.73	3.01 ± 0.69	0.14	0.18
2	乡土认同	2.91 ± 0.87	2.86 ± 0.85	0.12	0.11
3	乡土情感	2.82 ± 0.70	2.78 ± 0.64	0.10	0.13
4	乡土能力	2.85 ± 0.67	2.89 ± 0.72	-0.08	0.09

由以上 t 检验结果可见，在乡土认知维度上，大专及以下学历组的得分为 3.04 ± 0.73，本科及以上学历组的得分为 3.01 ± 0.69，两组之间差异不显著（$t=0.14$，$p=0.18$）；在乡土认同维度上，

大专及以下学历组的得分为 2.91±0.87，本科及以上学历组的得分为 2.86±0.85，差异同样不显著（$t=0.12$，$p=0.11$）。乡土情感维度中，大专及以下学历组的得分为 2.82±0.70，本科及以上学历组的得分为 2.78±0.64，差异依然不显著（$t=0.10$，$p=0.13$）。同样在乡土能力维度上，大专及以下学历组的得分为 2.85±0.67，本科及以上学历组的得分为 2.89±0.72，t 检验结果也表明两组之间无显著差异（$t=-0.08$，$p=0.09$）。以上这些结果表明，无论是在乡土认知、乡土认同、乡土情感还是乡土能力这四个维度上，新生代乡村教师均未出现学历的显著差异，说明学历可能并非影响新生代乡村教师乡土情怀的因素。

4. 成长地域差异

继续对新生代乡村教师的乡土情怀是否存在不同成长地域（农村与城镇）的差异进行了检验，通过对乡土情怀四个维度的成长地域差异进行独立样本 t 检验，结果如表 6-6 所示。

表 6-6 新生代乡村教师乡土情怀的成长地差异检验

序号	变量	M±SD		t	p
		农村	城镇		
1	乡土认知	3.15±0.78	2.91±0.70	2.47*	0.03
2	乡土认同	2.98±0.87	2.76±0.85	3.05**	0.01
3	乡土情感	2.84±0.75	2.68±0.71	2.76*	0.02
4	乡土能力	2.93±0.82	2.67±0.77	4.21**	0.00

注：* $p<0.05$，** $p<0.01$。

由表 6-6 的结果可见，在乡土认知维度上，出生于农村的教师得分为 3.15±0.78 显著高于出生于城镇的教师得分 2.91±0.70，两组之间的差异具有统计学意义（$t=2.47$，$p<0.05$）。在乡土认同维度上，农村教师的得分为 2.98±0.87，城镇教师的得

分为 2.76±0.85，差异显著（$t=3.05$，$p < 0.01$）。在乡土情感维度中，农村教师的得分为 2.84±0.75，城镇教师的得分为 2.68±0.71，t 检验结果显示两组差异显著（$t=2.76$，$p < 0.05$）。最后，在乡土能力维度上，农村教师的得分为 2.93±0.82，城镇教师的得分为 2.67±0.77，差异显著（$t=4.21$，$p < 0.01$）。由此可见，新生代乡村教师的乡土情怀在成长地域方面存在显著差异，出生于农村的教师在乡土情怀的各个维度的得分均高于出生于城镇的教师，反映出成长于农村的教师对乡村的情感依赖和认同程度更高，在乡村环境中也表现出更强的教学和生活适应性。

5. 婚育差异

最后，为考察新生代乡村教师在不同婚育情况（已婚与未婚）方面的乡土情怀差异，本研究对乡土情怀各维度的婚育情况差异进行了独立样本 t 检验，结果如表 6-7 所示。

表 6-7　新生代乡村教师乡土情怀的婚育情况差异检验

序号	变量	$M\pm SD$		t	p
		已婚	未婚		
1	乡土认知	3.12±0.81	2.93±0.74	2.16*	0.03
2	乡土认同	2.94±0.72	2.80±0.68	2.07*	0.04
3	乡土情感	2.87±0.66	2.63±0.72	3.11**	0.01
4	乡土能力	2.92±0.82	2.68±0.79	2.24**	0.01

注：* $p<0.05$，** $p<0.01$。

表 6-7 结果显示，已婚教师在乡土认知维度的得分为 3.12±0.81 显著高于未婚教师 2.93±0.74，差异具有统计学意义（$t=2.16$，$p < 0.05$）；在乡土认同维度上，已婚教师的得分为 2.94±0.72，未婚教师的得分为 2.80±0.68，差异显著（$t=2.07$，$p < 0.05$）。在乡土情感维度中，已婚教师的得分为 2.87±

0.66，未婚教师的得分为 2.63 ± 0.72，t 检验结果显示差异显著（$t=3.11$，$p < 0.01$）。最后，在乡土能力维度上，已婚教师的得分为 2.92 ± 0.82，未婚教师的得分为 2.68 ± 0.79，差异显著（$t=2.24$，$p < 0.01$）。

以上结果表明，已婚教师的乡土情怀方面得分均显著高于未婚教师，反映出已婚教师在乡村文化认知、情感投入以及职业适应能力等方面有着更好的表现。

（三）新生代乡村教师乡土情怀的影响因素

1. 数据收集与转录

本研究采用典型个案访谈的方式，收集相关质性数据，对新生代乡村教师对乡土情怀的影响因素进行挖掘。研究对象为通过前期问卷调查筛选出的 6 位乡村教师，按乡土情怀得分将其分为高水平组和低水平组，每组各包含 3 名教师。其中高乡土情怀组教师分别标记为 A 教师、B 教师、C 教师；低乡土情怀组教师分别标记为 D 教师、E 教师和 F 教师。高分组教师的具体信息如下：A 教师为女性，年龄 32 岁，已婚，教龄 8 年，成长于农村，本科学历；B 教师，女性，年龄 27 岁，未婚，教龄 4 年，成长于农村，本科学历；C 教师为男性，年龄 34 岁，已婚，教龄 11 年，成长于农村，大专学历。低分组教师的具体信息为：D 教师，女性，年龄 25 岁，已婚，教龄 3 年，成长于城镇，本科学历；E 教师，男性，年龄 26 岁，未婚，教龄 3 年，成长于农村，本科学历；C 教师为女性，年龄 30 岁，已婚，教龄 5 年，成长于城镇，研究生学历。F 教师，女性，成长于城镇，未婚，23 岁，教龄 1 年。

通过与学校管理部门联系，安排了面对面或在线视频的方式进行访谈。每个教师访谈的总时长控制在 60 分钟以内，以确保访谈内容的质量和效率。访谈开始前，先向受访者详细说明了本次访谈的目的、内容和程序，并明确告知了数据的使用方式和隐私保护等必要信息。在获得访谈对象书面签署同意后，才开始正式访谈，访谈全程进行了录音记录。访谈问题紧紧围绕乡村教师乡土情怀形成的影响因素展开，涉及个人、家庭、学校、社会、政策等领域，例如教师对乡村文化的认同感、职业选择的动机以及他们在日常教学中的情感体验等。问题形式为开放式回答，以确保教师能在宽松的氛围中分享个人观点、经历和感受。访谈完成后，对所有音频资料进行了逐字逐句的转录，确保访谈数据的准确性。每一位教师的访谈录音均被转录为文本，便于后续开展主题内容分析，以识别和提炼影响乡土情怀的核心因素。

2. 数据编码与初步分类

在对 6 名新生代乡村教师的个案访谈内容进行转录后，采用开放编码的方法，对访谈文本进行了分析和标记。提取与教师乡土情怀相关的关键信息，主要包括教师的个人成长经历、家庭背景、学校支持、社会氛围和政策支持等多个方面。以下是编码的主要过程和初步分类结果。

（1）个人因素编码

在个人因素方面，访谈问题围绕教师的成长经历及职业选择动机展开，主要挖掘这些个人经历对乡土情怀的影响。例如，高乡土情怀组 A 教师说："我从小在农村长大，小时候跟村里的小伙伴一起玩耍，参加很多村里的活动，这些经历让我对乡村有了很深的感情，觉得这里就是我的根。我现在当上乡村老师，也想把这种情感传递给孩子们。"这段话被编码为"乡村成长经历促进乡土情感归属"。与之相对，低乡土情怀组的 D 教师表示："我从小是在城市里长大的，老实说，和乡村没什么太多的接触。对我来说，乡村还是一个比较陌生的地方，工作后一直觉得有些不习惯。"D 教师的这段话被编码为"城乡生活差异导致对乡村情感不深"。

此外，高乡土情怀组的 C 教师谈道："其实当初选择留在乡村教书，主要是觉得这里的孩子需要我们，很多孩子家庭条件不太好，我希望能为他们提供力所能及的帮助，我觉得这也是一种责任，这也让我更加愿意留在乡村。"C 的这段话被编码为"职业责任感和职业认同增强乡土情怀"。而低乡土情怀组的 E 教师说："说实话，我一开始选择乡村教师，主要是因为当时工作不太好找，想着先干着。但是来了之后发现，乡村的条件的确不太好，有时候也会想是不是该换个环境。"E 的这些话被编码为"被动职业选择导致对乡村情感不深"。总体来讲，在个人因素方面，高乡土情怀组的教师表现出更多对乡村成长经历的强烈情感归属，职业选择也往往基于责任感和对乡村教育的深度认同；而低乡土情怀组的教师则普遍缺乏对乡村的情感联系，职业选择更基于现实压力，导致他们的乡土情怀相对薄弱。

（2）家庭因素编码

对于家庭因素的影响，受访者的回答聚焦于家庭因素对职业选择及情感影响的作用。例如高乡土情怀组 B 教师说："我爸妈都曾是乡村教师，从小就常听他们说，乡村的孩子教育条件差，没有好的老师来教。虽然他们知道乡村条件差，但还是支持我留在乡村教书。我觉得正是因为有他们的影响，我对乡村的感情才这么深。"B 的这些话被编码为"家庭支持以及家庭职业传统的影响"。而低乡土情怀组的 F 教师则谈道："家里人其实不太希望我留在乡村，觉得乡村条件不好，没啥发展机会，常常劝我考公务员或者换个城市的工作。"这段话被编码为"不符合家人期望导致家庭不支持"。

通过对来自受访教师关于家庭层面影响因素回答内容的编码和分析，家庭因素对教师乡土情怀的影响表现为两类：第一类是家庭的支持和鼓励，特别是那些本身有乡村教师背景或对乡村有深厚感情的家庭，往往通过文化传承和价值观的传递，增强了教师的乡土情怀；第二类是家庭不支持或对乡村生活有负面看法，这类家庭往往对教师的职业选择形成压力，削弱了他们对乡村的情感认同。

（3）学校因素编码

通过对受访教师访谈信息的整理和分析，对学校因素的回答主要聚焦于学校管理、资源支持和教学氛围等方面的影响。例如高乡土情怀组的 B 教师说："我们学校的领导很支持我们参与乡村文化活动，每年都会尽可能组织我们和学生一起参加一些乡村的活动，这让我能更好地融入乡村，与这里的孩子和家长们建立了更深的感情。"B 的这些回答被编码为"学校的管理支持与文化融入"。但是低乡土情怀组的 E 教师则表示："感觉学校对我们没什么支持，很多时候在工作上对我们教师的帮助还是不太够，尤其是教学资源，感觉条件比较差，我对学校这些方面一言难尽，总想着有机会的话就换个条件好点的地方工作。"E 的回答被编码为"学校资源不足导致对职业认同下降"。

另外，同事关系也被发现对教师的乡土情怀有一定限度的影响。例如高乡土情怀组 A 教师谈道："学校里的同事们都很热情，大家经常互相帮忙，特别是在工作上，我们一起探讨怎样让乡村的孩子热爱学习。我觉得这种氛围挺好，也让我有了归属感，觉得在这里工作能让人感到温暖。"A 的这些回答内容被编码为"同事支持和工作氛围对乡土情感的积极影响"。而低乡土情怀组的 F 教师则说："同事之间的关系还算可以，但我觉得大家都挺忙的，各忙各的，工作上少了一些合作的氛围。加上有时候受乡村的条件限制，大家其实都有点想换地方。"F 的回答被编码为"同事关系淡薄的负面影响"。

总结学校因素对教师乡土情怀的影响主要有两个方面：一是学校的管理和支持，尤其是学校如何通过活动和教学的支持帮助教师融入乡村生活；二是同事关系和教学氛围，这些因素直接影响教师对学校的归属感和职业认同。

（4）社会因素编码

受访教师关于社会因素对乡土情怀影响的回答，主要围绕乡村居民的态度和社会态度两方面展开。例如高乡土情怀组的 C 教师说："村民对我特别好，经常请我到他们家里做客，节假日还时常送些自家种的蔬菜和水果过来。我觉得和他们打交道很舒服，感觉自己就像是一家人，让我更喜欢乡村教师这份工作。"C 的这些话被编码为"乡村居民的热情氛围促进乡村社会归属感"。而低乡土情怀组的 E 教师表示："与村民们的关系感觉一般吧，不好不坏那种，主要是很多时候他们不理解我们老师的辛苦，觉得我们有寒暑假。还有人说我们教得好也没啥用，孩子早晚得去打工，这让我觉得自己的工作太没有价值，心里挺不是滋味的。"E 的这些话被编码为"乡村居民的误解促发职业受挫感"。

对于社会看法，高乡土情怀组的 A 教师说："我觉得现在人们对乡村教师的看法还是比较正面的，尤其是这几年，乡村教师越来越被重视，很多人都觉得乡村教育很重要，在很多场合大家知道我是乡村教师，也都说我这个工作了不起，这也让我更有动力留在乡村工作。"这段话被编码为"社会认可提升乡土情感"。不过，来自低乡土情怀组的 F 教师却认为："社会上很多人都觉得乡村教师就是个苦差事，事情多、机会少，'傻子'才会选择这个工作，这些看法让我觉得自己的工作没得到社会认可，有时候也怀疑自己是不是应该继续待在这里。"F 的这段话被编码为"社会偏见削弱职业热情"。由以上分析可见，来自社会舆论的认可或偏见会影响乡村教师的职业归属感，进而影响他们对乡村工作的热情。

（5）政策因素编码

通过对受访教师回答内容的分析发现，政策因素也会影响新生代乡村教师的乡土情怀。例如高乡土情怀组 C 教师说："这些年，我们的待遇确实有了较大改善，特别是工资和一些补贴有了明显提升，说明国家在实实在在地关心我们乡村教师，这让我感觉心里踏实了不少，也更愿意继续留在乡村。" C 的这些话被编码为"政策支持提升职业稳定性和乡土情怀"。而低乡土情怀组的 D 教师却说："我也知道政府有一些支持政策，但我觉得效果不是特别明显，工资虽然上去了点，但其他方面比如发展机会还是不太多。给我的感觉是政策力度还不够，影响不大。这让我对在乡村教书的热情产生疑虑。" F 教师也说："政策虽然出台了，但落实好像差点意思。比如说，住房补贴虽然有，但申请过程很复杂，最后也没得到什么实际的帮助。我觉得这种情况挺让人失望的。" D 和 F 的话被编码为"政策支持效果有限会影响职业热情"。经由上述分析可见，政策因素对教师乡土情怀的影响在积极方面表现为政策支持对职业稳定性和情感归属的促进作用，而消极方面表现为政策落实不力导致教师感到政策支持力度有限，进而影响他们对乡村生活的情感归属。

3. 主题提炼与确认

在完成对访谈数据的编码与初步分类后，本研究进一步对各类信息进行深入分析，旨在从初步分类中提炼出更具概括性和内在逻辑关联的核心主题。主要通过反复对比、总结，逐步识别出影响新生代乡村教师乡土情怀的深层次因素，并分析这些因素之间的相互作用。

（1）个人成长与情感认同

通过对个人层面影响因素的分析，逐步提炼出"个人成长与情感认同"这一主题。高乡土情怀的教师大多在乡村环境中成长,具备较强的乡村文化归属感,这种认同感对其职业选择和情感依赖起到了积极作用。高乡土情怀教师往往将乡村视为自己的根源,并且将教育乡村学生视为一种责任。相比之下,低乡土情怀的教师,尤其是成长于城镇者,缺乏这种情感联结,导致他们对乡村的情感较为淡薄。"个人成长与情感认同"主题研究证实了教师的成长环境不仅仅是一种背景因素,而且会直接影响到他们对乡村的情感认同。

(2)家庭影响与情感支持

"家庭影响与情感支持"作为影响乡村教师乡土情怀的一个关键主题,体现了家庭在塑造乡村教师职业选择和情感归属中的核心作用。高乡土情怀的教师普遍受到家庭成员的支持,其家庭价值观往往与乡村紧密相连,增强了他们对乡土的情感依赖。相反,低乡土情怀的教师多受到家庭的现实考虑而更多倾向城市生活,影响了他们对乡村的情感投入。因而,"家庭影响与情感支持"这一主题体现了家庭因素在情感形成过程中的支持性或阻碍性作用。

(3)学校支持与职业认同

"学校支持与职业认同"是来自学校层面影响教师乡土情怀的重要主题,这个主题表明学校的管理、资源配置和同事关系对教师的乡土情怀有直接影响。通过对访谈信息的进一步分析发现,高乡土情怀的教师普遍在一个支持性较强的学校环境中,学校的文化活动及管理层的支持增强了他们对乡村工作的归属感。而低乡土情怀的教师对学校资源和人际关系多感到不满,导致他们对职业的热情和乡村的情感认同度较低。所以,对"学校支持与职业认同"这一主题的提炼表明,学校环境是影响教师乡土情感归属的一个重要外部因素。

（4）社会态度与情感归属

在对来自社会层面的影响因素分析中，总结提炼出了"社会态度与情感归属"这一影响乡村教师乡土情怀的主题。高乡土情怀的教师常常感受到乡村居民的支持与社会的认可，这增强了他们对乡村生活的适应性和情感依赖；而低乡土情怀的教师则更多感受到社会对乡村教师职业的误解和偏见，影响了他们对职业的归属感和情感联结。因此，"社会态度与情感归属"这一主题表明社会对教师的态度在一定程度上会影响教师与乡村感情的亲密程度。

（5）政策支持与职业稳定性

最后对政策层面的影响因素进行了提炼，得到"政策支持与职业稳定"这个关键主题，该主题表达了政策在物质保障和职业稳定性方面对乡土情怀的影响作用。高乡土情怀的教师认为政策的支持（如住房补贴和工资待遇的改善）提升了他们的职业安全感，从而增强了他们对乡村的情感依赖；而低乡土情怀的教师认为政策执行不力或支持不足，使他们对乡村情感的维系较为薄弱。"政策支持与职业稳定性"这一主题也凸显了政策在乡土情感形成和职业认同中具有重要的调节作用。

四、讨论

1. 新生代乡村教师乡土情怀的总体现状水平

本研究结果显示，新生代乡村教师的乡土情怀总体水平偏低，且各维度的得分存在显著差异。具体而言，本研究发现，新生代乡村教师的乡土情怀总体得分显著低于中间值3，表明他们对乡村的情感认同和依赖整体处于中等偏低水平。乡土情怀是教师情感投入和职业认同的重要指标，乡土情怀水平偏低可能意味着新生代乡村教师对乡村生活的适应性较差、职业归属感不强。这一结果可能与当前乡村教育环境的复杂性密切相关，随着现代化进程的推进，乡村地区的社会结构和文化环境正在发生深刻变化，新生代教师与乡村生活的接触较为有限，缺乏对乡村的情感积淀。因此，他们在进入乡村工作后难以形成稳定的情感纽带。这一现象也反映了乡村教师队伍建设在培养教师乡土情感认同方面存在一定缺失，这将对乡村教育质量和教师的长期职业发展产生潜在的负面影响。

在乡土情怀的四个维度中，乡土认知得分相对较高，且与中间值无显著差异，表明新生代乡村教师对乡村文化和环境有一定的认知，这可能得益于教师培训计划中增加了对乡村文化背景的介绍，以及部分教师在职业初期的乡村生活体验。然而，较高的乡土认知并不意味着情感的深度投入，仅仅是对乡村表面知识的了解，无法转化为真正的情感依赖和身份认同。因此，这种认知与乡村情感之间的脱节，正是当前乡村教师培养机制中亟待解决的问题。

研究结果进一步显示，乡土认同和乡土情感两个维度得分均显著低于中间值。这表明，尽管新生代乡村教师对乡村文化和环境有一定的认知，但在情感上难以深度融入乡村社会，乡村文化认同感相对较弱。成长于农村的教师在这一点上表现得稍好一些，可能因为他们的童年成长环境与乡村文化相契合。而成长于城镇的教师，由于成长过程中缺乏与乡村文化的接触，往往难以在短时间内建立对乡村的深厚情感联系。这一现象凸显了在教师培养过程中，应特别注重成长于城镇的教师的乡村情感培育与文化适应能力的提升。如果教师对乡村文化认同感较弱，那么他们的教育行为和职业选择将不可避免地受到影响，长期在乡村工作的意愿也会大幅下降。

此外，本研究还发现乡土能力维度的得分也低于中间值，这意味着教师在乡村教学和治理方面存在不足。乡村教育环境的特殊性要求教师具备更强的适应能力和多元化的教学策略，但新生代教师由于在成长过程中缺乏对乡村实际问题的应对经验，常常面临课堂管理、资源分配和社区沟通等方面的困难。这不仅影响了他们的教学效果，也削弱了他们对乡村生活的情感依赖和归属感。因此，在师资培育过程中应重视对新生代乡村教师乡土能力的培养，帮助他们提升应对乡村复杂教育环境的能力。

2. 新生代乡村教师乡土情怀的人口学差异

（1）性别差异

根据本研究结果，新生代乡村教师乡土情怀及其四个维度得分的性别差异均未达到显著水平，男性教师和女性教师在各维度的得分相差甚微，表明新生代乡村教师的乡土情怀总体上并不因性别不同而表现出显著差异。乡土认知维度的无性别差异表明，无论男性教师还是女性教师，对乡村文化和环境的知识水平相对一致。性别因素对教师在乡土认知层面的影响较小，可能是因为教师在进入乡村工作之前，普遍接受了类似的培训和教育，使得他们在认知层面上具备了相似的知识储备。另外，乡村教师普遍面临着相似的工作环境和任务，导致了在认知维度上性别间的差异被削弱。乡土认同和乡土情感的无性别差异表明，无论性别如何，新生代乡村教师在情感上对乡村的认同程度相对一致。这可能与教师所处的工作环境和职业背景相似有关。由于乡村教学工作要求教师在日常生活中必须与乡村文化进行深度互动，这种互动使得无论男女教师都逐渐形成了相似的情感体验，这种工作经历和乡村生活体验可能削弱了性别对情感认同的影响。而对于乡土能力的无差异，说明无论男性教师还是女性教师，在乡村教学、管理和融入乡村社区的能力方面都具有相近的水平。这可能与乡村教师的实际工作内容有关，乡村教师面对资源有限和教学压力较大的情况，需要不断提升自己的适应能力和解决问题的能力，因此男女教师在长期的工作中逐渐形成了相似的乡村适应能力。此外，近年来乡村教师的培养机制也逐步规范化，使得男女教师在职业发展中具备了相近的能力水平。新生代乡村教师乡土情怀性别差异不显著的现象，反映了近年来乡村教师培养过程中对性别平等的重视。当前，乡村教师的职业培训和支持体系更加完善，使得男女教师在进入职业时具备了相似的认知、情感和能力基础。另外，随着社会性别平等意识的提升，男性教师和女性教师在职业发展中的机会差异逐渐减少，这可能也是性别差异不显著的重要原因之一。

（2）教龄差异

本研究方差分析结果显示，新生代乡村教师的乡土情怀存在教龄的显著差异。事后检验结果表明，教龄为"4～10年"和"10年以上"的教师在乡土情怀的各维度得分显著高于教龄为"3年及以下"的教师，而"4～10年"和"10年以上"两组教师之间的差异并不显著。其中，乡土认知维度方面，教龄为"4～10年"和"10年以上"的教师得分显著高于教龄为"3年及以下"的教师，说明较长的教龄有助于教师积累更多的乡村文化知识。随着教龄的增长，教师在与乡村环境的长期互动中，对乡村文化、习俗及生活方式有了更深入的理解。长期在乡村任教，增进了教师与当地居民和社区的日常接触，有助于加深教师对乡村文化的感知与认同，这种累积效应可能是乡村教师教龄增长促进其乡土认知的重要原因。对于乡土认同和乡土情感维度，教龄为"4～10年"和"10年以上"教师的得分显著高于教龄为"3年及以下"的教师。教龄较长的教师往往对乡村的认同感和情感投入更强，这可能与他们融入乡土生活的时间更长有关。在长期的乡村任教过程中，教师与学生、家长及村民建立了更深厚的情感联系，不仅强化了他们对乡村环境的认同感，还增强了他们对乡村教育的责任感。同时，教龄增长还意味着教师对乡村生活的适应能力提升，这也是促进他们在情感上对乡村更为依恋的原因。而对于乡土能力维度，也获得了相同的结果，即教龄为"4～10 年"和"10 年以上"的教师得分显著高于教龄为"3 年及以下"的教师。意味着教龄较长的教师在处理乡村教学和相关问题时表现出了更高的能力。教龄的增加，有助于教师更好地应对和处理乡村复杂的教学环境和相关的各种问题。而教龄较短的教师由于缺乏足够的工作经验，可能在处理实际问题和融入乡村生活方面仍存在一定的困难，这也是他们在乡土能力维度上得分较低的主要原因。

（3）学历差异

研究结果显示，不同学历层次的新生代乡村教师之间，并未出现显著的乡土情怀水平差异。也就是说，无论是大专学历教师，还是本科学历教师，在乡土认知、乡土认同、乡土情感和乡土能力四个维度上，得分差异均不显著，这表明学历在乡村教师的乡土情怀发展中并未起到关键性作用。从现实情况来看，学历可能影响教师的专业知识水平和教学技能。而乡土情怀的形成，更多受教师个人成长环境、社会文化认同和职业实践经验的影响。乡村教师在长期工作中，需要通过与乡村环境的接触、与学生及社区的互动，逐步建立对乡村的情感认同，而这种认同与教师的学历并无直接关联。进一步而言，教师在乡村教育中承担的任务不仅包括教学工作，还包括与乡村居民的互动、对乡村文化的理解和融入等内容。因此，学历较高的教师虽然在专业技能方面可能具有一定优势，但在乡土情怀的形成上，学历不同未必意味着乡村适应能力不同。这在一定程度上也反映了乡村教育工作的特殊性，即乡村教师的成功更多依赖于其对乡村生活的认同和投入，而不是学历层次的高低。这也提示我们，在乡村教师队伍建设过程中，除了关注教师的学历外，更应注重教师的个人特质、乡村情感培养以及对乡村文化的融入等方面因素。在乡村教师的选拔和培训过程中，不仅要符合学历的要求，还要加强教师乡土情怀培养和乡村文化认同感建设，确保教师能够更好地适应乡村环境，从而有助于提高乡村教育的整体质量。

（4）成长地域差异

通过对成长地域差异的检验发现，乡土情怀呈现出显著的成长地域差异。具体而言，成长于农村的教师在乡土认知、乡土认同、乡土情感以及乡土能力上的得分均显著高于城镇教师。这表明，成长地域对新生代乡村教师的乡土情怀有重要影响。成长于农村的教师由于成长环境与乡村社区的紧密联系，较容易在情感上与乡村产生共鸣，从而在工作中表现出更强的乡村文化认同感。而成长于城镇的教师可能因为较少的乡村生活经验，对乡村文化与生活方式缺乏深入理解，这可能限制了他们对乡村的情感投入与文化认同。这一发现为乡村教师的选拔和培养有着重要启示，例如对教师的成长背景可以进行适当考量，尤其是如何针对成长于城镇的教师进行有效的文化适应培训，帮助他们更好地融入乡村生活。同时，可以适当地加强对成长于农村教师的支持，以充分发挥他们对乡村依恋的情感优势，促进他们对乡村教育事业的长期投入。此外，这一结果也为相关政策的制定提供了依据，如何通过师资培训和政策支持，缩小城乡教师的差异，帮助城镇教师更好地适应乡村教育环境，是未来乡村教师队伍建设的关键问题。

（5）婚育差异

本研究发现，已婚教师在乡土情怀各维度得分均显著高于未婚教师，说明婚育状况在一定程度上影响了乡村教师的乡土情怀，尤其是已婚教师在乡村文化认同、情感投入以及适应能力等方面均表现得更为突出。对此，可能有以下几方面原因：首先，已婚教师可能由于家庭和生活相对稳定，促使他们在乡村生活中获得更强的归属感和安全感，进而对乡村文化、生活的认同和情感投入也会更深入。特别是在乡村环境中，已婚教师通常会与当地居民建立更紧密的关系，更可能会参与到社区活动中，从而增强对乡土文化的认同感。其次，已婚教师在职业发展上可能表现出更强的长期规划意识，愿意在乡村地区扎根发展。因此，他们在适应乡村生活以及乡村教育方面会更具责任感。最后，未婚教师可能更倾向于将乡村教育视为职业生涯的一个起点，或将其作为未来职业发展过渡的一部分。因而他们对乡村的情感认同和文化适应相对较弱。从这个角度看，未婚教师可能需要更多的外部支持和政策引导，以帮助他们更好地融入乡村生活，从而增强对乡村教育的责任感和情感归属。以上结果也意味着，婚育状况在新生代乡村教师的乡土情怀建构过程中起到了一定的作用。故而在乡村教师队伍的建设中，要给予未婚教师更多关注，为其提供职业发展支持与生活帮助，帮助他们更好地适应乡村生活，进而提升其对乡村教育的责任感与投入度。

3. 新生代乡村教师乡土情怀的影响因素

（1）个人成长经历对乡土情怀的影响

本研究发现，教师个人成长经历与乡土情怀之间存在密切关联。高乡土情怀的教师多成长于农村，长期与乡村文化、乡村社区保持紧密联系，这使得他们在职业生涯中对乡村的文化认同感更强。高乡土情怀教师通常会视乡村为他们生活的一部分，认为教育乡村学生是一种责任表现。这种从小形成的情感依赖成为他们选择并长期坚守乡村教育岗位的重要动力，这与已有研究提出的"童年生活环境会影响个体职业选择"的观点是一致的[207]。此外，研究发现那些成长于城市的教师，多表现出对乡村文化的陌生感和疏离感。这种情感隔离不仅影响了他们的职业热情，也在某种程度上削弱了他们对乡村的归属感。例如访谈中 D 教师谈到，尽管她已经在乡村任教 3 年，但仍感到无法完全适应乡村的生活。这一现象表明，缺乏与乡村的情感联结可能会导致教师对乡村生活的适应性降低。这种情感隔离的背后，可能与城镇生活方式与乡村生活方式之间的巨大差异有关，也进一步印证了文化差异对职业选择与归属感的影响[208]。

研究还发现，教师的职业选择动机在乡土情怀的形成过程中起到了重要作用。高乡土情怀教师往往将职业选择视为对乡村教育的一种责任，而不是单纯为了谋生。这种责任感与他们对乡村文化的情感依赖紧密相关，有助于增强他们的职业稳定性和对乡村教育的情感投入。而低乡土情怀的教师更多是由于外部压力或迫于现实选择进入乡村学校，缺乏内在的职业责任感，致使其对乡村的情感投入较少，这与内在动机—职业情感的理论相一致[209]。

（2）家庭因素对乡土情怀的影响

本研究发现，家庭对教师乡土情怀的形成起到了重要作用。乡土情怀水平较高的教师，其家庭成员也多对乡村有着较深的情感联结。例如，高乡土情怀组的 B 教师在访谈中说，其父母均为乡村教师，长期耳濡目染，使她从小对乡村生活和乡村教育充满了认同感。这种来自家庭的支持不仅体现在物质层面的帮助，更体现在情感和价值观的传承上。类似的现象表明，家庭中的文化和情感传承强化了教师对乡村的情感依赖，家庭背景通过影响个体的价值观与生活选择，增强了乡村情怀。已有研究表明，家庭的文化背景与价值观在个体的职业选择与情感认同中具有重要影响[210]。高乡土情怀教师的家庭对其选择乡村教师多会给予积极的支持，这进一步加深了他们对乡村文化的情感依附。家庭对于乡村和乡村教育的正向认知以及价值观传递，成为这些教师坚守乡村教育岗位的重要情感动力。而低乡土情怀的教师多来自对乡村缺乏情感联结的家庭，例如很多来自城镇家庭的教师，其家庭对乡村生活和工作的认知通常较为消极，这可能削弱了教师对乡村的情感归属。访谈中我们也发现，比如低乡土情怀组的 F 教师明确表示，家里人不支持她留在乡村，认为乡村工作发展空间有限，生活条件艰苦。家庭对教师职业的期望倾向于城市化发展，这显然会对教师的职业选择造成压力，进而影响其对乡村的情感认同。这一现象表明，家庭期望的现实化与城市化倾向导致了部分教师对乡村文化的疏离感。尽管教师个人选择了在乡村工作，但家庭对其职业发展的负面看法可能导致教师职业的不稳定，从而间接削弱他们的乡土情怀。

结合高低乡土情怀组教师的差异性，本研究揭示了家庭在增强乡土情怀中的双重作用：一方面，来自家庭的情感支持和乡村文化传承显著增强了教师的乡土情感；另一方面，家庭对乡村的负面期望和城镇化倾向则削弱了教师的情感归属。因此，家庭因素对乡土情怀的影响是复杂的，既包括家庭的支持与鼓励，也包括家庭期望对职业发展的现实考量。这种复杂性反映了个体在职业选择和情感归属过程中的内外矛盾，即教师个人的职业愿景与家庭期望之间的张力影响了他们对乡村的情感认同。因此，为了促进教师乡土情怀的培养和增强，不仅需要考虑个人成长经历，还应重视家庭背景对教师职业选择和情感发展的长期影响。这也启示我们，在乡村教师队伍的建设和培养中，需要关注教师的家庭背景以及家庭对其职业选择和情感发展的潜在作用，以此确保教师能够在乡村教育中形成更加稳定的情感依赖和职业认同。

（3）学校因素对乡土情怀的影响

本研究结果表明，学校支持对新生代乡村教师的乡土情怀有突出影响。高乡土情怀的教师在访谈中说，学校通过丰富的文化活动和积极的管理支持，帮助他们更好地融入乡村生活。例如，访谈中 B 教师谈道，学校每年都会组织教师参与当地的乡村文化活动，这不仅让她更好地了解当地文化，还加深了与学生和家长的情感联系。说明学校通过文化融入活动，不仅有助于促进教师的职业认同，而且会增强他们对乡村的情感归属。而低乡土情怀的教师对学校管理的支持多表示不满。例如，E 教师在访谈中说，学校在教学资源和管理支持方面存在不足，尤其是缺乏有效的职业发展路径和工作支持，导致他对学校的归属感较弱。这种对学校支持的负面感受势必会削弱教师对乡村的情感认同。

本研究进一步发现，同事支持与学校工作氛围也是影响教师乡土情怀的重要因素。例如，A 教师说，学校同事良好的合作关系和工作氛围让她感到工作环境很温暖，并认为这种相互支持的氛围增强了她对乡村生活的归属感。她说："同事们在教学上经常互相帮助，大家共同探讨教学策略，这种氛围让我感觉像是乡村教育大家庭的一员。"这种同事间的支持不仅提升了她的职业认同，还增强了她对乡村的情感依恋。相比之下，低乡土情怀组的 F 教师则对同事间的关系表示不满，认为同事们各自为战，缺乏有效的团队合作，工作上少有温情。这让她对能否长期坚持乡村工作产生了自我怀疑。说明学校同事和人际关系对教师的情感投入亦颇具影响，良好的同事氛围能够促进教师对学校和乡村的归属感，而同事关系冷漠则可能导致教师对乡土情感的淡化。

另外，学校资源的充足与否也是影响教师乡土情怀的一个重要因素。例如 B 教师表示，学校在资源配置方面相对较好，使她能更高效地开展教学，这增强了她对职业的热情与认同感。同时，学校提供的资源支持让她更愿意继续留在乡村任教，认为这样的支持是学校对教师的关怀和鼓励。这种物质与职业上的支持直接增强了她对乡村的情感归属，提升了乡土情怀。相反，低乡土情怀的 E 教师则表示，学校在资源支持方面十分匮乏，教学设备的落后和资源不足让他感到工作压力大，工作成效低，进一步削弱了他的职业认同感。这种资源不足的现实加剧了教师对职业的消极态度，并减少了他们对乡村的情感投入。总体而言，学校因素对教师乡土情怀的影响体现在多个方面。管理支持、同事关系、资源配置等均对教师的职业认同和情感归属产生显著影响。

（4）社会因素的影响

本研究发现，社会支持对新生代乡村教师的乡土情怀有显著影响，尤其是来自乡村社区的接纳和支持，直接增强了教师对乡村的情感认同。例如高乡土情怀组的 A 教师在访谈中说，乡村社区的居民对她非常友好，社区居民经常帮助她解决生活上的困难，甚至邀请她参加村里的节日活动，使她逐渐融入当地的乡村生活。这种来自乡村社区的情感支持，增强了她对乡村的归属感和情感依赖。乡村教师的工作不仅涉及教学，还要求他们融入社区，与家长和学生建立深厚的情感联系。而社区中的社会支持是教师感到被接纳与尊重的关键因素，它在增强乡土情怀中的作用不可忽视。

社会对乡村教师职业的看法也影响着教师对乡村的情感依赖。在访谈中，B 教师说，当地社会普遍尊重教师，尤其是乡村教师，认为他们为乡村教育事业作出了重要贡献。这种社会认同感促使她产生了更强的职业自豪感和情感投入，进而增强了她的乡土情怀。也就是说，职业认同与社会认同的正向互动关系，使教师对乡村工作更加有归属感和使命感，从而长期愿意为乡村教育作出贡献。对于低水平乡土情怀的教师，在面对社会对于乡村教师不恰当的负面偏见的时候，容易导致他们对乡村工作热情的减退，进而削弱他们对乡村的情感认同。这种社会负面认同与教师职业认同之间的矛盾，成为阻碍培养乡土情怀的主要障碍，表明社会态度在乡村教师的情感归属中扮演着重要的角色。

本研究还发现，社会文化环境对教师乡土情怀的形成有着复杂的影响。对于那些成长于城市的教师来说，乡村文化的陌生感和生活方式的差异可能成为他们乡土情怀薄弱的重要原因。例如 E 教师（低乡土情怀组）说，她在城市里长大，刚到乡村时很难适应当地的生活节奏和人际关系。即使工作了几年，她仍然感到乡村文化与她成长的环境格格不入，这种文化上的疏离感显然削弱了她对乡村的情感归属。然而，成长于乡村背景的教师则表现出较强的文化同化能力。例如 C 教师在访谈中说，虽然乡村生活环境较为简陋，但他从小在农村长大，对乡村文化有着深厚的情感联结，认为这种文化根植于他的生活和价值观体系中。这种文化上的认同感使他能够更好地适应乡村的生活和工作，并形成了深厚的乡土情怀。

社会对乡村教师的期望也会影响乡村教师的乡土情感体验。例如 F 教师在访谈中说，社会普遍对教师寄予厚望，期望他们能够在艰苦条件下为乡村学生提供高质量的教育。然而，这种期望同时会给教师带来巨大的情感压力，尤其是在教学资源不足、工作条件艰苦的情况下，教师面临社会期待与现实能力之间的矛盾，容易使其产生职业倦怠感，进而削弱了他们的乡土情怀。这表明，社会期望和教师的情感压力之间存在微妙的互动关系，当社会期望过高时，可能会削弱教师对乡村的情感认同。

（5）政策因素对乡村教师的影响

政策因素在乡村教师的乡土情怀培养中同样有着不可忽视的作用。尤其是物质保障和职业发展机会方面的政策支持，直接影响教师对乡村的情感归属。部分高乡土情怀教师对政策的肯定表现在工资待遇、住房补贴等方面，这些政策不仅提高了他们的物质生活条件，也使他们在职业选择上更加坚定，从而增强了对乡村的情感认同。例如 C 教师说"这些年，国家在工资待遇和补贴方面给予了很大的改善，感觉在乡村教书有了实实在在的回报，这让我对留在乡村的选择更有信心。"这表明政策的有效落实，尤其是在经济支持和生活保障方面，使得乡村教师在工作中感受到被关注和尊重，进而增强了他们对乡村的情感归属。

然而，低乡土情怀的教师在访谈中普遍表达了对政策执行力度的质疑，特别是某些政策在实施过程中的不完善或效果有限，影响了他们的职业认同感和情感归属感。例如 F 教师表示"虽然有政策支持，但实际操作起来真的很难，比如住房补贴的申请流程复杂，最终没有得到什么实际的帮助，这种经历让我对政策的信任大打折扣。"这种政策执行不到位的情况，使得部分教师对政策的期望落空，影响了他们在乡村工作的积极性和情感投入。

政策支持与教师职业的情感归属之间存在显著的互动关系。当政策能够有效改善教师的职业条件和生活保障时，教师会更容易形成对乡村的情感认同和归属感；反之，政策的不到位或执行困难，会对教师的职业热情造成打击，削弱其乡土情怀。因此，从政策角度出发，加强对乡村教师的支持力度，尤其是提高政策执行的透明度和有效性，是提升乡村教师乡土情怀的关键措施。

可见，政策因素的影响主要体现在物质支持和职业稳定性两个方面。有效的政策支持能够增强乡村教师的职业认同感和情感归属感，从而促进其在乡村的长期服务和情感投入。而政策执行过程中的障碍和不完善则会对教师的情感培养造成负面影响。因此，在政策制定和执行过程中，应着重关注乡村教师的需求，简化补贴申请流程，提升政策的可操作性，以更好地激励乡村教师的职业热情和乡土情怀。

五、主要研究发现

本章对新生代乡村教师的乡土情怀进行了系统探讨，主要内容包括乡土情怀的现状调查和影响因素分析。通过定量问卷调查和定性个案访谈相结合，对新生代乡村教师的乡土情怀状况、不同背景特征的差异，以及影响乡土情怀的关键因素进行了深入分析，并得出以下主要结论：

（一）新生代乡村教师乡土情怀整体水平较为一般

新生代乡村教师的乡土情怀整体得分位于中等水平，但在乡土认同和情感投入方面表现出相对较低的分数。尤其是部分城市出身的教师在对乡村文化、生活方式的认同度上存在明显不足，这表明他们在乡村工作中的情感投入有限，可能影响到乡村教育的质量与成效。因此，在教师培养与支持的过程中，如何提升其对乡村的情感认同是当前亟须解决的问题。

（二）不同背景特征下教师的乡土情怀存在显著差异

教师的乡土情怀受其背景特征的影响较为显著。已婚教师在乡土认同和情感方面得分较高，表现出更强的对乡村的情感投入和职业归属感；而不同教龄教师在乡土情怀的各维度上也存在显著差异，具有较长教龄的教师表现出更高的乡土情怀。此类差异提示政策制定和培训过程中应考虑不同教师群体的背景特征，以提升乡村教师整体的情感归属感。

（三）个人成长、家庭、学校、社会及政策因素影响乡土情怀

通过对典型个案的访谈分析，本研究发现个人成长经历、家庭支持、学校环境、社会认知以及政策支持均对乡村教师的乡土情怀

产生了重要影响。其中，个人成长经历和家庭支持在教师对乡村文化的情感认同中起到了关键作用；而学校环境、社区接纳度以及政策的落实情况则直接影响了教师的情感归属感和职业持续性。尤其是政策因素的作用较为显著，有效的政策支持可以显著提升教师的职业认同感和情感归属感，反之则会影响其在乡村工作的积极性。

（四）提升乡村教师乡土情怀需要多方支持

本研究表明，要想提升新生代乡村教师的乡土情怀，需从多方面入手。个人成长经历和家庭支持在教师情感培养中的作用不可忽视，学校和社区的环境同样需要提供更多的情感支持。此外，政策的有效落实是提升乡村教师情感认同的重要保障，需要通过完善的政策措施来促进教师的职业稳定性和情感归属感，从而进一步推动乡村教育的持续发展。

本章围绕新生代乡村教师的乡土情怀现状及其影响因素展开研究，从个体、家庭、学校、社会和政策五个层面对乡土情怀的形成与变化进行了系统性分析。研究结果不仅揭示了新生代乡村教师乡土情怀的具体表现和发展路径，还为现有理论与实践提供了补充和启示。

六、理论贡献与实践启示

（一）理论贡献

第一，本研究进一步深化了"乡土情怀"这一概念在教师职业发展中的适用性，丰富了乡村教育研究中的情感维度分析。不同于以往主要聚焦于乡村教师专业发展、职业适应及其工作压力的研究，本研究特别关注教师的情感联系与文化认同这一较少被深入探讨的领域，将"乡土情怀"视为影响教师职业稳定性与职业认同感的重要变量，揭示了情感纽带在教师职业发展中的独特作用。

第二，本研究基于发展心理学和情感劳动理论，提出了乡土情怀对教师职业认同及其长期职业发展的重要影响。情感上的维系被视为教师在乡村工作的关键动力，情感劳动不仅对教师的情绪状态有直接影响，还对其职业投入和社会角色的自我认知产生深远影响。通过引入这一理论视角，研究不仅丰富了教师职业发展的理论框架，也揭示了情感劳动与乡村情感文化之间的深层次关系，为乡村教师研究注入了新的理论元素。

第三，本研究采用质性与量化相结合的方法，通过问卷和个案访谈的多重数据来源，系统性地探讨了不同背景因素对乡土情怀的作用机制，特别是对政策支持、学校环境和家庭背景等因素的复杂影响进行了深入剖析。研究揭示了各层面因素之间的相互作用及其对教师情感认同的影响路径，为后续相关研究提供了扎实的实证基础。

（二）实践启示

首先，要充分考虑教师背景的多样性，尤其要加强对农村出生教师的选拔和培养，以增强他们对乡村环境的认同感与适应能力。同时，应加大对城市出生乡村教师的情感支持力度，通过文化培训与乡村体验活动，帮助其逐渐融入乡村文化，增强对乡村的情感依恋。

其次，学校作为教师乡土情怀培育的重要场所，应注重营造支持性的学校文化氛围，通过团队建设和集体活动等形式增强教师对乡村教育的情感投入。特别是对新入职的乡村教师，学校应提供导师制等机制支持，帮助他们更好地适应乡村教学环境并逐步建立对乡村的文化认同。

再次，家庭因素在教师乡土情怀的形成过程中具有不可忽视的作用。教育部门可以考虑将教师家庭的支持机制纳入政策议程，例如提供家庭关怀服务，减轻教师家庭在物质与精神方面的压力，从而帮助教师更专注于乡村教育工作。

最后，本研究还强调了社会对乡村教师职业的认可度对其情感认同的重要促进作用。因此，应通过多种形式提高乡村教师的社会地位与职业尊严，营造全社会共同尊重与支持乡村教师的良好氛围，以促使他们更加积极地投入乡村教育，进而提升乡村教育的整体质量与可持续性。

七、研究不足与展望

本研究对新生代乡村教师乡土情怀的现状与影响因素进行了系统性探讨，但仍存在一些需要改进和扩展的地方。

（一）研究不足

在样本选取上存在一定的局限性。调查对象主要集中于特定地区的新生代乡村教师，样本的地域代表性较为有限，这可能影响研究结果的普遍性和外部效度。因此，未来研究应进一步扩大样本范围，增加不同地域背景的乡村教师，以提升研究结果的代表性和推广性。

采用了问卷调查和个案访谈相结合的方法，尽管这一方法能够较为全面地揭示乡土情怀的形成与影响因素，但在定量与质性数据整合的过程中，可能存在对访谈信息主观解读的偏差，尤其是在编码和主题提炼的过程中存在一定的解释性限制。未来研究可以采用更加客观的量化工具对质性数据进行验证，或结合更加严谨的三角互证法，以减少主观偏差对研究结果的影响。

本研究主要关注了教师的个体、家庭、学校、社会和政策五个方面的影响因素，但对这些因素之间相互作用的动态过程探讨较为有限，缺乏对乡土情怀形成的复杂性及其跨时间变化的深入理解。未来研究应尝试采用纵向设计，跟踪乡村教师乡土情怀的发展过程，以更全面地揭示不同因素之间的互动关系及其变化规律。

此外，本研究的部分结论较为宏观，缺乏对具体机制的深入探讨，特别是在政策层面对乡村教师乡土情怀的支持机制和实施效果方面，未能提供系统的实证分析。未来研究可以进一步聚焦于政策干预的实际路径和效果评估，从而为政策制定者提供更加具体、有效的实践依据。

（二）未来研究展望

基于本研究的不足，未来研究可以从以下几个方面展开：

首先，未来研究可以进一步扩大研究对象的多样性，不仅涵盖不同地域的新生代乡村教师，还可以包括不同年龄段的乡村教师群体，以探索不同年龄层次教师在乡土情怀上的差异特征及其成因。此外，研究还可以考虑纳入教师的性别、民族等人口学变量，以全面分析这些变量对乡土情怀的影响。

其次，未来研究应更加注重动态变化的探讨，采用纵向研究设计，以探索新生代乡村教师乡土情怀的动态演变过程及其影响因素的变化情况。通过长期跟踪，可以更好地理解教师在职业生涯不同阶段中乡土情怀的变化及其影响。

再次，未来研究可以进一步丰富研究方法，采用多元化的数据收集与分析手段，结合实验研究、社会网络分析等方法，以更为客观地探讨乡土情怀的形成机制和作用路径。这将有助于在理论上深化对乡土情怀的理解，并为教育政策的制定提供更加精确的指导。

最后，未来研究应加强政策干预研究，关注不同类型政策在促进乡村教师乡土情怀中的具体作用和机制。通过对政策实施效果的系统评估，研究可以为政策制定者提供更具操作性和实践指导意义的建议，以便更好地提升乡村教师的职业认同和情感投入，助力乡村教育的可持续发展。

乡土情怀对新生代乡村教师职业发展的影响

乡土情怀作为教师对乡村社会、文化及人际关系的深层次情感连接，不仅影响其社会认同与价值观建构，也在其职业发展过程中发挥着重要作用。对于新生代乡村教师而言，乡土情怀既可能成为职业认同与职业承诺的内在驱动力，促进其在乡村教育领域的长期发展，也可能因职业现实与个人期待之间的落差而影响其职业稳定性。因此，深入探讨乡土情怀对新生代乡村教师职业发展的具体作用机制，对于理解其职业选择、职业适应及职业成长具有重要理论价值与实践意义。

现有研究从多维视角审视了乡村教师的职业发展特征，涵盖职业认同、专业成长、社会支持、政策激励与学校治理等层面。在此脉络下，新生代乡村教师较之前辈，其成长环境、教育经历、职业动机以及价值诉求更趋多元化与复杂化。相关研究发现[211-212]，新生代乡村教师并非仅以物质条件或职业晋升通道为价值取向，他们还不同程度地受到地域文化、社区氛围、教育传统的影响，也被城乡结构再调整背景下新的社会期待所塑造[212-213]。新生代乡村教师的职业发展不仅是物质与制度变量作用下的产物，更是牵涉本土社会文化资源、地方知识体系与个人精神世界互动的复杂过程[214]。在这一过程中，教师与地方之间的情感纽带、心理归属、价值共鸣乃至身份延展，构成了职业发展动力的重要潜源。现有研究中，依托乡土文化教育资源、社会资本联结、地方性知识传承等路径所形成的教师职业精神品格渐受关注[215-216]。然而，关于此类精神基质如何透过心理机制影响职业承诺、工作满意度及留任意愿等核心指标的实证探索仍然相对不足。

乡土情怀作为新生代乡村教师形成专业身份感与归属感的潜在因子，其作用往往不易被察觉。在某些情境下，乡土情怀表现为一种对地方文化的深层依恋，使得教师在面对教育资源匮乏、基础设施欠佳或政策支持有限等现实困境时，仍能凝聚足够的精神动力来维系教书育人的初心[94]。这种精神动能有助于提升教师对职业生涯长程发展的信念感和认可度，从而促进职业承诺。与此同时，工作满意度作为教师对工作环境、角色期待与实际绩效体验的综合反映，也与乡土情怀有着密切的内在关联。当教育实践嵌入本土文化脉络、社会支持网络较为稳固时，教师更可能获得心理愉悦感与成就感。此外，在近年来推进乡村振兴、优化教育生态的过程中，如何有效提高乡村教师的留任意愿和职业稳定性，一直是学界和教育相关部门共同关注的话题。虽然已有研究从薪资补贴、晋升渠道、职前培训与职后支持等外部条件予以分析[217-218]，但缺乏对乡土情怀等类似重要文化心理要素的考量，因而难以深入理解乡村教师留任行为背后的深层动力机制。

基于此，本章致力于探讨乡土情怀与职业发展的关系，重点考察其对新生代乡村教师职业承诺、工作满意度和留任意愿的影响路径与作用特征。探讨的主要议题包括以下几个方面：①乡土情怀是否会显著影响新生代乡村教师的职业承诺？②乡土情怀是否显著影响新生代乡村教师的工作满意度？③乡土情怀是否显著影响新生代乡村教师的留任意愿？对这些问题的分析不仅有助于深化对新生代乡村教师职业行为的理解，也可为教育行政部门和学校管理者制定更具针对性、更加人性化的政策与措施提供实证参考。

一、乡土情怀与职业承诺、工作满意度和留任意愿的关系

（一）乡土情怀与教师职业承诺的关系

职业承诺作为乡村教师职业发展行为的核心变量，常被视为衡量乡村教师对教育事业内在认同及持久投入意愿的重要指标[219]。已有研究显示，教师的职业承诺不仅受到制度激励、政策扶持、工作条件等外部因素的影响，也在一定程度上取决于教师对职业意义与价值的内在感知[220]。特别是在乡村教育情境下，由于教学资源相对匮乏、发展空间相对有限，教师的职业承诺往往更倚重心理和文化层面的支持[221]。近年来，学界愈发关注社会文化背景对教师内在心理品质的影响，即教师的专业发展和职业投入不仅是理性决策的结果，更是情感与价值认同综合作用下的心理表征和行为趋向[222]。在此过程中，能否在乡土文化脉络中形成稳定而持续的精神依托，往往是影响乡村教师是否愿意扎根本地、长期服务教育事业的潜在关键因素。

职业承诺的核心内涵涉及个体对职业角色的身份认同、情感投入以及责任承担[223]。相对于外在激励措施，内在价值共鸣与心理认同更能够在长期维度上巩固个体的职业承诺。在乡村教育场域中，这种内在认同是维系教师与当地社会紧密联系与融合的情感纽带。较之城市教育体系较为标准化、普适化的职业规范要求，乡村教学实践更易受到地方文化因素的影响。特定乡土环境中积累的历史记忆、本土知识、社区期盼以及社会资本网络，为新生代乡村教师提供了一种区别于统一化教育场景的独特意义空间。当教师在这一空间中获得文化身份的强化，并将这种文化感知内化为职业精神

资源时，其职业承诺往往会得到有力的支撑。

当教师职业身份的建构与当地文化传统、社区公共价值体系形成良性互动时，教师更倾向于将教育工作视为个人使命与社会责任的统一体[224]。这种以地方文化为底色的职业身份建构，不仅提高了教师抵御艰苦工作条件的心理韧性，也强化了教师在职业道路上的坚持与投入。另外，扎根本土文化语境的教师群体在应对职业困境和外部诱惑时往往更显自持，他们不轻易将职业选择视作一时兴起或权宜之计，而是将其融入自我生命历程的长远规划[225]。这为理解乡村教师职业承诺的文化心理基础提供了启示，如果教师在乡村土壤中积淀了深厚的情感联结，进而形成稳固的精神归属，那么即使教育条件相对有限，他们仍可能以更高的忠诚度与责任感来回应职业角色要求。

乡土情怀与职业承诺相联系的关键在于它所蕴含的情感指向性与价值导向性。当新生代乡村教师在社会化进程中逐步建立对所在地域的正向认知与深层依恋，他们在心理层面会将地方性资源、社区期望以及学术传承纳入自我评价体系中。在此过程中，乡土情怀不仅被动呈现为环境因素的内化，更成为推动个体主动选择和坚持职业道路的动力引擎。例如在欠发达或偏远地区工作的乡村教师，若在乡村社会网络中获得情感慰藉与身份肯定，则更易在职业角色中找到内在意义，从而提升他们对职业方向的坚定性，使其不易因外部刺激（如薪酬待遇、城市岗位诱惑等）轻易动摇。同时，在地化体验为教师提供更多元的成功标准和自我效能来源，他们不仅期待功利主义层面的职业晋升，更期望从日常教学、学生成长、家校互动中获得内在满足，而满足感的获得能有效提升教师对自身职业角色的正向评价，从而强化教师个人的职业承诺。

另外，从文化心理学和教育社会学视角看，乡土情怀与职业承诺的关系可以从两个层面加以理解。一方面，乡村文化情境为个体提供具象化的精神图谱与生活实践样态。当教师在地域、文化、情感层面完成与乡村社会的亲密连接，其职业选择不再是抽象的谋生手段，而成为一种社会—文化参与的实践过程[226]。他们在这一过程中构建了"我属于这里，也为这里努力"的精神图谱，以此强化了职业承诺的深层驱动，使教师不再仅以个人利益最大化为职业选择标准，而是在乡土背景下平衡个人抱负、社会责任和文化认同。另一方面，教育心理学研究表明，教师职业承诺的形成并非一蹴而就，而是经历了一个不断的适应、内化与价值升华过程[227]。在这一动态发展进程中，乡土情怀为教师提供了可持续的心理资源，使其在面对教学困境、制度限制或政策变化时，仍保持对职业理想的相对坚定信念，从而建立长期坚守岗位的心理基础。

由上述分析可见，乡土情怀的价值远不止于一种文化背景或社会参照，它更是在微观心理层面潜移默化地塑造教师的职业承诺。换言之，当新生代乡村教师对当地文化有更强烈的情感投入和价值内化时，他们更容易将教育事业视为本土社会繁荣与文化延续的关键环节。在这一逻辑框架下，职业承诺不只是个体对教育机构或系统的义务性承诺，更成为对地方文化传承、社会期望回应乃至教育理想实践的整合表达。据此提出本章第一个假设：乡土情怀对新生代乡村教师的职业承诺有着正向预测作用，即新生代乡村教师的乡土情感依恋和归属感越强烈，他们越有可能表现出更高水平的职业承诺。

（二）乡土情怀与教师工作满意度的关系

工作满意度一直被视为衡量从业者对工作条件、角色定位及自我价值实现程度的重要指标[228]。现有研究多从组织支持、薪酬水平、职业期望与现实差距等因素切入，探讨影响个体工作满意度的各种微观与宏观因素[229-230]。而在乡村教育场域中，乡村教师面对的不仅是教育资源匮乏、职业提升渠道有限等外部压力，更深层次的挑战还来自对自身职业意义与情感归属的内在追问。就工作满意度而言，乡村教师的工作满意度除了受外在环境条件的影响外，还可能与特定文化与情感因素存在密切关联。而乡土情怀作为一种内涵丰富的文化心理要素，可能成为影响乡村教师工作满意度的关键变量。

已有研究表明，工作满意度并非简单的对工作条件的线性反应，而是个体对职业体验的整体评估[231]。在乡村教育场景中，这种评估通常需要嵌入地方文化与社会结构脉络中加以理解。与城市教育体系相对标准化、可预期的职业激励路径相比，乡村教师在现实中面临相对有限的教育资源、较为单调的职业发展机会，以及社会认可度尚待提升的外在环境。若单纯从物质条件的视角来解释乡村教师的工作满意度，往往难以充分展现这种职业体验的内在复杂性。近年的研究倾向于将教师的工作体验理解为社会—文化结构中的情感实践过程[232]，强调教师的职业满意程度与其对所在社区、文化传统、地方资源的理解和尊重密切相关。当教师能够在本土文化中汲取情感支持与价值归属时，他们对工作艰辛与资源有限的忍耐度会随之提升，对岗位价值的认同感也会进一步增强。

在乡村社会中，教育活动不只是课内知识的传授，还包括地方性知识传递、社区传统维护和文化精神传承等内容[233]。当乡村教师具有较强的乡土情怀，他们更易将教育行为与地方社会的整体价值目标联系起来，从而在情感层面对工作角色进行重新审视。与其将资源匮乏与发展困境简单归结为职业阻力，他们更可能将其视为践行本土精神、为乡村振兴贡献力量的独特途径。乡村教育工作不再是完成教学任务与应对考核压力的机械过程，而成为赋予乡村学子希望、传承乡土智慧、塑造地方文化未来的创造性实践[234]。正是这种文化意义的嵌入，使得教师面对困难条件时所体验到的负面情绪在某种程度上被抵消乃至转化。这也就意味着，当教师对地方文化具有较高的认同度时，更可能对学校条件的不足表现出更大的容忍度，并在评价其工作状态时会更多聚焦于精神成就而非物质短缺。

进一步而言，乡土情怀所包含的深层情感联结有助于强化工作满意度中的内在驱动力。当教师在职业活动中不断感受到地方文化网络的支持，教学与生活情境相互交织，他们对岗位的情感体验便不再被动地受困于制度安排或物质资源的制约。相反，这种情感联结会使得教师产生一种"精神意义盈余"，即他们在单纯的职业角色履行之外，获得了更为充盈的社会与文化回报。在地方文化脉络下，师生关系、家校互动、社区参与等文化活动的融合，使教师在职业中体验到超越教书职责本身的满足感。这种满足感并非来源于外部物质刺激，而是源自本土情境赋予的价值共鸣和情感回馈。这也为理解乡土情怀与工作满意度的内在关联机制提供了可能解释，即拥有更强乡土情怀的乡村教师，往往更乐于在文化情境中认同自我职业行为的意义，因而在工作过程中会有更高的满意度等积极情感体验。

此外，群体归属感与社会资本理论的相关研究也从另一角度支撑了乡土情怀与工作满意度呈正向关系的推论。布迪厄曾指出，社会资本的积累与共享对个体的心理建构和职业体验具有显著影响[235]。在乡村教育生态中，乡土情怀为教师融入当地社会网络、获得社区支持和文化认同提供便利。社会资本的扩增不仅有助于改善教师与同事、家长、学生之间的信任氛围，也提升了教师对自身岗位角色的正面评价[236]。在和谐社会文化共识下，教师更能感受到来自地方社会的肯定与期许，从而在工作评价中强化正向情感，增进对职业条件与环境的接受程度。同理，当教师职业体验嵌入文化实践中时，其工作满意度更易受到情感因素的调节与激励。若缺乏本土文化根基，教师可能更多将不满意的原因归结于环境劣势、政策缺陷或资源不足，从而加深对职业困境的感知。反之，当教师拥有浓厚的乡土情怀时，他们会更倾向于从地方文化资源中汲取意义感和成就感，并以此为基础重新评价工作境况。在这种基于文化心理资源的自我调适中，教师能更有效地平衡职业期望与现实条件的差距，避免单向关注不足与限制所带来的负面情绪。

可见，乡土情怀作为新生代乡村教师独特的精神资源与文化底色，能够通过心理赋能的机制赋予工作体验更为丰富的情感内涵。这一过程中，教师不但获得对岗位职责的积极认知，也在地方社会网络的文化共鸣中寻得更深刻的自我实现感与价值归属感，从而提高整体的工作满意度。换言之，乡土情怀在一定程度上强化了乡村教师的内在激励，使他们在面对环境挑战与制度局限时仍能维持良性的情感状态与积极的职业态度。据此，提出本章第二个假设：乡土情怀能够正向影响乡村教师的工作满意度，即新生代乡村教师的乡土情怀越浓厚，他们的工作满意度感受就会越高。

（三）乡土情怀与教师留任意愿的关系

从教师人力资源配置与教育均衡发展的视角看，乡村教师队伍的留任问题一直是乡村教育研究关注的核心议题[237]。尽管在一系列制度干预与激励机制的推动下，乡村教师的引进和补充已得到较好改善，但教师队伍的不稳定性仍然明显存在，特别是新生代乡村教师的流失在一定程度上弱化了乡村教育的可持续发展能力。在这一语境中，外在条件（如薪酬待遇、晋升机会、住房补贴及交通便利度）固然对留任决策产生影响，但越来越多的研究者开始意识到，影响乡村教师留任意愿的不仅是物质与制度方面的激励，更有深层文化心理层面的因素[218,238]。

乡村教育作为区域性教育生态系统，其活力与持续性在很大程度上受到地方文化、社区参与、社会资本及价值共识的影响。在此过程中，乡土情怀作为一种内化于教师内心深处的情感指向与价值认同，被视为连接教师个人职业生涯选择与乡村社会文化环境的隐性纽带。当新生代乡村教师对于所在地域、文化传统、社区记忆与地方教育事业抱有高度认同与情感依赖时，他们对区域教育生态的理解将不再只是外在条件的被动接受，而是会转化为一种内在的精神共鸣。有研究发现，那些对本地社会有更深感情连接的教师，不仅更易坚守岗位，也更易在长期视野下规划自身的职业生涯[239]。在面对教育资源不足、工作条件艰苦等现实困境时，乡土情怀能为教师提供一种"精神抵抗"的心理资源，使其在乡村教育工作中更容易长期坚持和留任。也就是说，如果教师将自身职业定位为地方文化传承、学生命运改变与社区发展的参与者，他们对职业困境的忍耐度和适应力便会大幅提高，从而产生更强的留任倾向。

当乡村教师在地方社会化的过程中不断获得情感回馈与人际支持，从而强化了"植根于此、服务于此"的精神内涵，这一情感归属使教师的离职成本不仅体现为经济与职业前景损失，更体现为心理与价值层面的巨大割裂。因此，乡土情怀扮演的不仅是附着在个体身上的外部标签，也是一种内在动力机制的激活器。有着浓厚乡土情怀水平的教师倾向于在乡村教育生态中实现自身价值，并通过与学生、家长和社区成员的深度互动来获得社会认可，这样不仅可以减轻职业挫折所带来的负面心理感受，也使教师在衡量离任与坚守的利弊时更加偏向后者。

此外，教师留任意愿还与职业生涯规划、自我效能感以及社会支持结构交织在一起[240-241]。身处本土资源、文化记忆与社会共识共同构建的社会网络中，教师越能深入体会地方教育的独特使命与地方学生成长的特殊需求，越会发现自身在这种生态体系中不可替代的地位。这种不可替代感进一步强化了留任意愿的形成——与其在陌生环境中寻求外部机会，教师更倾向在熟悉而意义深远的本土教学脉络中持续投入。当他们意识到自身教学行为的累积不仅是履行岗位职责，更是承载乡村振兴愿景的隐性使命，就会在面对外部诱惑时保持相对稳固的心理定力，从而提高留任概率。

　　而从心理学角度分析，乡土情怀可能通过两个主要路径影响留任意愿。一是情感投入路径，乡土情怀使教师对所处环境有更深的情感归属，从而感受到"离不开这片土地"的强烈情感牵引[242]。二是价值认同路径，乡土情怀将教师的职业选择上升为一种社会责任与文化传承的承担[243]，使离任决策不再是简单的个人利益权衡，而被视为背弃地方社会期待与文化共识的行为。在此双重动力下，教师即便面对资源瓶颈与职业发展限制，也可能更倾向于留守岗位、坚守乡土教育阵地。

　　值得一提的是，在教育政策实践中，各地政府与学校管理者对提升乡村教师留任率的探索往往集中于改善待遇与完善制度设计。然而，这些措施若缺乏本土文化基础与精神连接，很可能只能在短期内缓解教师流失问题，无法从根本上增进教师对本土教育事业的内生动力。可见，将乡土情怀纳入乡村教师留任意愿的理论分析框架，有助于为政策制定者提供另一条干预思路，即从文化共识、地方认同与情感联结层面优化教育生态，从而稳固教师队伍建设的长期根基。

　　由以上分析不难推断，乡土情怀作为新生代乡村教师职业认知与心理结构中不可忽视的内在变量，可对其留任决策发挥正向预测作用。当教师在当地文化语境中持续积累积极情感体验并内化地方价值，他们不仅对岗位产生正向评估，更可能在职业生涯抉择中表现出较高的稳定性与坚守意愿。据此，提出本章研究第三个假设：乡土情怀对新生代乡村教师的留任意愿能起到正向影响。

二、研究方法

（一）研究对象

本研究的调查对象主要是新生代乡村教师，综合现有文献中对新生代乡村教师的定义，本研究将"新生代乡村教师"界定为在乡村学校从事教学工作且教龄不超过 10 年、年龄不超过 35 岁的在职教师。为保证样本的区域代表性，研究选择了中西部地区具有典型乡村教育特征的县级行政区域，并与当地教育主管部门及部分乡村学校管理者取得联系，确保在实际施测中得到必要的支持和配合。考虑到学校规模、学科分布以及教师来源多样性，本研究在初步筛选后，锁定四川省多所具有一定规模且分布相对均衡的乡村中小学作为主要调查地点，涵盖小学与中学段。最终回收有效问卷共 328 份，其中男性教师 156 人，占比 47.56%；女性教师 172 人，占比 52.44%。被试教师平均年龄为 31.2 岁（标准差 3.8），教龄分布以 4～10 年及 10 年以上区间为主，占整体样本的 76%。从学历来看，本科及以上学历占比 73.78%，专科学历占比 26.22%，其余为中师或其他学历背景。

（二）测量工具

本研究主要采用问卷调查法收集数据，以结构化量表的方式对乡土情怀、职业承诺、工作满意度和留任意愿等核心变量进行测量。各量表均采取李克特 5 点计分方式（1＝"非常不同意"，5＝

"非常同意"），并结合国内外已有研究成果对量表项目进行适度修
订与本土化，以提高量表的信度与效度。

1. 乡土情怀问卷

采用王霞霞编制的乡土情怀问卷[33]，该问卷从四个方面对乡
土情怀进行测量，分别是乡土认知、乡土认同、乡土情感和乡土能
力。问卷共 37 个题目，采用李克特 5 点计分法，1 到 5 的整数计
分，分数越高表示乡土情怀（或维度）得分水平越高，结合我国乡
村社会与教师群体的特殊性对问卷题目进行了适当优化。在本研究
中，该问卷的 Cronbach's α 系数为 0.872，说明其内部一致性
较好。

2. 职业承诺问卷

本研究采用龙立荣和李霞设计的中学教师职业承诺问卷[244]，
该问卷的具体维度分为继续承诺、规范承诺和情感承诺三个结构维
度。该问卷总共包含 16 个测评项目，其中情感承诺维度包含 6 个
项目，该维度旨在探测教师对职业的情感依恋；继续承诺维度包含
5 个项目，旨在衡量教师因各种原因而持续从事教育工作的意愿；
而规范承诺维度也包含 5 个项目，主要聚焦于教师对职业规范与责
任的认同。问卷采用李克特 5 点计分法，问卷总体的 Cronbach's α
系数为 0.872，各维度内部一致性 α 系数也超过 0.8，说明该问卷
有着良好的内部一致性。

3. 工作满意度问卷

工作满意度的测量，采用张忠山编制的小学教师工作满意度问
卷[245]，旨在全面评估教师在教学工作、同事关系、发展空间和待
遇收入等多个关键维度的满意度。问卷结构共包含 39 个具体项目，
采用李克特 5 点计分法，从 1 分"非常不满意"至 5 分"非常满
意"进行量化评估。为了贴合乡村教师的特点，对其中部分题目进

行了适当改进。经过内部一致性检验，问卷总的 Cronbach's α 系数达到 0.836，显示出良好的内部稳定性。

4. 乡村教师留任意愿量表

留任意愿的测量采用尹小婷编制的乡村教师留任意愿量表[246]，该量表为单维结构，共包含 9 个题目，涵盖了教师对在乡村中学任教的态度、职业发展的考量、对目前工作条件的满意程度等多个维度。具体而言，题目涉及教师是否愿意长期在乡村中学任教、是否认为乡村中学教师职业符合个人理想、是否因找不到更好收入的工作而选择继续留任等方面。量表采用李克特 5 点计分法，从"非常不符合"到"非常符合"分别记为 1~5 分，以量化教师的留任意愿强度。该问卷经过前期严格的探索性和验证性因素分析，结果显示出良好的内部一致性和结构效度。本研究中，该量表的总体 Cronbach's α 系数为 0.878，显示了较好的内部一致性和稳定性。

（三）施测过程

考虑到乡村教师工作节奏较为紧凑且学校地理位置分散，本研究在施测时采取了线上与线下相结合的方式。线下调研主要在研究团队与地方教育局、乡村学校管理层沟通后，由校方协助完成。在教研活动或短期培训会议中，向到场教师发放纸质问卷，并说明本研究的学术背景及匿名保密原则，确保被试在自愿参与的基础上独立作答。线上调研则通过加密的问卷链接或二维码发放给不便集中参加线下活动的部分教师，以提高调查样本的覆盖面。为减少教师对问卷调查的顾虑，在问卷开头设置了知情同意书，明确说明本研究仅作学术用途，所有信息都将严格保密。施测过程中对教师的作答进行必要的提醒与指导语说明。如果教师对任何题项有疑问，可以向调查主试或学校管理者咨询说明，避免因理解偏差导致回答不准确。在回收阶段，将纸质问卷进行统一编号后录入电脑，同时对线上问卷进行数据导出并合并处理。对于明显存在作答不完整或作答时间过短的问卷，经核对后视为无效问卷并剔除，最终得到有效问卷样本共 328 份。

（四）数据处理与分析

在完成数据收集与预处理后，本研究利用 SPSS 26.0 软件对回收问卷进行描述性统计与差异分析，以概述样本的基本得分水平并初步检验不同群体之间的差异程度。然后对各变量的关系进行相关分析，以确定各变量间的相关关系。最后通过回归分析，对研究提出的各项假设进行检验。

三、结果分析

（一）各变量的描述统计

表 7 - 1 各变量的平均值和标准差

变量	平均值（M）	标准差（SD）
乡土情怀	2.86	0.78
职业承诺	3.67	0.61
工作满意度	3.52	0.59
留任意愿	3.82	0.65

由表 7 - 1 可见，本研究中新生代乡村教师的乡土情怀得分均值为 2.86，标准差为 0.78，单样本 t 检验结果显示显著低于 5 点量尺划分高低水平的中间值 3（$p<0.05$），说明新生代乡村教师的乡土情怀处于中等偏低的水平。但是，新生代乡村教师的职业承诺、工作满意度和留任意愿三个变量的平均分却为 3.52～3.82，且这三个变量的均分都显著高于中间值 3（$p<0.05$），说明新生代乡村教师对自身职业发展所涉及的职业承诺、工作满意度以及留任意愿呈现出中

等偏上水平。以上结果可能意味着新生代乡村教师对乡土文化及地方社会生活的情感连接不够，但对继续留任乡村教学岗位仍有一定程度的积极预期，并对乡村教育工作有一定的责任感与认同度。

（二）主要变量的人口学差异检验

表 7-2　乡土情怀的人口统计学差异独立样本 t 检验结果

人口学变量	类别	M	SD	t
性别	男	2.89	0.70	0.09
	女	2.83	0.73	
教龄	1～5 年	2.80	0.64	−2.83**
	6～10 年	2.92	0.68	
学历	大专及以下	2.87	0.76	0.05
	本科及以上	2.85	0.73	

注：t 表示独立样本 t 检验的统计量，p 表示显著性水平，** $p<0.01$。

表 7-2 的结果显示，在性别与学历这两个人口学变量上，新生代乡村教师的乡土情怀均没有显著的统计学差异，也就是说新生代乡村教师的乡土情怀水平不存在性别和学历的差异。而在教龄这个人口学变量上，新生代乡村教师的乡土情怀得分出现了显著差异，具体为 6～10 年教龄教师的乡土情怀得分要显著高于 1～5 年教师的乡土情怀得分（$t=-2.83$，$p<0.01$），说明教龄确实会影响新生代乡村教师的乡土情怀水平，教龄越长的教师对乡土的情感和乡土文化的认同水平会越高。

表 7-3　职业承诺的人口统计学差异独立样本 t 检验结果

人口学变量	类别	M	SD	t
性别	男	3.55	0.60	−3.04**
	女	3.74	0.62	
教龄	1～5 年	3.58	0.59	−2.62**
	6～10 年	3.76	0.63	

（续）

人口学变量	类别	M	SD	t
学历	大专及以下	3.66	0.67	−0.47
	本科及以上	3.69	0.60	

注：** $p < 0.01$。

如表 7-3 所示，独立样本 t 检验结果表明，职业承诺在性别与教龄两个人口学变量上存在显著差异。女性教师在职业承诺上的得分显著高于男性教师（$t = -3.04$，$p < 0.01$），而教龄较长（6～10 年）的教师在职业承诺方面的得分（$t = -2.62$，$p < 0.01$）也显著高于教龄较短（1～5 年）教师。职业承诺的学历差异没有达到显著水平（$p > 0.05$），说明教师学历对职业承诺的影响较弱。

表 7-4　工作满意度的人口统计学差异独立样本 t 检验结果

人口学变量	类别	M	SD	t
性别	男	3.42	0.58	−2.82**
	女	3.59	0.60	
教龄	1～5 年	3.45	0.57	−2.75**
	6～10 年	3.6	0.62	
学历	大专及以下	3.51	0.64	−0.31
	本科及以上	3.52	0.59	

注：** $p < 0.01$。

表 7-4 的结果显示，女性教师比男性教师的工作满意度得分显著更高（$t = -2.82$，$p < 0.01$）；在教龄方面，6～10 年教龄教师的工作满意度得分显著高于 1～5 年教龄的教师（$t = -2.75$，$p < 0.01$）。然而，不同学历教师的工作满意度并无显著差异（$p > 0.05$）。

表 7-5　留任意愿的人口统计学差异独立样本 *t* 检验结果

人口学变量	类别	*M*	*SD*	*t*
性别	男	3.68	0.63	−3.21**
	女	3.91	0.61	
教龄	1～5 年	3.73	0.57	−2.76**
	6～10 年	3.92	0.60	
学历	大专及以下	3.83	0.64	−0.21
	本科及以上	3.82	0.62	

注：** $p < 0.01$。

从表 7-5 可以看到，留任意愿在性别和教龄的差异上同样具有统计学意义。具体而言，女性教师在留任意愿上显著高于男性教师（$t = -3.21$，$p < 0.01$），教龄 6～10 年的教师留任意愿也显著高于 1～5 年教龄的教师（$t = -2.76$，$p < 0.01$）。而在学历维度上，大专及以下和本科及以上两组教师的留任意愿水平没有达到显著差异（$p > 0.05$）。

（三）主要变量相关关系分析

表 7-6　四个变量之间的皮尔逊相关系数

变量	1	2	3	4
1. 乡土情怀	1			
2. 职业承诺	0.48**	1		
3. 工作满意度	0.43**	0.60**	1	
4. 留任意愿	0.52**	0.47**	0.56**	1

注：** $p < 0.01$。

由表 7-6 相关分析结果可见，乡土情怀与职业承诺（$r = 0.48$，$p < 0.01$）、工作满意度（$r = 0.43$，$p < 0.01$）及留任意愿（$r = 0.52$，$p < 0.01$）之间均呈显著的正相关关系。说明当新生代乡村教师对本土文化、社区价值具备较高情感联结时，他们往往对自身职业的认同与承诺度更强、对工作环境的满意度也更高，进而

在决定去留时也更倾向于坚守乡村教学岗位。

此外，职业承诺与工作满意度（$r=0.60$，$p<0.01$）之间的强相关表明，新生代乡村教师对教育事业的情感投入、责任担当等职业承诺要素，与其对工作各方面的正面感受紧密相连。职业承诺与留任意愿之间亦呈显著正相关（$r=0.47$，$p<0.01$），进一步佐证了教师对所任岗位的情感依恋与价值认可对实际留任决策具有重要的影响力。而工作满意度与留任意愿的相关系数（$r=0.56$，$p<0.01$）也较为突出，意味着当乡村教师对目前工作环境、资源条件以及学校管理等方面感到满意时，其留任倾向将显著提高。

（四）乡土情怀作用影响的回归分析

本研究通过回归分析探讨了乡土情怀对新生代乡村教师职业承诺、工作满意度及留任意愿的预测作用，结果如表 7-7 所示。

表 7-7　乡土情怀对职业承诺、工作满意度及留任意愿的回归分析结果

因变量	预测变量	B	SE	β	t	R^2
职业承诺	乡土情怀	0.45	0.05	0.48	8.15**	0.23
工作满意度	乡土情怀	0.38	0.06	0.43	6.55	0.19
留任意愿	乡土情怀	0.50	0.05	0.52	9.05	0.27

注：B 表示回归系数，SE 表示标准误，β 表示标准化回归系数，R^2 表示决定系数，** $p<0.01$。

由表 7-7 结果可知，乡土情怀对其他三个因变量均呈现出显著的正向预测作用。具体而言：乡土情怀显著正向预测职业承诺（$\beta=0.48$，$t=8.15$，$p<0.01$），解释了 23% 的职业承诺变异（$R^2=0.23$），使得本章第一个假设得以被支持。说明乡土情怀较高的乡村教师更倾向于表现出较强的职业承诺，这也反映出他们对乡村教育事业的认同与长期投入意愿。乡土情怀同样显著正向影响工作满意度（$\beta=0.43$，$t=6.55$，$p<0.001$），其对工作满意度变异的解释率为 19%（$R^2=0.19$），使得本章的假设二得以成立。这表明，

乡土情怀不仅能增强教师的职业认同感，还能提升他们对工作的整体满意度。而乡土情怀对留任意愿的预测效果较高（$\beta=0.52$，$t=9.05$，$p<0.001$），并解释了留任意愿 27% 的变异（$R^2=0.27$），这也支持了本章的第三个假设。这意味着具备较强乡土情怀的新生代乡村教师更有意愿留任在乡村教学岗位，体现了乡土情怀在教师留任抉择中的重要影响力。

四、讨论

（一）新生代乡村教师在各主要变量的得分情况

本章研究结果表明，新生代乡村教师的乡土情怀得分处于中等偏低水平，而其职业承诺、工作满意度和留任意愿三个变量得分呈现出中等偏上的水平。这一发现反映了新生代乡村教师在情感认同与对乡村教育的责任感之间的复杂关系。具体而言，尽管新生代乡村教师对乡土文化和地方社会生活的情感联结较低，但他们对自己职业发展的期望、满意度及留任意愿表现出较为积极的态度。

首先，乡土情怀的得分偏低可能与新生代乡村教师的成长背景和社会化经历密切相关。新生代乡村教师中往往有较多来自城市或乡镇学校的教师，尤其是在经济条件较为发达的地区，乡村与城市之间存在较为显著的文化差异与认同鸿沟[247]。即便在乡村教育环境中工作多年，许多教师仍可能在情感上未能完全融入地方文化中，尤其是一些来自外地的教师，他们的乡土情怀可能未能得到充分的内化与认同。这种情感认同的缺乏，可能缘于地方文化的差异化背景、教师与本地社区之间的疏离感，以及整体社会环境对乡村文化的认知偏差等多重因素。

然而，尽管新生代乡村教师的乡土情怀得分偏低，但其职业承诺、工作满意度和留任意愿水平却相对较高，这表明新生代乡村教师对教育事业的认同感及责任感依然存在。尤其是在乡村教育工作的长期从业过程中，教师可能逐步形成了对自身职业责任的深刻认识与认同，而这种认同感可能并不完全依赖于乡土情怀的高低。从这个角度来看，教师的职业承诺和留任意愿可能更多地源于对教育使命的责任感、对学生成长的关注以及对教育改革的参与感。说明教师的职业承诺往往不仅仅受到情感因素的影响，还受到专业价值观、职业规范以及外部激励等多重因素的共同作用[248-249]。

同时，本章研究发现，新生代乡村教师的工作满意度与留任意愿得分较高。教师的工作满意度不仅与外部条件如薪酬、工作环境等密切相关，还受到其职业目标实现、教育成就感以及工作中的人际互动等因素的影响。新生代乡村教师虽然乡土情怀得分较低，但他们仍然可能从教学实践中获得较高的成就感，尤其是在影响学生成长、为社区发展作出贡献的过程中，他们的职业满意度可能逐渐得到提升。此外，随着乡村教师待遇逐步改善、教育政策逐渐倾斜，教师的职业稳定性得到增强，这也有可能是新生代乡村教师留任意愿较高的重要原因之一。

需要注意的是，教师的工作满意度虽然也达到中等偏上水准，但相较其他变量均值略低，意味着在乡村教育环境下，教师对学校办学条件、薪酬福利、教学资源以及专业成长渠道可能仍存在一些不满。可能教师在情感与价值层面会倾向于对乡村教育给予较高评价，但仍存在对现实层面的制度支持、资源配备等环节持审慎态度的情况。这一结果与乡村教师在实际工作条件与资源获得方面的潜在困境相呼应，同时也为后续改进乡村教师工作条件与支持体系提供了实证依据。

（二）不同人口学特征教师在各主要变量的得分差异

1. 乡土情怀的人口学差异

本研究的结果显示，新生代乡村教师的乡土情怀在性别和学历这两个人口学变量上未表现出显著差异。表明性别和学历对新生代乡村教师的乡土情怀可能没有直接的影响。性别作为人口学变量，往往在很多心理学与教育学研究中被认为可能对个体的情感、行为态度等产生一定的差异性影响。然而，在本研究中，性别与乡土情怀水平未显示出显著的关联，可能是由于乡土情怀作为一种情感认同，受教师自身的社会化经历、文化背景以及学校与社区环境的影响更为显著，而非仅仅由性别差异所决定。而对于学历变量也未表现出显著差异，可能是因为乡村教师的情感认同更多取决于地方文化和教学经验，而非学历水平本身。相较于学历，教师对乡村教育环境的适应性与认同度，可能更能直接影响其乡土情怀。

在教龄这一人口学变量上，长教龄教师表现出更高的乡土情怀水平，这一结果具有重要的理论与现实意义。从理论角度看，随着教龄的增长，教师对乡村社会的熟悉度和融入感逐步加深，乡土情怀的形成与内化也可能随之增强。教龄长的教师往往经过多年的教学实践与社会互动，逐渐建立起对地方文化的认同与情感依附，这一过程不仅仅是工作经验的积累，更是情感与认同逐渐转化为教育使命感的过程。对这些教师而言，乡土文化已不单单是一个外部的文化符号，而是其教学行为、价值观和教育理念的一部分。长期从事乡村教育工作的教师，通常会在教学中更容易发现本地文化的独特性，并通过与学生、家长以及社区的互动，形成强烈的文化归属感与责任感，这种认同感也往往体现为较高的乡土情怀得分。从实践角度看，这一结果提示我们，教龄对乡土情怀的影响可能是长期教育实践的自然结果。因此，在教师培训和职业发展过程中，尤其是在乡村教师的培训设计上，可以考虑将教龄与乡土情怀的培养结合起来。新教师在初入乡村时，可能会面临文化适应困难，甚至出现一定的乡土文化认同缺失。针对这一问题，教师培养体系可以通过文化导入课程、社区互动项目等方式，帮助新教师更好地融入乡村社会，早日形成对地方文化的认同和情感依附，进而提升其乡土情怀水平。

此外，本研究结果还提示，虽然教龄对乡土情怀有显著影响，但这一关系可能并非线性增长，而是随着教师的职业生涯而逐渐增强。未来研究可以进一步探讨不同教龄阶段的教师乡土情怀变化特征，分析教龄与乡土情怀之间的具体关系，并揭示不同阶段的教师在乡土情怀构建中的关键节点和影响机制。

2. 职业承诺的人口学差异

本研究结果发现，性别和教龄在新生代乡村教师职业承诺方面存在显著差异，而学历对职业承诺的影响未表现出显著性。具体来说，女性教师在职业承诺上的得分显著高于男性教师，且长教龄教师在职业承诺方面的得分显著高于短教龄教师。

关于职业承诺的性别差异，研究结果显示女性教师的职业承诺得分显著高于男性教师。这是因为女性在社会化过程中往往被期望承担更多的照顾与关怀角色，性别角色的社会化可能促使女性教师更强烈地认同教育职业的社会责任感，尤其是在乡村教育这一资源较为匮乏但责任重大的领域。此外，女性教师在职业发展过程中，可能会更多地表现出对学生的关爱与对教育事业的忠诚，这种情感驱动的职业承诺通常是女性教师的独特优势。根据相关研究，女性在教育职业中通常表现出较高的职业投入和情感承诺[250]，这可能有助于她们在面临职业压力和外部困境时，依然保持较高的从业意愿和职业责任感。

当然，这一结果也提醒我们需要进一步探讨性别与职业承诺关系的内在机制。性别差异可能与教师在工作中所承担的角色定位、职业发展的机会以及社会支持等因素密切相关。因此，未来的研究可进一步探讨性别在乡村教师职业承诺形成中的具体路径，特别是如何通过政策调整、支持体系建设等手段，进一步提升男性教师在职业承诺方面的表现，以实现性别之间在职业承诺上的平衡。

关于职业承诺的教龄差异，本研究发现长教龄教师在职业承诺上的得分显著高于短教龄教师。这可能源于长期从教的教师在职业经历和社会认同上逐渐获得更强的稳定性和归属感。随着教龄的增长，教师不仅在专业能力上积累了更多的经验，也在工作中逐步形成了与乡村社区和学生的深厚情感联系。对于长教龄教师来说，随着职业生涯的发展，他们在乡村教育体系中积累了更多的社会资本和职业认同，这种长期的职业积淀使得他们对教育事业的承诺更为坚定。

在乡村教育环境中，教师的情感投入与责任感往往随着教龄的增加而愈加深厚。长时间在乡村地区工作，教师对当地文化、社会以及教育状况的理解不断加深，工作中的成就感、对学生的责任感以及对教育使命的认同感也逐渐强化。这一过程不仅影响教师的职业承诺，还会影响其对教育事业的长期投入和留任意愿。与此相对，短教龄教师可能面临较大的适应压力，尤其是在初入乡村教学的阶段，教师对乡土文化的认同感较低，可能尚未完全融入乡村教育的实际情境中，这使得他们在职业承诺上的表现相对较弱。

尽管教龄对职业承诺的影响较为显著，但这一关系也可能受到教师个人情感、教育政策支持以及学校环境等多方面因素的影响。未来研究可以进一步探讨教龄与职业承诺之间的互动机制，并深入分析不同教龄段教师在职业承诺方面的特点和差异，为制定更为精细的教师培训与支持政策提供理论依据。

本研究未发现职业承诺存在学历方面的差异。这提示我们，尽管教师的学历在一定程度上反映了其专业素养和学术背景，但对职业承诺的影响可能较弱。说明职业承诺不仅仅由学历水平所决定，而是会受到教师个体情感认同、社会支持、职业发展机会等多重因素的影响。对于新生代乡村教师来说，学历可能在进入教师岗位时起到了筛选和初步塑造的作用，但随着职业经历的积累，教师的情感投入和对教育事业的认同逐渐成为其职业承诺的重要驱动力。这也提醒我们，在乡村教师的职业发展过程中，不能仅仅关注学历这一外在因素，更应关注教师对乡村教育的认同、情感投入以及外部支持体系的建设。

3. 工作满意度和留任意愿的人口学差异

本研究结果显示，性别、教龄以及学历等人口学变量在新生代乡村教师的工作满意度和留任意愿方面存在显著差异。其中，女性教师在工作满意度和留任意愿上均显著高于男性教师，且长教龄教师在这两个变量上的得分也显著高于短教龄教师。而学历变量在工作满意度和留任意愿上的差异未达到显著水平。

首先，对于女性教师在工作满意度和留任意愿上均显著高于男性教师的结果，可能与女性在情感投入、职业认同以及社会化过程中往往表现出较高的情感需求和责任感有关。在乡村教育这一特殊环境中，相对于男性教师而言，女性教师可能更多地会将自己的职业认同与教育使命感结合起来，尤其是在乡村学校教师群体中，女性教师常常承担着更多的照顾、辅导与关怀工作，这使她们在情感上的投入较高，进而可能会提高她们的工作满意度和留任意愿。此外，女性教师的情感敏感性较强，更容易在教学过程中获得成就感，这也可能是她们在工作满意度上得分较高的重要原因。

其次，对于长教龄教师工作满意度和留任意愿高于短教龄教师的结果，可能反映了教师职业生涯发展的状态。随着教龄的增加，教师对教学工作的适应性逐渐提高，职业认同感和成就感也随之增强。长教龄教师通常积累了更多的教学经验和社会支持，他们在面对职业挑战时更能保持心理弹性和职业稳定性，从而提高了工作满意度和留任意愿。此外，长期从教的教师往往能够在乡村教育环境中找到更多的归属感和社会认同感，这种情感联结进一步促进了他们对职业的满意度和留任意愿。而短教龄教师（尤其是刚进入乡村教育的新教师）可能面临较大的适应压力。新教师在初期往往需要面对工作环境、文化差异以及与当地社区的关系建立等多重挑战。这些外部压力可能影响他们的职业认同，进而影响其工作满意度和留任意愿。因此，为新入职教师提供更多的文化适应培训和心理支持，帮助他们克服初期的职业适应障碍，对于提高他们的工作满意度和留任意愿具有重要意义。

而对于教师的工作满意度和留任意愿不存在学历差异这一结果，表明学历并非教师职业状态的决定性因素。尽管学历较高的教师可能通常具备更强的专业能力和教学理论基础，但在乡村教育的实际工作中，教师的文化适应能力、情感认同以及与社区的互动等因素显然比学历更为重要。新生代乡村教师的职业满意度和留任意愿更可能受到个人情感投入、社区支持以及职业发展机会等因素的影响。因此，在今后的教师培养与支持政策中，单纯提高教师的学历水平或许并不足以显著提升其职业满意度和留任意愿，反而应更加注重教师的综合能力培养、心理支持和职业认同感的建设。

（三）乡土情怀对教师职业发展特征的影响

本研究结果显示，乡土情怀对新生代乡村教师的职业承诺、工作满意度与留任意愿均有着显著的正向影响。这一发现不仅与已有研究关于情感认同对职业行为影响的观点相呼应[251-252]，也进一步凸显了乡村教育情境下地方文化因素的特殊重要性。具体而言，高水平的乡土情怀有助于新生代乡村教师更坚定地投入教育事业，使他们在面对实际工作条件不足和资源限制时，仍能保持对岗位的情感依赖。这在一定程度上说明，乡土情怀作为一种内化的情感和价值向度，可以为教师提供持续的精神动能，提升其对工作过程与职业发展的正面评估。

在职业承诺与工作满意度的关系方面，乡土情怀的正向预测作用表明，本土文化认同、地方社会支持以及群体交往网络等因素可能通过多种路径增强教师的专业认同感与工作成就感。相应的影响机制可能有两方面：一是情感驱动，新生代乡村教师对家乡或地方文化的投入使其在工作角色中更为积极、自觉地履行专业责任；二是价值共鸣，当教师将"扎根乡土"视为个人与社会目标相契合的实践，就更可能以主动姿态探索教学创新与社区合作，获得外部和内部的双重肯定，这样既能缓解外界竞争压力，又能强化教师对职业内涵的领悟与满意度。

而在留任意愿方面，乡土情怀的解释力最为突出，说明乡土情怀这种表征地方情感资源的关键要素对乡村教师的职业稳定性具有直接的影响。当新生代乡村教师将教育工作视为参与地方建设、支持乡村社会发展的一种使命，离职或外流的机会成本不再仅仅是经济或职级方面的损失，更是一种情感和价值的割裂。正是这种内化的情感纽带，使部分教师即使面对更优越的城市岗位诱惑，仍能在本土文化与社区陪伴中维持较高的坚持度。说明乡土情怀确实有助于促进教师对乡村教育事业的长期投入，使他们不会轻易将乡村教职视为可随时更换的选项，而是将其融入个人发展与地方文化传承的统一体。

本章研究结果为乡土情怀是教师职业发展重要文化心理因素的判断提供了实证支撑。一方面，教师若能在当地社会网络与文化资源中不断汲取情感与价值认同，将更容易呈现较高的职业投入。另一方面，也应注意到不同背景的教师在乡土情怀上的生成机制与内化程度方面可能存在差异，后续研究需进一步结合相关调节变量（如学校支持、社区互动、家庭背景等），以更精细地探讨乡土情怀如何贯穿教师的职业生涯。这提示我们，对于乡村教师的培养和培训等工作，除了要重视常规的专业技能和待遇保障外，还需注重地方文化教育资源的融入与激活，以帮助新生代乡村教师从情感和价值层面巩固对教育事业的忠诚度与敬业度。

五、研究贡献与价值

本章研究以新生代乡村教师为对象，系统考察了"乡土情怀"这一文化心理因素对教师职业承诺、工作满意度与留任意愿三个核心职业发展变量的影响作用，不仅在研究内容上呼应了相关领域对乡村教师队伍稳定性和专业成长的持续关注，也为深化相关理论提供了实证支撑。

首先，本研究在乡村教育语境下，将乡土情怀明确纳入教师职业发展的分析框架，为理解教师个体行为与态度提供了更为多元且情境化的分析视角。以往关于乡村教师流动与留任的研究，常聚焦于经济激励、制度供给或工作条件等外在因素，而本研究则从文化心理学的角度出发，识别并证明了乡土情怀在乡村教师内在动力形成中的关键地位。通过实证数据证实，乡土情怀不仅正向预测职业承诺，还能显著提升教师的工作满意度和留任意愿。这一发现扩展了乡村教师职业发展研究的理论边界，凸显了情感认同与地方文化归属对于乡村教师职业稳定性的重要意义。

其次，本研究对乡土情怀和职业发展特征变量的关系进行了多维度分析，从"微观个体—文化环境"交互的视角出发，揭示了教师个体在乡土社会文化网络中所具备的情感、认知与行为特质如何共同影响职业选择与职业坚持。为后续同类研究提供了可借鉴的量化分析范式，也为学界更深层次探究乡村文化氛围、社会支持结构与教师职业行为的复杂关联奠定了一定基础。

最后，从实践维度来看，本章研究对乡村教师培养、师资管理及教育政策制定具有直接启示。本研究结果显示，外在激励固然重要，但也要注重挖掘当地文化资源，强化教师与社区、传统文化的情感联结，从而在潜移默化中提升教师的职业承诺、工作满意度和留任意愿。在当前大力推进乡村振兴战略的背景下，如何在师资培训与职业发展规划中融入乡土文化元素，成为各地教育部门与学校管理者需要深度思考的问题。

本研究聚焦新生代乡村教师，对"乡土情怀"这一本土化文化心理概念进行了量化检验与系统分析，为乡村教师职业发展研究提供了新的理论视角与实证证据。所得结论能够丰富和深化教育学与心理学等相关领域对乡村文化情境与教师行为关系的理解。从政策与管理层面揭示了加强地方文化融入及情感赋能的重要性，进而为乡村的教育振兴和可持续发展贡献了可资借鉴的实证依据与思路参考。

六、对策建议

（一）深化本土文化融入的职前职后培训体系

本章研究发现，乡土情怀对新生代乡村教师的职业承诺、工作满意度及留任意愿均具有显著的正向预测作用，这表明地方文化与教师专业成长之间存在密切的内在关联。要进一步强化这种积极关联，就需要在教师培养体系中系统融入本土文化元素并构建相应的教育情境体验，从而让教师在进入乡村教育工作岗位后，能够深入地体会和认同乡土文化的价值与教育需求。

在职前教育方面，应将地方文化与乡土资源的学习列为重要的实践教学内容。我国当前多数师范类院校的课程设计较为通识化，侧重教育学、心理学与学科专业知识的学习，而对乡村社会历史、民族文化习俗、地方特色经济等内容涉猎有限。如果在必修或选修课、专题研讨、社会实践等环节，为即将走向乡村的师范生提供"乡土文化与教育实践"专题课程，则有望使其在进入乡村之前，便积累一定的乡村文化知识与田野考查能力。例如，在少数民族聚居地区，提前学习少数民族语言、艺术、习俗，有助于降低教师在进入当地学校后所经历的文化陌生感，进而加速其与学生和社区的融合。

在职后培训环节，为响应新生代教师日益多元的培训需求，可采用"校本研修＋区域协作"的双轨模式。一方面，在校本研修中鼓励新生代乡村教师主动挖掘所在地区的文化资源，如传统戏曲、民间故事、地理特色和历史传说等，以此为素材进行课程设计或教学案例编写，形成"小规模、可复制"的教学创新经验。另一方面，教育行政部门或教师培训机构可尝试为乡村教师搭建区域性的教研联盟或文化交流平台，使不同学校、不同学科的教师在跨地域的互动中共享教育资源和文化见解。例如，在偏远山区，可依托网络通信技术与视频会议系统，实现线上线下相结合的文化研修活动，通过观看纪录片、邀请地方文化专家做讲座或开研讨会等形式，帮助新生代教师不断加深对本土文化的理解与运用。

此外，还可探索在职新生代乡村教师到社区和地方研究机构进行短期交流或访学的模式，让新生代乡村教师在亲历乡村现实生活、观察民众生产与社会交往的过程中，丰富对地域文化脉络与农村社会结构的感性认识。同时，可鼓励新生代乡村教师将个人所见所感写成调研报告或教学反思，纳入教师考核或职称评审的补充材料。通过上述一系列措施，新生代乡村教师不仅能夯实对当地文化与社会的认同，而且能从中汲取持续从教的动力，将"文化自觉"逐步内化为"职业自觉"。

（二）完善社区支持与情感联结机制

乡村教育向来与社区文化和社会关系相互交织。浓厚的乡土情怀与当地社会支持网络之间存在正向关联，一旦这种关系得以巩固，新生代乡村教师的职业承诺与留任意愿也将随之提升。因此，教育行政部门和学校管理者应通过制度化、常态化的措施，完善教师与社区之间的联结机制，为新生代乡村教师在情感与专业层面上提供持续且有效的支持。

一方面，可将社区资源与校园活动深度融合，让新生代乡村教师充分感受到自身并非"外来者"，而是构建乡村教育与文化的重要一环。例如，在少数民族聚居地区或边远山区，以传统节庆、民族技艺展示为契机，广泛邀请村民、学生家长以及民间艺人走进校园与教师互动，将节庆活动与学校课程或课外拓展相结合，让教师在与当地居民的直接交流中感受民族文化的魅力，并理解社区对教育的热切期盼。学校也可定期组织"教师家访周"或"社区走访日"，鼓励教师深入农户、体验农事活动或参与社会调研，从真实的田野现场获得对学生家庭背景、社区生态和地方经济状况的第一手材料，从而更准确地把握教学重点和学生需求。

另一方面，需要鼓励乡村社区"走进校园"的多元参与模式。除了常见的家长会、家校合作项目外，还可探索成立"乡村教育与文化发展"理事会或指导小组，由乡村社区领导、地方企业代表、乡土文化传承人和学校管理者联合组成。借助该平台，可以向新生代乡村教师介绍当地特色文化资源、学生成长环境乃至民俗规训，也可针对现实教学困境或新课程改革推进中遇到的问题，提供更具有地方文化辨识度的解决建议。新生代乡村教师可借此机会获得精神层面的鼓励和文化维度的启示，不断加深对乡土文化的情感认同。如此一来，新生代乡村教师与社区的情感联结机制即可逐步转化为一种稳固的社会支持网络，使他们能够在面对较为艰苦的生活与工作条件时依然保持教育热忱，减少因孤立无援而离开乡村的可能。

（三）构建弹性且可持续的职业发展路径

新生代乡村教师的留任意愿在很大程度上取决于职业生涯发展的可见度与可持续性。若新生代乡村教师无法在乡村教学岗位上看到清晰的晋升渠道或专业成长规划，即使具备深厚的乡土情怀，也有可能因为现实瓶颈而选择离开。因此，构建弹性且可持续的职业发展通道，是充分挖掘教师乡土情怀潜力、强化他们对乡村教育责任感的关键所在。

在新生代乡村教师职称评审与晋升制度中，应摒弃"一刀切"的硬性评价标准，适度引入对地方文化传承和乡村教育创新能力的考核指标。具体而言，可在评审细则中明确指出，对在乡村一线任教并取得显著成效的新生代乡村教师可适当放宽传统科研论文数量或课题要求，并将"服务乡村教育创新实践""开发本土文化校本课程""组织民族文化活动"等纳入加分项目，以激励新生代乡村教师将更多精力投入到与乡土教育相关的教学与研究中。对在偏远地区长期坚守并具有突出贡献的新生代乡村教师，甚至可开通"绿色通道"，缩短职称晋升的间隔年限或优化评审程序，这种倾斜政策能够极大地提升新生代乡村教师在本地继续发展的意愿。

还要统筹区域内校际合作，让新生代乡村教师的职业成长不局限于所在单一学校或县域。可以通过结对帮扶、协同教研、跨校走教等机制，将城区学校或发展水平较好的乡镇学校的优质资源引入到欠发达地区，使得新生代乡村教师在地理与制度的限制下，依然能通过多样化的途径获得专业反馈与培训机会。与此同时，在边远山区或少数民族聚居地区，还可考虑通过线上研修、远程教研联动等方式弥合地域差距，为新生代乡村教师提供更多的学习渠道与交流平台。这样，新生代乡村教师既能在本土文化中获得情感价值，也能在跨区域的教研和进修中提升专业技能，形成灵活而多元的职业发展路径。

（四）加强乡村学校物质条件与心理支持配套建设

基于本研究对工作满意度相对不足的发现，以及既有文献对新生代乡村教师职业压力的考察，要想激发并巩固乡土情怀对新生代乡村教师职业发展的积极效应，还须通过健全的物质环境与心理支持体系，为新生代乡村教师的教育实践与生活保障提供坚实后盾。

在物质条件层面，中西部地区特别是边远山区和少数民族聚居地区的教育资源供给往往存在滞后问题，需要从财政投入、政策倾斜和社会力量整合等多维度加以补强。政府部门可设立专项经费，用于修缮教学楼、添置教学设备、改善新生代乡村教师住宿条件及交通补贴等；社会力量可通过公益基金或企业资助的方式，为乡村学校的信息化建设和课程资源开发注入更大活力。尤其是在交通不便的少数民族聚居地区，要系统解决新生代乡村教师出行难题，考虑提供通勤班车、燃油补贴或远程办公设施，让新生代乡村教师在相对艰苦的环境中也能顺畅运转日常教学及个人生活。只有当新生代乡村教师在物质基础上不再面临严峻的压力时，他们才能更心无旁骛地投身于对乡土情怀的践行与对教学活动的探索。

在心理支持层面，由于新生代乡村教师尚处于角色社会化阶段，难免会遭遇教学疲惫、职业倦怠或文化冲突。为此，可在县市级层面成立专业化的教师心理支持与辅导机构，定期派遣心理咨询师或辅导员前往乡村学校对教师进行一对一或小组辅导；亦可通过热线电话或网络平台，为新生代乡村教师提供远程心理咨询。除此之外，学校管理者也需关注新生代乡村教师内部的互助机制，设立"教师关怀小组"或"同伴辅导项目"，使经验丰富、文化认同高的资深教师带动新入职新生代乡村教师及时纾解压力，分享工作与生活中的有效应对策略。通过这些多层次、多渠道的心理支持服务体系，让新生代乡村教师在面对现实挑战时不至于陷入孤立无援的境地，而是能在被理解与支持的氛围中长久保持对教育工作的热爱和对乡土文化的投入。

七、研究不足与未来展望

（一）研究不足

本研究对新生代乡村教师职业发展领域研究作出了一定理论与实证贡献，但仍存在一些局限有待后续研究予以改进。

首先，本研究主要采用横断面问卷调查的方式收集数据，无法在时间维度上追踪乡土情怀与新生代乡村教师职业行为之间的动态变化，因而对因果关系的推断较为谨慎。未来研究需要结合纵向追踪设计或混合研究方法（如深入访谈、实地观察等），对新生代乡村教师进行跨时间点的对比考察，从而有助于揭示乡土情怀在新生代乡村教师发展历程中可能出现的阶段性或转折点特征。

其次，由于研究选取的样本区域与学校类型相对集中，尽管一定程度上保证了中西部与少数民族聚居地区的代表性，但仍不足以完全反映更广泛地域的差异化情境。不同区域的社会经济水平、文化结构以及教育资源配置各不相同，导致乡土情怀在新生代乡村教师职业承诺、工作满意度和留任意愿等方面可能会产生不同的表现模式。未来研究需要采用跨区域或分层抽样的方式扩大样本覆盖面，以提升研究结论的有效性。

再次，本研究主要依赖自评问卷获取新生代乡村教师的心理与行为信息，虽然在量表选择与修订方面进行了较为严格的信效度检验，但难免存在受社会期望偏差等主观因素影响。若能在后续研究中整合定量与定性数据，或通过专家评定、学生家长评价、学校管理部门反馈等多元方式形成数据三角互证，将为研究结论的客观性与准确性提供更扎实的依据。

最后，本研究尚未深入探讨乡土情怀在新生代乡村教师职业发展过程中的中介作用与调节机制。新生代乡村教师的社会资本、学校组织氛围、社区文化生态等因素可能对乡土情怀的实际作用路径起到放大或弱化的影响，未来研究需要将社会生态因素与教师个体心理特征相结合，构建更为复杂的交互或中介模型，以全面解析乡土情怀在不同情境、不同人群中的多元效应，从而为实务部门制定更具情境适切性的干预策略提供参考。

（二）未来研究展望

其一，有关乡土情怀的结构维度与测量指标需要更加细化与本土化。现有量表大多基于国内外已有的文化认同或乡土依恋量表进行修订，尽管符合一定的信效度要求，但若能结合地方区域文化的多样性与民族文化的独特性，进一步扩展"情感依存""地域认同""价值共鸣"等分量表的内涵，并针对不同人文生态环境（如少数民族聚居区、偏远山区或沿海经济发达乡村）进行跨情境测量比较，或将更准确地捕捉乡土情怀在各种乡村教育场景下的差异化影响。

其二，需要更广泛地关注乡土情怀与多重社会—文化因素之间的交互作用。本研究仅将职业承诺、工作满意度与留任意愿作为新生代乡村教师职业发展的关键指标，后续还可将社会资本、组织氛围、学校文化、社区期望等变量纳入分析框架。通过交互效应或中介效应的检验，可进一步阐明乡土情怀在新生代乡村教师心理—行为体系中的作用机制，以及不同社会资本配置条件、学校管理模式对其效应的影响程度，这对于更全面地理解乡土情怀在教育情境中的多维价值具有重要意义。

其三，方法上可考虑在研究设计上采用纵向或混合研究方式，以弥补横断面研究所面临的因果推断局限。运用追踪调查、现场观察或个案访谈等质性研究方法，能更清晰地展现新生代乡村教师在乡土情怀发展历程中的动态变化，以及不同阶段对职业行为与态度影响的具体样态。如此设计不仅能为定量研究提供更丰富的解释证据，也有助于挖掘影响教师心理转变的关键事件或制度节点，为教育政策的及时调整与实施提供可靠依据。

其四，未来研究可更关注不同区域、学科与学校类型的样本差异。事实上，边远山区、少数民族聚居地区与发达地区乡村在社会经济水平、文化背景、教育资源配置等方面存在明显差距，新生代乡村教师对乡土情怀的认知与响应模式也可能因此而迥异。若能通过分层抽样或跨区域比较研究，探讨不同区域教师在乡土情怀上的特征分布，以及对职业发展的差异化影响，不仅能丰富学术研究的外部效度，也能为针对性政策制定提供更具区分度的实证支持。

第八章 CHAPTER 8

新生代乡村教师乡土情怀的培育策略

　　根据前置章节实证研究，新生代乡村教师的乡土情怀受到个人成长、家庭环境、学校支持、社会文化以及政策引导等多层面因素的综合影响，同时其生成与发展路径具有鲜明的阶段性和动态特征。然而，现有研究对新生代乡村教师乡土情怀培育的探讨还较为欠缺，仅有的研究对如何培育乡村教师的乡土情怀的策略构建还存在一些不足。例如，缺乏针对不同需求特征教师的分层策略，以及培育路径设计多停留在理论层面，缺乏具体、可操作的实践方案等。因此，迫切需要从实证研究结果出发，结合乡村教师实际需求，设计科学有效的培育策略。对此，本章将在综合分析前置章节实证研究结果的基础上，结合乡土情怀培育的相关理论观点，围绕乡村教育的特殊情境和教师职业发展的现实需求，对新生代乡村教师乡土情怀的培育策略进行系统思考和科学构建。

一、提升乡土认知的策略

　　通过深化乡村体验、构建教育资源库和研发课程，加强新生代乡村教师对乡村自然环境的理解；同时，鼓励新生代乡村教师融入乡村社会，加深对其结构的认识；并通过学习和弘扬乡土历史文化，增强人文认同。这些措施旨在全面提升新生代乡村教师的乡土认识。

（一）加强乡村自然环境认知

1. 深化乡村体验活动

通过直接参与和亲身体验，新生代乡村教师可以全面感知乡村自然风光的独特魅力，考察乡村生态系统的复杂多样性，进而增进新生代乡村教师对乡土自然环境的深刻理解。

例如，学校或有关部门可以定期组织新生代乡村教师开展乡村生态考察活动。活动前对考察路线进行精心设计，确保涵盖具有代表性的自然景观与生态类型，如山林、河流、农田等。通过此类活动，不仅让新生代乡村教师能够直观认识到乡村特有的动植物种类和地形地貌特征，还能深刻理解这些自然环境背后的生态价值及其对乡村可持续发展的重要意义。

为了进一步激发新生代乡村教师对乡村教育的热情与责任感，考察活动应融入互动性与反思性元素。例如，可以设置生态知识讲解环节，邀请生态学专家或当地经验丰富的农民进行现场讲解，帮助新生代乡村教师建立科学的生态观念。同时，组织小组讨论，围绕乡村环境现状、面临的挑战及可能的解决方案展开深入探讨，鼓励新生代乡村教师结合个人教学实践，思考如何将生态保护理念有效融入课程设计与课外活动中，从而培养学生的环保意识与责任感。

此外，考察活动还应注重情感联结。通过安排与当地居民的互动交流，让新生代乡村教师亲身体验乡村生活的质朴与和谐，感受人与自然和谐共生的美好愿景。这种情感的共鸣是激发新生代乡村教师乡土情怀，促进其长期投身于乡村教育事业的重要动力。

参与农事劳动实践是另一种有效的自然体验方式。对于城镇籍新生代乡村教师而言，农事活动常常颇为陌生，即便是在农村环境中成长起来的新生代乡村教师，也因时代变迁与生活方式转型，而鲜少有机会亲身接触农作活动。因此，通过直接参与耕种、收割等一系列农业活动，新生代乡村教师们能够更为深刻地领悟乡村生活的真谛及农业生产的艰辛不易。这种亲身体验不仅极大地丰富了新生代乡村教师的生活经验，还显著增强了他们对乡村文化的认同感与归属感。在实践过程中，新生代乡村教师不仅可以学习到传统的农业技艺，还可以结合现代农业技术，提升自身的实践能力和教学水平。同时，这种体验也为新生代乡村教师提供了一个与学生分享真实农业生活的平台，不仅有助于激发学生的动手实践兴趣，还能够在潜移默化中培养学生的环境保护意识。

2. 构建乡土自然教育资源库

构建乡土自然教育资源库，目的是整合并系统化乡村自然环境中蕴含的教育资源，形成一个集文字、图片、视频等多种媒介于一体的综合性资料库。鉴于资源库构建的复杂性与资源需求的广泛性，应由省教育厅牵头，联合乡村教育专家、各地教育局、地方电视台以及文旅部门等多方力量，共同推进这一教育创新项目。

以四川地区为例，四川素有"天府之国"的美誉，拥有得天独厚的自然风光和丰富的生物多样性，为构建这样的资源库提供了丰富的素材。资源库构建的目的是整合四川省内丰富的自然景观、生物多样性及生态文化资源，通过数字化手段将其转化为易于获取、便于应用的教育资源。通过深度挖掘乡土文化的教育价值，为新生代乡村教师提供丰富的学习材料，助力其在教学实践中更好地融入乡土元素，从而培育并深化其对乡土文化的深厚情怀。

在构建策略上，应充分发挥各参与方的专业优势。省教育厅作为主导者，负责整体规划与政策引导；乡村教育专家提供理论指导与教学实践经验，确保资源库内容符合教育规律与新生代乡村教师专业发展需求；地方教育局负责区域资源的收集与初步整理，确保资源的全面性与代表性；地方电视台利用技术优势，负责视频资料的拍摄与制作，生动展现乡村自然与文化的魅力；文旅部门则提供历史文化背景资料，增强资源库的文化底蕴与教育意义。

资源库的具体内容应涵盖四川乡村的自然景观、生物多样性、农耕文化、生态变迁等多个维度，采用文字、图片、视频等多种媒介形式，形成立体化、多层次的教育资源体系。例如，通过高清图片与视频展示九寨沟的彩池、峨眉山的云海等自然景观，结合文字描述，人们能够身临其境地感受自然之美；同时，记录并展示四川特有的珍稀动植物，如大熊猫、金丝猴等，以及乡村生态变迁的历史。

构建完成后，资源库应向全省乃至全国的乡村学校开放，成为新生代乡村教师学习的重要平台。通过学习，新生代乡村教师能够深入了解并感受四川乡村的独特魅力与深厚文化底蕴。并通过线上线下的培训与交流活动，促进新生代乡村教师对资源库的有效利用，提升其教学设计与实施能力，进而在课堂教学中更好地融入乡土元素，激发学生的家乡情感与学习兴趣。

通过多方协作与持续建设，形成一套具有地方特色的乡土教育资源库体系。通过这一平台，新生代乡村教师能够不断深化对乡土文化的认知与情感认同，进而在教学活动中更好地传承与弘扬乡村文化，促进乡村教育的可持续发展。

3. 开展乡土自然教育课程研发

开展乡土自然教育课程的研发，是在深入考察乡村自然环境并建立资源库的基础上，旨在促进新生代乡村教师的专业成长和学生全面发展的重要举措。通过开发具有地方特色的乡土自然科学课程，新生代乡村教师可以增强对自然环境的认知。这类课程应结合当地的自然资源和生态环境，设计出能够反映地方特色的教学内容。通过将乡村的自然元素融入课堂，新生代乡村教师不仅可以提升学生的科学素养，还能激发他们对家乡的热爱和保护意识。课程的开发需要新生代乡村教师具备科学知识和课程设计能力，因此，学校应提供相应的培训和资源支持，以确保课程的科学性和可操作性。

四川的乡村，以其丰富的生物多样性和独特的自然景观，为这一教育模式的实践提供了理想的条件。对于某乡村的新生代乡村教师而言，如何有效地开展乡土自然教育课程研发呢？首先，新生代乡村教师应组织学生进行系统的自然环境考察。以四川某乡村为例，新生代乡村教师可以带领学生走进山林和溪流，观察植被分布，识别珍稀植物，记录鸟类迁徙路径，探索水生生物的奥秘。这些实地考察不仅为课程设计提供了丰富的第一手资料，还让学生在亲身体验中感受到自然的魅力与脆弱，从而激发他们的环保责任感。

接着，新生代乡村教师应基于考察结果建立乡土自然教育资源库。这个资源库应包含详尽的文字描述、生动的图片和视频资料，以及互动式电子地图等多媒体资源。通过整合这些资源，新生代乡村教师可以为学生提供一个全方位、多角度了解乡村自然环境的平台。同时，资源库还可以收录村民口述的历史故事和民间传说，为课程内容增添文化色彩，使学生在学习自然知识的同时，也能感受到乡村文化的深厚底蕴。

在资源库的支持下，新生代乡村教师可以设计符合学生认知水平的教学计划。这包括开发具有地方特色的教学案例，如通过观察四季变换来了解自然景观的变化，结合农历节气来讲解农作物生长周期与自然环境的关系；并采用创新的教学方法，如项目式学习法，鼓励学生分组研究特定主题，在实践中锻炼提升观察、分析和解决问题的能力。例如，乡村环境保护教育是自然课程的重要组成部分。新生代乡村教师可以通过案例分析和项目学习，引导学生关注环境问题，如水土流失和垃圾处理。通过实际行动，如组织环保活动和参与社区环境治理，新生代乡村教师可以培养学生的环保意识和社会责任感。

最后，为了全面评估学生的学习成果，新生代乡村教师应创新评估机制。除了传统的笔试之外，还可以引入"生态日记""自然观察报告"和"社区贡献度"等多维度评价方式。这些评价方式不仅能够考察学生的知识掌握情况，还能评估他们的实践能力和社会责任感，从而更全面地了解学生的学习成效。

（二）深化乡村生活认知

1. 鼓励融入乡村社会

（1）理解和认同当地的文化与价值观

新生代乡村教师在融入乡村社会中，也能够提高乡土认知。首先需要理解和认同当地的文化与价值观，大多数乡村教师在城市接受高等教育，常常带有明显的城市化特征，这可能导致他们在乡村工作时会遇到文化冲突。为了克服这些障碍，新生代乡村教师应积极参与乡村的文化活动，深入了解当地的传统习俗和价值观。为了克服这些障碍，新生代乡村教师应积极参与乡村的文化活动，深入了解当地的传统习俗和价值观。例如，在某些地区，新生代乡村教师通过参与当地的传统节庆活动，如春节庙会和丰收节，不仅观察到了丰富的民俗表演和手工艺展示，还主动参与到这些活动的组织和策划中。这种深度参与使新生代乡村教师能够在实践中体验到乡村文化的独特魅力，并通过与村民的互动，获得对地方文化更为深刻的理解。新生代乡村教师积极参与文化活动，不仅有助于其个人乡土知识的学习，也为其在教学中融入地方性知识提供了丰富的素材和灵感。通过将地方性知识纳入教学内容，新生代乡村教师可以帮助学生建立对乡村的认同感和自豪感。并且在这一过程中，新生代乡村教师的文化敏感性得以提高，从而能更好地促进他们在乡村教育环境中的适应与发展。

（2）参与乡村社会治理

新生代乡村教师还可以通过参与乡村社会治理，进一步融入乡村生活，并在此过程中深化对乡村的认知。作为乡村文化能人，新生代乡村教师不仅是知识和文化的传播者，更是乡村发展的积极推动者。乡村文化能人这一角色在乡村社会中起到重要的桥梁作用，他们利用自身的知识储备和社会影响力，积极参与村委会等基层治理结构的工作中，为乡村治理提供智力支持和创新思路[253]。新生代乡村教师可以通过参与制定村级发展规划、组织社区教育活动以及推动文化传承等方式，积极融入乡村治理。这种积极的社会参与，不仅为乡村的发展注入了新的活力，也使新生代乡村教师在乡村社会中获得了更多的认同和支持，从而进一步深化了他们对乡村生活的认知和理解。

（3）参与乡村民俗活动

新生代乡村教师通过参与乡村民俗活动，也能提升其乡土认知和对乡土生活的理解。民俗活动不仅是文化的载体，也是社区凝聚力的体现。通过参与地方节庆和传统仪式，新生代乡村教师能够深入体验乡村的文化氛围和人情风俗。例如，在四川凉山州彝族地区，火把节是一项重要的传统民俗活动。参与火把节的庆祝活动，使新生代乡村教师能够深入体验到当地独特的文化氛围和热情洋溢的人情风俗。在火把节期间，村民们用点燃火把、载歌载舞的方式驱邪避灾、祈求丰收。通过参与这样的活动，新生代乡村教师不仅增进了对地方文化的认同感，也在与村民的互动中加深了对乡土生活的理解，并会在日常教学中将这种文化传授给学生。

2. 加深对乡村社会结构的理解

（1）了解乡村治理体系

对于新生代乡村教师而言，学习乡村治理体系有助于提升他们的乡土认知。乡村治理体系的提出，缘于农村地区对于社会管理与公共服务需求的日益增长。其目标在于构建高效的组织架构与运行机制，以增强乡村的自主治理能力和提升公共服务质量。一般而言，乡村治理体系涵盖村民自治、村务公开以及民主决策等多个维度，力求推动乡村的可持续发展与社会和谐。

通过深入了解乡村的治理结构和运作机制，新生代乡村教师可以更好地理解乡村社会的运行方式。这种理解不仅帮助新生代乡村教师在教育过程中引导学生认识乡村的政治经济环境，提高他们的社会参与意识，还能增强新生代乡村教师自身对乡村文化和社会的认同感和归属感。为此，新生代乡村教师可以通过多种方式来学习乡村治理体系的相关知识。例如，参加乡村会议是一个直接的途径，通过观察和参与决策过程，新生代乡村教师能够获取对乡村治理的第一手资料。此外，与村干部交流也是一种有效的方法，通过与他们的对话，新生代乡村教师能更深入地了解村庄的管理模式和面临的挑战。再者，新生代乡村教师还可以参与到村务公开活动中，通过查看村务公开栏或参加村民大会，了解村务管理的具体实施情况。通过这些途径，新生代乡村教师不仅能更好地结合实际进行教学，还能在与学生的互动中传递真实的乡村治理经验，帮助学生更好地理解和融入乡村社会。

（2）熟悉乡村人际关系网络

乡村社会的人际关系历经了深刻的变迁历程。在传统观念中，乡村社会被视作典型的"熟人社会"，其根基植于自然经济之上，村民间维系着紧密且稳固的关系网络。然而，伴随着国家工业化、城市化及信息化进程的加速推进，加之农民外出务工的长期趋势以及市场化元素的渗透，乡村原有的熟人社会模式逐渐转型为"半熟人社会"，不仅使得村民间的关系趋于疏远，亦引发了乡村传统文化的衰退现象[254]。

面对当前乡村社会中人际关系网络的复杂化与多样化态势，新生代乡村教师因其独特的成长背景与生活经历，相较于传统乡村教师而言，可能对此类网络感到较为陌生。鉴于此，深入熟悉乡村人际关系网络对于新生代乡村教师提升乡土认知具有至关重要的意义。这不仅能够促进他们更好地融入乡村生活与文化氛围，还能在教育实践中更有效地指导学生理解并适应乡村社会的独特性与复杂性。为了有效熟悉乡村人际关系网络，新生代乡村教师可采取以下策略：积极参与村庄的节庆或公益活动，以实际行动与村民建立紧密联系，增进彼此理解；同时，深入学生家庭进行家访，面对面交流以全面掌握学生的家庭背景与成长环境，为因材施教打下坚实基础；此外，加入村里的兴趣小组或合作社等活动，融入村民日常，深化对乡村人际关系网络的理解与认知。

（三）弘扬乡土人文认知

1. 学习乡土历史文化

（1）乡村历史事件与人物研究

弘扬乡土人文认知对于新生代乡村教师而言，是提升其教育质量和社会融入能力的重要途径。在四川这样一个拥有丰富历史文化背景的地区，学习乡土历史文化显得尤为重要。通过研究乡村历史事件与重要人物，新生代乡村教师不仅可以丰富自身的知识储备，还能增强文化自信。这些历史人物和事件是乡村的精神财富，了解这些可以帮助新生代乡村教师在教学中更好地引导学生。比如，四川的茶马古道、红军长征经过的地方，以及当地的民间传说和历史名人，都是值得探索的内容。新生代乡村教师可以通过讲述这些故事，组织学生进行实地探访，激发学生对家乡的认同感和自豪感。

在教学过程中，新生代乡村教师可以将这些历史文化元素融入课堂，创造出更加生动的学习体验。通过组织历史探访活动，学生不仅能在真实的环境中感受历史的厚重，还能通过与当地长者的交流，获取第一手的历史资料。这种实践活动有助于学生从不同的角度理解历史，培养他们的批判性思维和探索精神。同时，新生代乡村教师也能在与学生共同学习的过程中，深化对乡村历史文化的理解，进一步提升自己的乡土认知。

此外，新生代乡村教师可以利用现代技术手段，如多媒体课件或线上资源，丰富教学内容。通过展示历史照片、播放纪录片或邀请专家讲座等方式，使学生更直观地了解家乡的历史文化。这不仅能提高学生的学习兴趣，还能让他们在潜移默化中受到文化的熏陶。对于新生代乡村教师而言，这种对乡土历史文化的深刻理解和传播，不仅能提升他们的教学水平，还能增强他们在社区中的影响力和归属感。

（2）地方传统技艺学习

地方传统技艺是乡土文化的生动体现，蕴含着丰富的历史和人文价值。对于新生代乡村教师而言，深入学习和掌握这些技艺，不仅是提升自身文化素养的重要途径，也是在教育中传递乡土文化的有效方式。在四川，许多传统技艺如蜀绣、竹编、川剧等，都具有独特的地方特色。通过亲身学习这些技艺，新生代乡村教师可以更好地理解和传承当地的文化传统。比如，参与蜀绣的制作过程，不仅能让教师感受到手工艺的精湛，还能体会到其中蕴含的文化内涵和历史故事。

在教学实践中，新生代乡村教师可以邀请当地的民间艺人到学校进行技艺展示和授课。这种方式不仅能让学生近距离接触传统技艺，还能激发他们对本土文化的兴趣和热爱。比如，通过川剧表演的现场教学，学生可以了解到这种艺术形式的历史背景、表演技巧及其在四川文化中的重要地位。这样的互动式学习，不仅丰富了课堂内容，还能培养学生的动手能力和艺术鉴赏力。

此外，新生代乡村教师自身对地方技艺的学习和掌握，也可以在日常教学中潜移默化地影响学生。通过将传统技艺融入课外活动或主题课程，新生代乡村教师可以引导学生实践，激发他们的创造力和文化自信。在这个过程中，新生代乡村教师不仅是知识的传递者，更是文化的传承者。这样的教育方式，不仅能增强学生的文化认同感，还能为乡村文化的持续发展注入新的活力。通过学习和传播地方传统技艺，新生代乡村教师在提升自身乡土人文认知的同时，也为学生打开了一扇通往丰富多彩的地方文化的大门。

2. 传承乡村精神文化

（1）非物质文化遗产保护

非物质文化遗产是指那些传统文化、习俗、活动、技能，以及与其相关的工具、装置、手工艺品和文化场所等，这些非物质性的元素被各群体、团体和个人视为其文化遗产的重要组成部分。保护和传承非物质文化遗产不仅是乡村居民的重要责任，也是新生代乡村教师传承与弘扬乡村文化精神的重要途径。四川乡村的非物质文化技艺，如绵竹年画等，生动体现了该地区丰富的乡土文化特色。绵竹年画以其独特的艺术风格和精湛的制作工艺，展现了四川乡村的历史传承与文化底蕴。这些技艺不仅承载着乡村的记忆与情感，还成为连接过去与未来的文化纽带，彰显了四川乡村文化的独特魅力与生命力。新生代乡村教师可以通过深入学习这些文化遗产，增强自身的文化认知，并在日常教学中发挥其积极作用。

新生代乡村教师可以通过多种途径参与非物质文化遗产的保护工作。例如，他们可以参与地方文化部门组织的遗产普查，记录和整理当地的非物质文化遗产资料。在四川，新生代乡村教师可以协助记录川剧表演的传统技艺，或者参与茶艺文化的推广活动。此外，教师还可以在学校组织相关的文化活动，如非物质文化遗产主题日，邀请传承人进行现场展示，让学生亲身体验和学习。在课堂教学中，新生代乡村教师可以将非物质文化遗产作为重要的教学内容，引导学生了解其定义、种类及保护现状。通过讨论和项目式学习，学生可以思考如何在现代社会中传承和发展这些文化遗产。例如，教师可以组织学生进行关于川剧的研究项目，探索其历史背景、艺术特色以及现代传承的挑战和机遇。这种教育方式不仅提升了学生的文化素养，还培养了他们的社会责任感和创新能力，使他们在保护和传承文化遗产的过程中，成为积极的参与者和贡献者。通过这些努力，新生代乡村教师不仅提升了自身的乡土人文认知，也在学生心中播下了文化传承的种子。

（2）乡村文化活动的组织与参与

新生代乡村教师在乡村文化活动的组织与参与中扮演着重要角色，他们可以利用课余时间和学校的资源，积极推动乡村文化的传承与发展。在四川，丰富多彩的乡村文化活动为新生代乡村教师提供了广阔的实践平台。例如，四川的火把节、庙会以及传统的龙舟赛等活动，都是极具地方特色的文化盛宴。新生代乡村教师可以组织学生参与这些活动，通过编排文艺节目、筹备节庆活动等方式，活跃乡村文化氛围，增强村民的文化认同感。

通过组织和参与这些文化活动，新生代乡村教师不仅能丰富乡村的文化生活，也能在实践中提升自身的乡土人文认知。在四川的传统节日如春节期间，新生代乡村教师可以带领学生准备和表演地方戏曲、歌舞等节目，为村民带来欢乐的同时，也让学生在实践中体会到传统文化的魅力。此外，新生代乡村教师还可以组织学生参与当地的非物质文化遗产代表性项目，如川剧或竹编技艺的学习和展示，通过亲身体验和实际操作，加深对这些传统技艺的理解和认同。

这些文化活动不仅为乡村带来了活力，也为新生代乡村教师提供了与学生共同成长的机会。在活动的策划和实施过程中，新生代乡村教师和学生可以共同探索乡村文化的多样性，激发学生对本土文化的兴趣与热爱。

（四）增强乡村社会结构认知

乡村社会结构是乡村社会运行的基本框架，体现了乡村社会的组织形态、群体关系和文化特质。对于新生代乡村教师而言，充分理解乡村社会结构的特征及其内在逻辑，是提升乡土情怀、促进职业发展的重要途径。然而，由于城镇化进程的加速和城乡文化差异的扩大，新生代乡村教师对乡村社会结构的认知往往存在浅表化和片面化的问题。这不仅影响了他们对乡村教育价值的理解，还可能制约其在乡村教育实践中的有效性。因此，增强乡村社会结构认知，成为培育新生代乡村教师乡土情怀的重要策略。

1. 理解乡村家庭结构的变迁与教育影响

乡村家庭是乡村社会结构的重要组成部分，其形态与功能在社会变迁中经历了显著变化。尤其是在城镇化和劳动力迁移的背景下，乡村家庭呈现出小型化、空心化、隔代抚养等特征。留守儿童和祖代抚养现象已成为乡村教育的重要议题，这种家庭结构的变化对乡村儿童的成长和教育产生了深远影响。例如，留守儿童由于缺乏父母的日常陪伴，往往在情感支持、学业指导和行为规范等方面面临困境；祖代抚养家庭中，老一辈监护人的教育观念和能力可能难以满足现代教育的需求。这些问题直接影响了乡村教育的质量和公平性。

新生代乡村教师需要通过深入了解乡村家庭结构的变迁，掌握留守儿童及其家庭的实际需求，才能在教学和学生管理中采取更具针对性的策略。例如，教师可以通过家访、与监护人建立沟通机制等方式，深入了解学生的家庭背景和成长环境，从而在课堂教学中有针对性地设计教育内容和活动。此外，教师还可以通过组织亲子活动或心理辅导，弥补留守儿童在情感支持和社会化发展方面的不足。通过对乡村家庭结构的理解，新生代乡村教师能够更好地融入乡村社会，增强对乡村教育的责任感和归属感。

2. 掌握乡村社会关系网络的特征与运行机制

乡村社会关系网络以血缘、地缘和亲缘关系为纽带，构成了乡村社会的重要组织形式。这种关系网络在乡村社会中具有强大的凝聚力和影响力，对乡村教育也有着深刻的作用。一方面，乡村社会关系网络可以为教育资源的整合和利用提供支持。例如，乡村中的家族长辈或村干部往往在教育事务中扮演重要角色，他们的支持能够促进学校与社区的合作。另一方面，乡村社会关系网络也可能对教育公平性产生负面影响，例如因人情关系导致的资源分配不公或教育机会的不平等。

新生代乡村教师需要认识到乡村社会关系网络的双重性，既要善于利用这种网络推动教育工作，又要警惕其可能带来的负面效应。例如，教师可以通过与村干部、家长委员会等主体的合作，开展乡村教育资源的整合与共享；同时，在处理学生事务时，应坚持公平公正的原则，避免因社会关系网络的干预而影响教育决策的科学性。此外，教师还可以通过组织社区活动，促进学生与家庭之间的互动，增强乡村社会的教育合力。

3. 关注乡村文化传统与现代价值观的交融

乡村社会结构的另一重要维度是其文化传统。乡村文化以其独特的价值观、行为规范和生活方式，为乡村社会的稳定和发展提供了精神支撑。然而，随着现代化进程的推进，乡村文化正面临着解构与重构的双重挑战。一方面，传统的乡村文化在现代价值观的冲击下逐渐式微；另一方面，现代文化的引入也为乡村社会注入了新的活力。在这一背景下，如何实现乡村文化传统与现代价值观的有机交融，成为乡村教育的重要任务。

新生代乡村教师应以开放的态度看待乡村文化传统与现代价值观的交汇，通过教育实践促进二者的融合。例如，教师可以在课堂教学中融入乡村文化元素，如乡村民俗、地方历史和传统技艺，使学生在学习现代知识的同时，树立对乡村文化的认同感和自豪感。此外，新生代乡村教师还可以通过组织乡村文化节、田野调研等活动，带领学生探索乡村文化的丰富内涵，培养他们对乡村社会的深厚情感。通过对乡村文化传统与现代价值观的理解和运用，新生代乡村教师能够在乡村教育中发挥更大的作用。

二、增强乡土认同的策略

加强乡土文化教育和推动文化交流，帮助新生代乡村教师建立对乡土文化的认同感。同时，提升新生代乡村教师的职业荣誉感，营造尊重乡村教师的氛围，强化他们对乡村教育职业的认同。通过增进新生代乡村教师与乡村的情感联结，鼓励他们长期服务于乡村教育，促进新生代乡村教师的乡土身份认同。

（一）增强对乡土文化的认同

1. 加强乡土文化教育

（1）乡土课程的开发

课程，作为文化传承的载体，其根源深植于社会对文化传递的需求之中。在现代社会，课程往往成为主流文化的代言人，然而，在这一过程中，乡土文化却常被边缘化。鉴于中华民族文化的根基在于乡村，对乡土文化的忽视无异于对民族文化之源的遗忘。对于乡村教育而言，城市文化是一种外在的"他文化"，而乡土文化则是其内在的"原文化"。若乡村教育一味追求"他文化"而舍弃"原文化"，必将导致教育的"水土不服"，进而影响乡村教育的健康发展。

在当前社会背景下，乡村人口大量向城市迁移，导致乡土文化的虚无化现象日益严重。学校，作为文化传承的最后阵地，承载着传承乡土文化的重任。若乡村学校不增设乡土文化相关课程，乡土文化将面临消亡的危机，进而破坏中华文化的生态平衡。因此，乡土课程的开设，不仅是对乡村自然资源和文化资源的一种延续，更是对民族精神的传承，以及培养学生知家乡、爱家乡、建家乡的情感、态度与价值观的重要途径。

近年来，在乡村振兴战略和基础教育课程改革的推动下，乡土课程成为教育研究者的热点关注对象，并被寄予传承与复兴乡土文明、培养乡村青少年健全人格等多重价值期待。然而，乡土课程的开设并非简单地利用现有资源，而是应基于明确的育人目标和学生发展需求来精心组织。当前，乡土课程内容的组织过于粗疏随意，缺乏专业性，这主要表现在将课程资源直接等同于课程。这种做法虽然有助于保持课程内容的原生性乡土性，但往往与学校课程的基本属性不符。

为了提升新生代乡村教师的乡土文化认同，乡土课程的开发应广泛吸纳当地乡民的意见和建议，让乡民成为课程开发的参与者。同时，乡土课程的教学也不应局限于学校教师，而是让乡民成为主讲人，带给学生最直观、最真实的乡土文化体验。此外，乡土课程的上课场地也应突破学校限制，通过实地游览、参观等方式，让学生在亲身体验中感受乡土文化的魅力。

在竞争激烈的乡村教育环境中，乡土课程成为学校吸引外界关注的重要窗口，也是学校发展的重要筹码。然而，乡土课程的开设并非仅仅为了展示和竞争，而是应以满足学生的学习需求、增进他们对乡土文化的了解与认知为核心目的。因此，在乡土课程的建设过程中，应注重课程的内涵建设，确保课程能够真正拉近学生与乡土文化的距离，提升他们的学习兴趣。

以四川成佳学校为例，该校将乡土文化全方位融入学校教育之中，形成了独特的"茶人教育"文化品牌。通过编写乡土教材、建立课程体系、拓展学校文化建设等方式，成佳学校成功地将乡土元素融入学校教育的各个环节，实现了乡土知识的传承与学生发展的统一[255]，真正达到了"化民成俗"的境界。在这一境界中，新生代乡村教师身份也发生了改变，他们不仅是"教人文化之师"，还是"学习文化之生"。只有如此，新生代乡村教师才能更加深刻地理解如何在乡土课程建设之中实现自身的成长与发展，进而提升新生代乡村教师的乡土文化认同。

（2）文化认同专题培训

除了开发乡土课程，文化认同专题培训也是提升新生代乡村教师乡土文化认同的重要策略。培训内容应包括乡土文化的基本理论、文化传承的意义以及如何在教学中有效融入乡土文化等方面。通过邀请当地文化专家、非物质文化遗产代表性传承人等举办讲座和开设工作坊，新生代乡村教师可以在互动中获得第一手的文化知识和实践经验。以四川的彝族火把节为例，新生代乡村教师可以通过参与节日活动的组织与策划，亲身体验节日的文化内涵和社会功能。这样的培训不仅能提高教师对乡土文化的认知水平，还能增强他们在课堂上推广乡土文化的自信心和能力。通过系统化的培训和实践，新生代乡村教师能够更好地将乡土文化融入日常教学，促进学生的文化认同和情感归属。

2. 加强乡土文化交流

（1）深化新生代乡村教师间乡土文化交流活动

推动乡土文化交流，对于提升新生代乡村教师的乡土文化认同具有显著作用。在此背景下，新生代乡村教师间的文化交流活动显得尤为关键。在新生代乡村教师间的文化交流中，不仅能够促进他们对各自地域文化的深入理解和相互尊重，还能在互动中加深新生代乡村教师们对自身乡土文化的认同感和自豪感。通过文化交流，新生代乡村教师们可以在多元文化的碰撞中，反思自身文化的独特性和价值，从而增强对乡土文化的认同和传承的责任感。

新生代乡村教师间的文化交流活动具有高度的可行性。一方面，随着教育改革的深入和新生代乡村教师专业发展的需求，越来越多的新生代乡村教师渴望拓宽视野、提升文化素养；另一方面，现代信息技术的发展为文化交流提供了便捷的平台和工具，使得跨区域的文化交流变得更加容易实现。通过利用在线平台和数字化资源，新生代乡村教师们可以随时随地进行文化交流，分享教学经验和文化见解。这不仅降低了交流的成本，也提高了交流的效率和频率。

为了调动新生代乡村教师的交流积极性，可以采取以下措施。首先，建立长效交流机制是关键。设立专门的新生代乡村教师文化交流项目，支持教师定期互访和文化课题的联合研究。通过持续的交流和合作，新生代乡村教师们可以不断拓宽文化视野，提升在多元文化背景下的教学能力。其次，提供多样化的交流平台也是重要的策略。组织跨区域的文化交流研讨会、文化体验营等活动，为新生代乡村教师们提供多样化的交流平台。这些活动不仅可以促进理论层面的探讨，还能融入实践活动，让新生代乡村教师们亲身体验和感受不同地域的文化魅力。最后，激励与认可机制的建立可以有效激发新生代乡村教师们的参与热情。对于积极参与文化交流活动的新生代乡村教师，给予适当的激励和认可。例如，可以在职称评定、评优评先等方面给予加分或优先考虑，以激发新生代乡村教师们的参与热情。

以四川为例，可以组织新生代乡村教师参与以下文化交流活动。首先，邀请外地教师参与四川本土节庆是一个有效的方法。利用四川丰富的节庆资源，如羌族年、苗族花山节等，邀请外地教师来四川参与体验。通过亲身体验和互动，让他们深入了解四川的乡土文化和民俗风情，从而增进对四川文化的认同和热爱。其次，开展联合教研活动，与外地学校建立合作关系，定期开展联合教研活动。通过共同备课、听课、评课等方式，促进新生代乡村教师们在教学理念、教学方法等方面的交流与借鉴。同时，也可以结合各自的地域文化特色，共同探讨如何将乡土文化融入教学实践。最后，建立线上交流平台，利用现代信息技术手段，建立线上交流平台。通过线上交流，不仅可以打破地域限制，还能实现资源的共享和互补。

（2）推动校际乡土文化合作

此合作可通过建立乡村学校间的文化联盟，实现资源共享与优势互补。在具体实施上，学校可联合举办乡土文化主题的展览、艺术节等活动，以展示与传播各自的文化特色。以四川为例，学校可联合举办川剧表演艺术节，邀请不同学校的学生与教师参与表演与观摩。此类合作不仅能激发学生对本土文化的兴趣，还能在互动中增进师生对乡土文化的认同感。

此外，校际合作还可通过共同开发乡土文化课程来实现。学校可根据自身的文化资源与教学需求，联合开发具有地方特色的课程模块，并在教学中相互借鉴与推广。此合作有助于打破学校间的文化壁垒，促进乡村教育的整体发展。相关研究指出，校际合作不仅能提高教育资源的利用效率，还能增强新生代乡村教师的专业发展与文化认同。通过校际乡土文化合作，新生代乡村教师能在更广阔的文化视野中反思与实践乡土文化教育，进一步提升其文化认同与职业归属感。

（二）强化对乡村教育职业的认同

1. 提升职业荣誉感

（1）表彰优秀新生代乡村教师

在新生代乡村教师的职业发展过程中，提升其职业荣誉感是增强其职业认同的关键途径之一。职业认同是指新生代乡村教师对自身职业角色的理解、情感体验以及行为倾向的综合表现，是其个体经验与社会、文化、制度环境相互作用的结果。它为新生代乡村教师理解自身角色、明确职业动机和保持职业承诺提供了框架，是影响新生代乡村教师职业选择和留职意愿的重要因素。国家层面通过"全国最美乡村教师"的评选活动，已经为新生代乡村教师树立了良好的榜样，这一做法不仅提升了新生代乡村教师的社会地位，也增强了他们的职业自豪感。对于新生代最美乡村教师而言，他们展现出高度的职业认同。这种认同首先体现在他们对乡村教师职业的积极认知，能够深刻理解并重视这一职业的意义和自身在其中的角色定位。其次，他们对乡村教师职业有着深厚的情感投入，感受到强烈的归属感和教学效能的满足感。此外，他们还表现出积极的职业行为倾向，不仅在教育教学上投入热情，还主动承担起改善乡村教育和社区发展的责任，利用自身的现代生活经验和智慧，积极为乡村儿童的成长和学校建设贡献力量。各级政府和教育机构应积极效仿这一模式，定期开展本地区的优秀乡村教师评选活动。通过多层次、多维度的评选标准，挖掘那些在教学质量、学生发展、社区服务等方面表现突出的教师，给予他们应有的认可和奖励。

在这一过程中，评选活动的透明度和公平性尤为重要。评选标准应充分考虑新生代乡村教师的工作环境和资源限制，避免单纯以学业成绩为唯一评价指标，而应注重教师在乡村教育事业中的综合贡献。通过表彰活动，不仅能够让优秀教师的事迹得到广泛传播，也可以为其他教师提供学习和借鉴的机会，从而在整个教师群体中形成良好的激励效应。

（2）宣传乡村教师先进典型事迹

宣传先进典型事迹是提升新生代乡村教师职业认同的重要手段。通过媒体报道、专题纪录片、校园讲座等形式，将优秀乡村教师的感人事迹和教育成就展现在公众面前，不仅可以增强社会对乡村教育的关注和支持，也能激发新生代乡村教师对职业的热爱和坚持。这种宣传应注重故事的真实性和感染力，以生动的细节和真实的情感打动人心，从而引发更广泛的社会共鸣。

例如，在贵州省的一所偏远乡村小学，教师孙影放弃城市的高薪工作，毅然选择扎根乡村，通过个人努力改善学校条件，并积极推动学生的全方位发展。她的事迹通过当地媒体的广泛报道，引起了社会的热烈反响，不仅提升了当地乡村教师的社会形象，也为其他新生代乡村教师提供了强大的精神动力。这样的宣传活动，不仅可以有效提升新生代乡村教师的职业认同感，还能在更大范围内塑造积极的教育价值观。

在宣传过程中，应充分利用现代信息技术手段，拓展宣传渠道，如通过社交媒体平台、短视频应用等，使优秀乡村教师的事迹能够更快速、更广泛地传播。通过这种多渠道、多形式的宣传，不仅可以增强新生代乡村教师的职业认同感，还能吸引更多有志之士投身乡村教育事业，为乡村教育的持续发展注入新的活力。

2. 营造尊重新生代乡村教师的氛围

（1）社会舆论支持

应在全社会范围内积极塑造关于"乡村"和"乡村教师"的正面形象。乡村不仅仅是一个地理概念，更是文化的象征。乡村教育不仅体现为一种空间和时间的存在，更是意义和价值的载体。要让乡村和乡村教师在教师心目中获得积极的意义，社会必须打破对乡村的"贫穷""愚昧""落后"以及对乡村教师的"低素质""低地位"等负面刻板印象。国家应利用舆论资源，推动社会对乡村的自然、淳朴形象的认同，将乡村教师视为追求简单、真实生活方式的象征。选择乡村教职不仅是新一代青年的责任，也是新生代乡村教师实现自我发展的途径。通过正面宣传，乡村教育可以被视为一种独特的教育形式，而不是城市教育的模仿者。乡村学校应在培养目标、课程内容和评价体系上加强与乡村实际的联系，使乡村文化成为教育的重要组成部分。

（2）政策法规保障

政策措施应反思现有的激励机制，关注新生代乡村教师内在需求的满足。虽然经济待遇和物质条件是重要的，但对于新生代乡村教师而言，内心的情感、信念和价值观更为重要。长期以来，政策主要集中在经济激励上，而忽视了新生代乡村教师作为社会人的精神需求。研究表明，教师职业认同是教师赋予职业意义的重要资源，而内在的情感和信念能够更有效地激发教师的职业动机[256]。因此，新生代乡村教师队伍建设应在保证一定待遇的基础上，注重提升教师的内生动力，发掘其精神力量。中共中央提出的分类施策要求，应立足于我国乡村的特点，引导新生代乡村教师形成乡土情感和职业认同，实现"乡土回归"，这应成为新生代乡村教师队伍建设的重要策略。

（三）促进乡土身份认同

1. 加强教师与乡村的情感联结

（1）开展家访工作

家访不仅是乡村教师职业的一部分，更是乡村教师职业认同的重要体现。家访作为连接学校和家庭的重要桥梁，具有不可替代的作用。通过家访，教师能够深入了解学生的家庭背景、生活环境以及个性特征，从而为学生提供更具针对性的教育支持。家访不仅是信息的传递，更是情感的交流。在乡村教育中，家访能够帮助新生代教师与乡村建立深厚的情感纽带，增强新生代乡村教师的乡土身份认同。在实际操作中，教师可以结合现代通信技术与传统家访形式，以多样化的沟通方式提升家访效果。例如，在东莞农村小学的"千师访万家"活动中，新生代乡村教师根据每位学生的具体情况，灵活运用即时通信工具与传统家访相结合的方式，确保家访工作的有效性[257]。这种方式不仅提升了教师与家长之间的沟通效率，也增强了新生代乡村教师对乡村社区的归属感和责任感。

通过家访，新生代乡村教师能够切身感受到乡村家庭的真实需求和期望，这种亲身体验有助于新生代乡村教师重新审视和理解自己的职业角色。家访中新生代乡村教师与学生及其家庭的互动，不仅能够增进彼此的了解和信任，也能激发新生代乡村教师的职业热情和使命感。例如，某位新生代乡村教师在家访中发现，许多留守儿童由于缺乏父母的陪伴，心理上存在孤独感和不安全感。在与祖辈的沟通中，新生代乡村教师充分利用丰富的乡土知识作为切入点，与他们分享乡村的环境、人文习俗和风土人情。在这种交流中，新生代乡村教师有意识地将科学的育儿理念融入其中，帮助祖辈形成更为正确的育儿观念。通过与乡村家庭的密切互动，新生代乡村教师能够更好地理解和融入乡村文化，增强对乡村的情感联结。这种情感联结是提升新生代乡村教师乡土身份认同的重要途径，也是推动乡村教育可持续发展的关键。

通过家访和家校联系的不断深化，新生代乡村教师能够在实践中不断增强对乡村的情感认同，从而进一步提升其职业认同感和归属感。

（2）参与乡村家校社共育活动

家校社共育是在明确各方主体责任的前提下，由家长、学校和社会多方协作，共同致力于孩子的培养和教育，以实现最佳的育人效果。朱永新指出，这一合作的内涵包括家庭教育的指导、学校生活的参与、家校之间的互动沟通以及社区教育的融合协作[258]。家校社共育活动在乡村教育中扮演着重要角色，通过这些活动，新生代乡村教师能够更深入地融入乡村社区，增进对乡土的认同和情感联结，从而在文化和情感层面上更加贴近乡村生活。

乡村家校社共育活动为新生代乡村教师提供了深入了解和体验乡土文化的机会。在这些活动中，新生代乡村教师能够接触到丰富的地方文化资源，如传统节庆、民间故事和地方习俗。这些文化元素不仅丰富了新生代乡村教师的文化视野，也增强了他们对乡村文化的认同感。新生代乡村教师在与乡村居民的互动中，通过分享和学习地方文化，逐渐形成对乡村独特文化价值的深刻理解。这种文化认同感使新生代乡村教师在情感上更加贴近乡村，增强了他们对乡村社区的归属感。

参与乡村家校社共育活动还促进了新生代乡村教师与乡村家庭的情感联结。在家访和社区活动中，新生代乡村教师通过与学生家庭的深入交流，能够更全面地了解乡村居民的生活方式和价值观。这种面对面的交流不仅加深了新生代乡村教师对乡村生活的理解，也使他们在情感上与乡村居民建立了更紧密的联系。新生代乡村教师在这些活动中展现出的真诚和关怀，能够有效拉近与乡村居民的心理距离，增强其对乡村的情感依附。

乡村家校社共育活动还为新生代乡村教师提供了参与乡村社区建设的机会。在这些活动中，新生代乡村教师不仅是教育者，也是社区的一员。他们通过参与社区活动，如环境保护、文化传承等，积极为乡村的发展贡献力量。这种参与感和贡献感，有助于新生代乡村教师在心理上将自己视为乡村社区的一部分，从而增强对乡村的情感联结和认同。

此外，通过乡村家校社共育活动，新生代乡村教师能够在实际行动中体验到乡村的魅力和价值。这种体验不仅来自对乡村自然环境的欣赏，也来自对乡村人际关系的理解和珍视。新生代乡村教师在乡村生活中的点滴感悟，逐渐积累成对乡村深厚的情感，这种情感联结成为他们在乡村长期服务的重要动力。

2. 鼓励教师长期服务于乡村教育

（1）职业发展规划指导

在促进新生代乡村教师乡土认同的过程中，职业发展规划指导是关键一环。对于"90后"新生代乡村教师而言，职业发展不仅关系到其专业成长，更是增强其对乡土的认同感和归属感的重要途径。职业规划应充分考虑这一代教师的独特需求和价值观，结合乡村学校的实际情况，制定个性化的发展路径。

职业发展规划首先需要关注新生代教师的专业成长与个性化需求。"90后"新生代乡村教师普遍具有较强的自主意识和创新精神，因此，职业规划应鼓励他们在教学中融入现代教育技术和创新教学方法。以四川省为例，一些乡村学校通过与高等院校合作，开设专为新生代乡村教师设计的专业发展课程，涵盖教育心理学、信息化教学等领域，帮助他们提升专业素养。同时，学校应为这些新生代乡村教师提供参与教育研讨会和培训活动的机会，以支持他们不断更新教育理念。

职业发展规划指导还应重视心理支持和预防职业倦怠。新生代乡村教师在乡村任教过程中，可能面临较大的心理压力和职业挑战。学校可以通过建立心理辅导机制和开展团体辅导活动，帮助教师缓解压力，增强心理韧性。同时，营造支持性的工作环境，鼓励新生代乡村教师之间相互支持与合作，以增强他们的团队归属感。

针对新生代乡村教师的职业生涯规划，应当明确提供晋升通道及发展前景。为了吸引和留住新生代乡村教师，教育主管部门应制定灵活的晋升机制，打破地域限制，为优秀新生代乡村教师提供更多发展机会。例如，四川省一些地区已试点"乡村教师晋升绿色通道"，通过设立乡村特级教师岗位，给予在乡村长期任教且表现突出的新生代乡村教师更多的晋升机会和职业荣誉，从而增强其对乡土的认同感。

（2）乡村任教激励政策

为了促进新生代乡村教师对乡土的认同，制定和实施有针对性的乡村任教激励政策至关重要。这些政策不仅应涵盖物质激励，还需包括精神激励，以全面提升新生代乡村教师的职业满意度和生活质量。

在物质激励方面，政府和教育部门应加大对新生代乡村教师的经济支持力度。具体措施可以包括提高工资水平，设立专项津贴，以及提供住房补贴和交通补助等。以四川省为例，部分偏远地区已开始实施"乡村教师生活补贴"政策，根据任教年限和服务地区的艰苦程度，给予乡村教师每月一定的生活补贴，以缓解其生活压力。此外，政府还应积极改善乡村学校的基础设施，提供良好的教学环境和必要的教学资源，确保新生代乡村教师能够在舒适的环境中开展教学工作。

精神激励同样不可忽视。政府和学校应通过多种形式的荣誉奖励机制，提升新生代乡村教师的职业荣誉感和成就感。例如，可以设立"优秀乡村教师奖""乡村教育贡献奖"等荣誉奖项，每年评选出在教育教学、学生发展和社区服务等方面表现突出的教师，并给予表彰和奖励。此外，学校应积极开展丰富多彩的文化活动和团队建设活动，增强新生代乡村教师的集体荣誉感和团队凝聚力。

同时，政策的制定和实施还需充分考虑新生代乡村教师的个人发展需求和职业规划。教育主管部门应鼓励新生代乡村教师参与各类进修和培训项目，为其提供继续教育的机会，以满足教师在职业发展中的多样化需求。例如，四川省教育厅与多所高校合作，为新生代乡村教师开设免费进修课程，涵盖教育管理、教学创新等多个领域，帮助新生代乡村教师不断提升自身的专业水平和教学能力。

通过一系列切实有效的激励政策，新生代乡村教师在物质和精神上将会获得更大的满足感和成就感，从而更愿意长期扎根乡村，为乡村学生的成长和发展贡献力量。

三、培育乡土情感的策略

强化教育理想和提升职业幸福感，使新生代乡村教师更理解教师职责，与乡村社区建立情感联结。增强归属感，构建良好的师生和同事关系，为新生代乡村教师带来社会支持与成就感。体验乡村生活的魅力，培养对乡村发展的责任感，激发教师对乡村教育事业的热爱与投入。

（一）培养职业情感

1. 强化教育理想信念

（1）教育使命感教育

教育使命感是教师职业情感的核心组成部分。对于新生代乡村教师而言，教育使命感不仅体现在对教学工作的热爱和执着上，也体现在对乡村教育发展的责任感和使命感的认同。为此，学校和教育主管部门应通过多种形式的活动和培训，帮助新生代乡村教师树立崇高的教育理想。以四川省为例，部分乡村学校定期举办"教育使命感"专题研讨会，邀请优秀乡村教师和教育专家分享他们在乡村教育中的经历和体会。这些活动不仅能激发新生代乡村教师的教育热情，还能帮助他们更好地理解乡村教育的意义和价值。此外，学校还应鼓励新生代乡村教师参与社区服务和教育志愿活动，通过实际行动增强对教育使命的理解和认同。

（2）师德师风建设

师德师风建设是培养新生代乡村教师职业情感的另一重要途径。良好的师德师风不仅是新生代乡村教师个人职业素养的体现，也是促进其乡土情感的重要因素。学校应通过制度建设和文化熏陶，营造良好的师德师风氛围。

在四川的一些乡村学校，师德师风建设已成为新生代乡村教师培训的重要内容。学校通过设立"师德模范"评选活动，表彰在教育教学、学生关爱和社区服务等方面表现突出的新生代乡村教师，以激励其他教师学习和效仿。同时，学校还应通过日常管理和考核机制，加强对教师职业行为的监督和引导，确保新生代乡村教师在职业操守和道德标准上始终保持高水平。

此外，师德师风建设还应关注新生代乡村教师的职业道德教育。学校可以通过组织师德讲座、开展道德讨论会等形式，引导新生代乡村教师深入思考教育的伦理和责任，增强其职业道德意识。这不仅有助于提升新生代乡村教师的职业素养，也能进一步增进新生代乡村教师对乡土的情感认同和归属感。

通过强化教育理想信念和加强师德师风建设，新生代乡村教师能够更好地理解和履行自己的教育职责，增强对乡村教育的使命感和责任感。

2. 促进职业幸福感提升

（1）积极心理资本培育

在新生代乡村教师的职业发展中，积极心理资本的培育是提升职业幸福感的重要策略。积极心理资本包括自我效能感、希望、乐观和韧性四个核心维度，这些心理资源不仅能够帮助新生代乡村教师更好地应对职业压力，还能增强其对乡村教育环境的适应能力。

对于"90后"新生代乡村教师来说，他们面临着快速变化的教育环境和多重角色的挑战，因此，培育积极心理资本显得尤为重要。以四川省为例，一些乡村学校通过组织定期的心理工作坊和团体辅导，帮助教师识别和发展自身的积极心理特质。这些活动不仅提供了一个共享经验和交流情感的平台，还通过具体的心理训练，提升教师的自我效能感和乐观态度，使他们在面对教学中的困难时能够保持积极的心态。

此外，学校管理者应注重在日常教学管理中营造支持性的工作环境，通过设立教师激励机制和提供专业发展机会，增强教师的职业成就感。通过这些措施，新生代乡村教师不仅可以在教学中实现自我价值，也能在职业发展中获得更高的幸福感和满足感。

（2）职业心理健康辅导

在新生代乡村教师的职业发展中，职业心理健康辅导是提升职业幸福感的关键。然而，考虑到乡村教育资源的有限性，辅导策略需要更加务实和可行，以确保其在实际操作中的有效性。"90后"新生代乡村教师正面临组建家庭和养育小孩的阶段，工作和生活压力交织，导致工作家庭冲突加剧，从而引发焦虑、抑郁和职业倦怠等问题。

针对这些挑战，上级主管部门可以发挥重要作用，组织开展定期的心理健康咨访活动。这些活动可以通过远程视频会议和定期巡回心理咨询的形式进行，确保新生代乡村教师能够获得专业的心理支持。通过这样的方式，新生代乡村教师可以在不离开工作岗位的情况下，获得心理健康指导和情绪管理技巧。

此外，建设新生代乡村教师之间的互助网络也是一种行之有效的策略。通过建立新生代乡村教师互助小组，新生代乡村教师可以在其中分享经验、交流情感，形成互相支持的氛围。这种抱团互助的方式不仅可以缓解个体的心理压力，还能通过集体智慧的分享，提升新生代乡村教师整体的心理健康水平。

为了更具针对性地解决不同新生代乡村教师面临的具体问题，可以实施分类辅导策略。根据新生代乡村教师的不同需求和问题类型，提供相应的心理健康资源和支持。例如，对于初为人父母的新生代乡村教师，可以提供育儿压力管理和时间管理的专项辅导；对于承担班主任工作的新生代乡村教师，可以提供班级管理与人际沟通技巧的培训。

通过这些切实可行的策略，新生代乡村教师能够在有限的资源条件下，获得必要的心理支持和专业发展，从而在职业生涯中保持积极的心态和良好的心理状态。这不仅有助于他们更好地服务于乡村教育事业，也能够在复杂的生活和工作环境中，增强其乡土情感和职业幸福感。

（二）增强归属情感

1. 建立良好的师生关系

（1）个性化教育关怀

个性化教育关怀是指新生代乡村教师在教育过程中，根据学生的个体差异和独特需求，提供差异化的教育支持和情感关注。这种策略不仅有助于满足学生的个性发展需求，还能促进新生代乡村教师对乡土环境的情感认同。对于新生代乡村教师而言，个性化教育关怀可以成为增进其乡土情感的重要途径。

在实践中，个性化教育关怀要求新生代乡村教师深入了解每一位学生的背景、兴趣和学习风格，从而制定适合的教育策略。例如，在四川地区，许多乡村学校的学生是留守儿童，他们在情感上需要更多的关注和支持。新生代乡村教师可以通过定期的个别谈话、家庭访问等方式，了解学生的生活状况和心理需求。这种深度的个性化接触，不仅能帮助新生代乡村教师更好地支持学生，也能让新生代乡村教师对学生的成长环境有更深入的理解，从而增强他们对乡村的归属感。

此外，利用现代信息技术进行个性化教学也是一种可行的策略。新生代乡村教师可以通过在线平台，提供个性化的学习资源和辅导，满足学生的不同学习需求。这样不仅可以提高教学效率，还可以让教师在繁忙的教学任务中，更好地兼顾学生的个性化需求。这种方式不仅能有效地提升学生的学习效果，也让新生代乡村教师在学习过程中体会到乡村教育的独特价值，增强其职业幸福感。

（2）学生成长陪伴

学生成长陪伴是指新生代乡村教师在学生的成长过程中，以持续的支持和引导，帮助他们克服成长中的困难，促进其全面发展。对于新生代乡村教师而言，这种陪伴不仅是一种教育责任，也是一种情感纽带的建立过程，能够有效促进新生代乡村教师与学生之间的情感交流，从而增强新生代乡村教师对乡土环境的认同感。

在四川等地，由于留守儿童数量较多，学生成长陪伴显得尤为重要。新生代乡村教师可以通过课后活动、兴趣小组等形式，增加与学生的互动机会。这些活动不仅可以丰富学生的课余生活，还能让新生代乡村教师在与学生的交往中，感受到乡村生活的多样性和丰富性。比如，组织乡村文化探访活动，让学生在新生代乡村教师的陪伴下，探索当地的自然和人文景观。这不仅能让学生更好地了解自己的家乡，也能让新生代乡村教师在陪伴过程中，增进对乡土文化的理解和认同。

为了在繁重的教学任务中实现有效的陪伴，新生代乡村教师可以与社区和家长合作，建立支持网络。通过这种方式，新生代乡村教师可以在一定程度上分担陪伴的责任，同时也能在与社区的互动中，增强对乡村的归属感。这种协作模式不仅能提升新生代乡村教师的职业幸福感，还能促进社区的共同发展。

2. 构建和谐的同事关系

在乡村教育环境中，同事关系的质量直接影响到教师的工作氛围和职业满意度。对于"90后"新生代乡村教师而言，妥善处理同事关系尤其重要，因为关系到他们能否在乡村教育的特殊环境中稳定发展并产生对乡土的深厚情感。

乡村学校的同事关系具有其独特的特点。由于教师数量相对较少，教师之间的关系并不复杂，但这也意味着每位教师需要承担更多的教学和管理任务。这种"人少事多"的工作环境，容易导致新生代乡村教师之间因工作分配不均而产生矛盾。此外，乡村学校的资源有限，职称评定等指标相对稀缺，这也可能成为同事关系中的潜在冲突点。新生代乡村教师在面对这些挑战时，需要具备良好的沟通能力和团队合作意识，以化解潜在的矛盾，建立和谐的工作关系。

为构建和谐的同事关系，新生代乡村教师需要积极提升团队合作能力和情绪调节能力。首先，团队合作能力的提升是关键。新生代乡村教师可以通过参与集体备课、教学研讨等活动，增强与同事的协作意识和团队合作精神。这不仅有助于提高教学质量，也能在合作中建立起信任和友谊。此外，情绪调节能力也是处理同事关系的重要因素。面对工作压力和同事间的分歧，新生代乡村教师需要学会有效地管理自己的情绪，保持积极的心态，以建设性的方法解决冲突。

新老同事关系的处理也是构建和谐同事关系的重要方面。新生代乡村教师可以通过向资深教师学习经验和技巧，获得职业发展的指导和支持。同时，老教师也可以从新教师的创新思维中获得启发，实现教学方法的更新和改进。通过这种互相学习和支持的关系，新生代乡村教师之间可以形成良好的互动和合作氛围，增强集体的凝聚力。

（三）深化对乡村生活的情感认同

1. 体验乡村生活魅力

新生代乡村教师通过体验乡村生活的魅力，可以深化自己对乡村生活的情感认同。对于许多城镇籍的新生代乡村教师而言，乡村生活可能显得既陌生又不便利，甚至他们会对这种生活有一定的偏见。然而，通过深入体验乡村的日常生活，他们可以逐渐发现乡村生活的独特魅力，从而增强对乡村的情感认同。即便是那些农村籍的新生代乡村教师，也常常面临"离农"的倾向，因此重新发现并体验乡村生活的美好，对于他们热爱乡村教育具有重要意义。

在当今这个快节奏的社会中，新生代乡村教师作为年轻一代，心中自然会对繁华热闹的城市生活充满向往与热爱。然而城市竞争较大与生活成本也较高，往往如同一座无形的大山，让不少年轻人感到烦躁不安，甚至陷入抑郁与焦虑的泥潭，难以自拔。而乡村宛如远离都市纷扰的世外桃源，可以为人们的心灵提供一片宁静的港湾。清晨，当第一缕阳光穿透薄雾，照耀在田野之上，那份清新与宁静，仿佛能洗净一切尘埃；夜晚，当夜空中繁星点点，那璀璨的星光，如同指引方向的灯塔，照亮他们前行的道路；而田野间，虫鸣鸟叫交织成一首首悠扬的乐曲，让人心旷神怡，忘却烦恼。新生代乡村教师在工作之余，置身于这片宁静与美好之中，或许能找回内心的平衡与宁静，更在无形中成为他们心灵的慰藉，从而找回生活的真谛与意义。

乡村饮食文化，以其鲜明的地方特色著称，也是领略乡村生活独特魅力的一扇重要窗口。对于新生代乡村教师而言，闲暇时间逛逛乡村集市，亲自品味并尝试制作乡村美食，不失为一种深入体验这一文化的有效途径。在四川乡村，广受欢迎的坝坝宴便是乡村居民生活智慧的生动展现。通过这些互动与实践，新生代乡村教师们得以更深刻地洞察乡村生活的真谛，真切体会到这片土地上人民的热情与淳朴，从而在心灵深处与乡村文化产生深刻共鸣。

乡村劳作和自然环境的体验也是感受乡村生活魅力的重要方面。乡村的劳作不仅是一种生计方式，更是一种生活哲学。在农田劳作、果园采摘或是参与养殖活动，新生代乡村教师可以亲身感受乡村生活的节奏和自然的馈赠。这种体验不仅能让他们放松心情，远离城市的喧嚣和压力，还能让他们体会到乡村生活的宁静和踏实。通过与大自然的接触，新生代乡村教师可以培养出一种对土地的深厚情感，从而激发他们对乡村教育事业的热爱和投入。

此外，乡村的传统艺术和习俗也为新生代乡村教师提供了丰富的文化体验。参与当地的传统节日、手工艺制作和民间表演，能够让新生代乡村教师从中发现乡村文化的独特价值。这不仅是对乡村文化的一种尊重和传承，也为教师提供了一个与社区居民互动和交流的机会。在这样的过程中，教师可以更好地融入当地社会，增强对乡村生活的归属感和认同感。

2. 培养对乡村发展的责任感

在新生代乡村教师的职业发展中，培养其对乡村发展的责任感是深化其对乡土生活情感认同的关键策略之一。这一策略尤其针对"90后"新生代乡村教师，他们成长于城市化进程加速的时代，对乡村生活的直接经验较为有限。因此，通过参与乡村公益事业，作为新乡村文化能人支持乡村经济与社会发展，不仅能够增强他们对乡村的归属感，还能提升其职业使命感和成就感。

乡村公益事业为新生代乡村教师提供了一个积极参与乡村发展的平台。在四川地区，许多乡村面临教育资源匮乏、经济发展滞后的问题。新生代乡村教师们可以通过组织或参与文化传承等公益活动，直接为乡村的可持续发展贡献力量。例如，新生代乡村教师可以利用自身的专业知识和技能，为乡村学生提供课外辅导和兴趣培养。这不仅促进了乡村教育水平的提升，也在无形中拉近了新生代乡村教师与乡村社区的关系，增强了新生代乡村教师对乡村的情感认同。

成为乡村文化能人是新生代乡村教师支持乡村发展的另一重要途径。乡村文化能人不仅是乡村文化的传承者，更是乡村现代化进程中的推动者。新生代乡村教师们能够参与乡村规划与社区建设，充分发挥他们的知识优势和社会影响力，以推动乡村经济与社会的和谐共进。例如，四川省乡村蕴藏着丰富的旅游资源，新生代乡村教师们可以积极参与到乡村旅游项目的规划与执行中，运用他们所掌握的现代信息技术，为线上宣传和推广当地旅游资源贡献力量，从而将当地的自然风光与文化特色转换成经济上的优势。这样的参与既加速了乡村经济的发展步伐，也提升了新生代乡村教师在乡村社会中的地位和责任感。

培养对乡村发展的责任感，要求新生代乡村教师在职业生涯中不断反思自身的角色和使命。他们需要认识到，乡村的发展不仅是政府和社会的责任，也是每一位扎根乡村的教育工作者的使命。通过积极参与乡村的各项发展事务，新生代乡村教师们可以更深刻地理解乡村的需求和挑战，从而在教学中更加贴近学生的实际生活，激发学生对乡村的热爱和责任感。这种双向的情感交流，不仅有助于新生代乡村教师自身的职业发展，也为乡村的未来注入了新的活力和希望。

四、提升乡土能力的策略

在新生代乡村教师的职业发展过程中，提升其乡土能力是一个至关重要的环节。这不仅关乎新生代乡村教师个人的职业素养，也直接影响到乡村学生的文化认同与价值观形成。对于"90 后"新生代乡村教师而言，他们成长于全球化与信息化的时代，如何在现代教育中有效地传承和弘扬乡土文化，成为一个亟待解决的问题。

（一）提高乡土文化传承能力

1. 加强乡土文化教学技能培训

在乡土文化的教学中，教材是连接传统文化与现代教育的重要载体。为此，加强乡土教材编写能力的培训显得尤为重要。新生代乡村教师需要具备将地方文化特色转化为教育资源的能力，使学生在学习过程中能够感受到家乡文化的独特魅力。在四川，一些地区已经开始尝试将当地的民俗、历史和自然景观融入教材中。例如，将四川的茶文化、川剧变脸等元素纳入课堂教学，不仅丰富了课程内容，也增强了学生对地方文化的兴趣和认同感。通过系统的培训，新生代乡村教师可以掌握如何收集、整理和编写乡土教材的方法，确保教材内容的科学性和可读性。

传统文化教学方法的研讨是提升乡土文化传承能力的另一关键环节。新生代乡村教师需要探索适合乡村学生特点的教学方法，使传统文化的教学不再局限于知识的灌输，而是注重体验与互动。在四川，许多学校通过组织学生参与地方文化活动，如传统节庆、民间手工艺制作等，增强了学生对文化的感知和理解。这种方法不仅提高了学生的学习兴趣，也让教师在实践中不断反思和改进教学策略。通过定期的教学方法研讨会，教师可以分享经验、交流心得，形成一套行之有效的乡土文化教学模式。通过系统的培训和研讨，教师不仅能够提高自身的专业素养，也能更好地引导学生认识和热爱自己的家乡文化。

2. 参与乡土文化实践活动

（1）组织学生参与文化传承活动

新生代乡村教师在组织学生参与文化传承活动的过程中，可以有效提升自身的教学能力。这一过程不仅是对学生进行文化教育的机会，也是教师自我成长和能力提升的重要途径。在四川，新生代乡村教师可以通过策划和组织学生参与当地传统节庆活动，如春节、端午节等，深入了解这些文化活动背后的历史背景和风俗习惯。通过与民间艺人和文化传承人的交流，新生代乡村教师能够学习到丰富的传统技艺和文化知识，如剪纸、蜀绣、竹编等。这种直接的文化接触，不仅增强了新生代乡村教师对乡土文化的理解，也提高了他们将文化元素融入日常教学的能力。

在组织文化传承活动时，新生代乡村教师需要调动自己的创造力和组织能力，设计出既具教育意义又富有趣味性的活动内容。这种设计过程本身就是对新生代乡村教师教学能力的一种锻炼和提升。在活动中，教师通过观察学生的反应和学习效果，能够不断反思和改进自己的教学策略，进一步提升自身的专业素养。

（2）创建乡土文化实践基地

乡村学校建立实践基地在乡土文化教育中具有重要作用。实践基地不仅是学生学习和体验乡土文化的场所，也是新生代乡村教师进行教学研究和创新的试验田。通过参与创建和管理这些基地，新生代乡村教师可以提升多方面的能力。实践基地可以根据当地的自然资源和文化特色，分为多种类型，如农业体验基地、传统手工艺基地、生态保护基地等。这些基地为新生代乡村教师提供了丰富的教学资源和灵感来源，有助于他们设计和实施多样化的课程和活动。通过这些活动，新生代乡村教师可以探索和创新乡村教育的模式和方法。

实践基地不仅是学生学习和体验乡土文化的场所，也是新生代乡村教师进行教学研究和创新的试验田。在基地中，新生代乡村教师可以根据学生的兴趣和需求，设计和实施多样化的课程和活动，探索和创新乡村教育的模式和方法。这种实践探索过程，有助于新生代乡村教师提升自己的教学能力和创新思维，同时也增强了他们对乡土文化的认同感和责任感。

（二）增强乡土课程的教学能力

1. 参与开发乡村特色课程资源

乡村特色课程的开发，成为提升新生代乡村教师乡土能力的重要途径。通过深入挖掘和整合本地教育资源，新生代乡村教师不仅能够丰富课程内容，还能在教学过程中培养学生的乡土情怀。

当前，研究者们针对乡土课程的开发与实施展开了卓有成效的探索。所谓乡土课程资源，是指那些能够生动展现并有效传承地方文化精髓、自然风貌特色以及社会生活实况的多元化教育素材与内容。此类资源涵盖范围广泛，不仅包括了丰富多彩的自然环境，还深入触及历史文化底蕴、民俗传统精髓，乃至广泛的社会资源等多个层面。四川作为一个拥有丰富历史文化和多样自然资源的地区，为乡村特色课程的开发提供了独特的条件。新生代乡村教师可以充分利用当地的自然环境、历史文化、民俗传统和社会资源，将这些元素有机地融入课程中。例如，四川的传统手工艺如蜀绣、竹编，地方戏曲如川剧，以及丰富的农作物种植经验，都可以成为课程内容的一部分。这些内容不仅能够激发学生的学习兴趣，还能增强他们对家乡文化的认同感和自豪感。

在乡村特色课程的开发中，新生代乡村教师需要具备敏锐的观察力和创新能力，以便在日常教学中发现和利用乡土资源。例如，新生代乡村教师可以通过观察学生家庭的农作物种植情况，设计相关的科学实验课程，帮助学生理解植物生长的原理和农业生产的基本知识。同时，新生代乡村教师还可以引导学生记录和研究当地的气候变化、生态环境，培养他们的科学思维和环境保护意识。在实施乡村特色课程的过程中，新生代乡村教师还应注重培养学生的批判性思维和创造力。通过引导学生对乡土文化进行批判性分析，鼓励他们提出自己的见解和创意，新生代乡村教师可以帮助学生在继承传统的同时，探索创新的可能性。例如，在学习传统手工艺时，新生代乡村教师可以鼓励学生在掌握基本技艺的基础上，尝试设计和制作具有现代感的工艺品，这不仅提高了学生的动手能力，也增强了他们对传统文化的理解和创新意识。

信息技术的应用是乡村特色课程开发的一个有益辅助手段，新生代乡村教师掌握了相应的信息技术能力，可以在学校的支持下，借助现代教育技术的力量探索将乡土资源转化为数字化资源。以增强课程的吸引力和学生的参与度。举例来说，新生代乡村教师可以尝试拍摄并剪辑展现当地自然风光和民俗活动的视频，或是编撰关于地方历史文化的电子读物。这些数字化的教学资源不仅丰富了课堂教学内容，还具备通过网络平台进行分享的潜力，有助于拓宽乡村教育的视野和影响力。

乡土课程的开发是一项系统性工作，需要多方合作。新生代乡村教师在这一过程中应成为有意识的发起者和策划者，他们具备良好的教育知识储备和现代教育技能，具备从事课程研发的一般能力。然而，这并不是教师个人的事情，还需要学校的支持。学校可以成立课程研发团队，主管校领导须对内对外协调，给予课时补助等支持。此外，当地社区、相关教育科研机构以及科研人员的共同参与支持也是不可或缺的。在乡土情怀的培育中，新生代乡村教师的个人成长和职业发展同样重要。教育管理者应为这些教师提供更多的专业发展机会和支持，例如组织教学文化专题培训、开展乡村教育交流活动等，以帮助他们在教学实践中不断提升自己的教学能力和文化自信。

2. 应用现代教育技术

新生代乡村教师通常在成长环境和教育背景中积累了较强的现代信息技术能力。然而，将这种能力有效转化为服务于乡土教育的教学资源，仍然是一项重要的挑战。这要求新生代乡村教师在实践中不断创新，探索如何将现代技术与乡土课程有机结合。在这一过程中，新生代乡村教师不仅能够提升信息技术的应用能力，还能深化对乡土文化的理解和表达。

在乡村教育中，远程教育和网络教学为新生代乡村教师提供了广阔的平台和丰富的资源。通过这些技术手段，新生代乡村教师可以接触到最新的教学理念和方法，并将其融入乡土课程中。这种资源的获取和共享，不仅丰富了教师的教学内容，也为他们提供了与其他教育工作者交流和学习的机会，促进了他们的职业发展。

为了充分发挥现代信息技术在乡土教育中的作用，新生代乡村教师需要在实际教学中不断提升和更新自己的技术能力。这不仅包括熟练使用各种教育软件和工具，还涉及如何将这些工具有效地应用于乡土文化的教学中。

（三）提升乡村治理参与能力

乡村治理能力的提升对于新生代乡村教师而言，既是职业发展的需要，也是其乡土情怀培育的关键环节。新生代乡村教师成长于信息化和城市化迅速发展的时代，他们对乡村治理的认知和参与程度，直接影响着乡村教育的质量和乡村社会的发展。因此，提升他们的乡村治理参与能力成为当务之急。

学习乡村治理知识是提升乡村治理参与能力的基础。乡村治理涉及法律法规、政策执行、村民自治等多个方面，对于新生代乡村教师而言，掌握这些知识不仅有助于其在日常教学中融入乡土元素，还能提高他们在乡村公共事务中的话语权和影响力。四川作为一个农业大省，拥有丰富的乡村治理经验和实践案例。新生代乡村教师可以通过参加地方政府或教育部门组织的培训班、研讨会，系统学习乡村治理的理论和实践。此外，新生代乡村教师还可以利用网络资源，关注乡村治理的最新动态和政策变化，增强自身的理论储备和实践能力。通过不断学习，新生代乡村教师能够更好地理解乡村治理的复杂性和多样性，从而在教育教学中更有效地结合乡土实际，开展具有针对性的课程和活动。

　　积极参与乡村公共事务是提升乡村治理参与能力的实践途径。新生代乡村教师在乡村社会中扮演着重要的角色，他们不仅是知识的传播者，也是乡村文化的传承者和创新者。通过参与乡村公共事务，新生代乡村教师可以增进与村民的互动，了解村民的需求和期望，从而在教学中更多地融入乡土元素。四川的许多乡村地区，村民自治组织和乡村合作社发展较为成熟，新生代乡村教师可以通过参与这些组织的活动，锻炼自己的组织管理能力和协调沟通能力。例如，新生代乡村教师可以参与村级事务的决策会议，协助组织乡村文化节庆活动，或者参与乡村基础设施建设项目的规划与实施。在这些实践活动中，教师不仅能够提升自身的治理能力，还能增强对乡村社会的认同感和归属感。

　　面向"90后"新生代乡村教师的策略具有一定的特点和针对性。作为在城市化背景下成长的一代，他们对乡村的认知和情感往往较为抽象和理想化。因此，在提升他们的乡村治理参与能力时，需要特别关注他们的兴趣和动机。可以通过开展丰富多样的实践活动，如乡村调研、社会服务、乡土文化体验等，激发他们对乡村事务的关注和热情。同时，利用现代信息技术手段，如社交媒体、在线学习平台等，搭建教师交流和学习的网络社区，促进他们在乡村治理方面的经验分享和互助成长。通过这些措施，"90后"新生代乡村教师能够在实践中不断提升自身的乡村治理能力，为乡村教育的发展和乡村社会的进步贡献力量。

第九章 CHAPTER 9

乡土情怀视域下新生代乡村教师的职业发展策略

随着乡村振兴战略的深入推进，新生代乡村教师作为乡村教育发展的重要支柱，其职业发展问题尤为值得关注。新生代乡村教师职业发展的核心不仅在于职业技能与专业水平的提升，更在于其对乡村的情感认同与社会适应能力的增强。乡土情怀作为典型的乡村情感变量，不仅影响新生代乡村教师的职业认同与情感投入，还直接关系到他们的职业承诺、职业满意度以及职业规划的实现。可以说，乡土情怀是新生代乡村教师长期坚守岗位、深耕乡村教育的重要内在动力。因此，对新生代乡村教师乡土情怀的培育及其职业发展策略的探索具有重要意义。

在中国式现代化和城镇化进程不断加速的背景下，新生代乡村教师的乡土情怀正面临诸多挑战。新生代乡村教师大多接受过高等教育，成长于快速变迁的社会背景下，其生活方式与价值观受到城市文化的深刻影响，对乡村的情感认同较为薄弱[259]。与老一代乡村教师相比，新生代乡村教师在乡村生活中更容易产生情感疏离，缺乏对乡村社会的归属感与职业自豪感，进而影响其职业承诺与职业稳定性[260]。情感与价值观的双重冲突，已成为制约新生代乡村教师职业发展的重要因素。探索有效的职业发展策略，以帮助新生代乡村教师建立并增强乡土情怀，是当前新生代乡村教师职业发展研究中的一个关键议题。

通过前面章节的理论和实证研究发现，乡土情怀对新生代乡村教师的职业认同度、职业满意度以及职业规划有着积极而显著的影响，而乡土情怀的缺乏会导致新生代乡村教师在职业生涯中出现诸多困惑和迷茫。其次，现有研究已表明，针对新生代乡村教师的职业发展支持往往存在政策体系不健全、实践操作性不足等问题，这使得新生代乡村教师在面对职业发展困境时难以获得有效的指导与支持[261]。因而构建基于乡土情怀的职业发展策略，不仅是对新生代乡村教师专业发展支持路径的创新探索，也是对乡村教育振兴战略的积极响应。

本章职业发展策略构建将涵盖从入职前的教师招募与选拔、入职后的教师培养与职业发展支持，到在职期间的专业成长和职业发展的全方位内容。从多层面、多阶段设计针对新生代乡村教师特征的职业发展支持体系，使新生代乡村教师在职业生涯的不同阶段都能获得与其需求相匹配的支持。具体包含以下几方面内容的深入探讨：首先，通过入职前的教师选拔机制，确保新生代乡村教师在进入乡村教育领域之前就具备一定的乡村认同基础，从源头上增强他们对乡村的情感联系；其次，在入职后，强化新生代乡村教师的岗位培训，尤其是文化适应与乡村认同教育，通过多样化的培训手段帮助新生代乡村教师更好地融入乡村生活；最后，通过建立职业发展激励机制，增强新生代乡村教师的职业成就感与长期从教的动力；以及通过政策支持、职业晋升渠道疏通和工作生活条件改善等多方面举措，促进新生代乡村教师的职业稳定和专业成长。

一、乡土情怀相关因素与职业发展策略的构建逻辑

（一）乡土情感对教师职业承诺与职业满意度的影响

在新生代乡村教师职业发展的策略构建中，乡土情感是一个不

可忽视的关键因素。它关乎个人对乡村文化的认同、情感的投入以及对乡村生活的适应能力，是增强新生代乡村教师职业承诺与职业满意度的内在动力。因而在策略设计时，要充分考量如何在个人层面增强新生代乡村教师对乡村的情感认同。

乡土情感深植于新生代乡村教师的职业承诺之中。对于新生代乡村教师而言，对乡村文化、生活环境的深入理解和情感归属，是其形成职业承诺的重要基石。新生代乡村教师在乡村教学实践中的直接体验，以及与乡村社会的深度融合，催生了新生代乡村教师对乡村的深厚情感。这种情感促使新生代乡村教师在日常教学和生活中，更加珍视乡村生活的美好，感受社区的支持，从而坚定其对职业的长期承诺和投入。为此，应在新生代乡村教师入职初期，通过文化适应培训、乡村体验活动等方式，助力新生代乡村教师建立与乡村的情感纽带，强化职业承诺意识，以提升其职业稳定性。

同时，乡土情感也深刻影响着新生代乡村教师的职业满意度。职业满意度是教师职业活动中的满足感和成就感的重要体现，而新生代乡村教师对工作环境的情感联系，则是这种满意度的重要来源。尽管乡村生活条件艰苦，职业环境特殊，但新生代乡村教师若能在乡村工作中找寻到个人价值的实现途径，感受到对乡村教育的积极影响，其职业满意度便会逐渐提升。因此，职业发展策略应聚焦个人价值实现和职业成就感的激发，如定期举办职业成就分享会、表彰优秀教师等，以增强新生代乡村教师的职业自豪感，使其认识到自身工作不仅在传授知识，更是在推动乡村社会的发展与变革。

此外，乡土情感还有助于新生代乡村教师个人成长路径中的自我效能感与职业信念的强化。自我效能感是教师对自身能力和价值的认可，职业信念则是对教育事业的价值认知。应通过乡村文化的正面引导以及职业培训中的价值教育，帮助新生代乡村教师增强自我效能感和职业信念。比如，开展乡村文化讲座、新生代乡村教师互助成长小组等活动，使新生代乡村教师深刻理解乡村教育的重要性，并从中汲取个人成长的满足感。如此，新生代乡村教师将日常教学视为自我实现的过程，进而激发其职业投入的热情。

（二）家庭背景在新生代乡村教师职业选择与成长中的作用

家庭作为新生代乡村教师成长与发展的最直接社会支持系统，不仅在职业选择上具有深远影响，还在职业成长过程中发挥着重要的支持作用。家庭背景的经济条件、教育水平以及家庭成员对乡村职业的态度，都在新生代乡村教师的职业路径上起到重要的推动或阻碍作用。

家庭的经济状况往往直接影响到新生代乡村教师职业选择的意愿与实际决定。前置章节研究的结果表明，相较于城市家庭成长的新生代乡村教师，农村家庭出身的新生代乡村教师由于受到经济条件和成长环境的影响，更倾向于选择在乡村地区执教。不仅体现了对家庭和故乡的情感联系，也受家庭经济现实的制约。在家庭经济条件相对薄弱的情况下，新生代乡村教师的职业稳定性、收入保障等因素更能吸引他们。因此，策略构建需要特别考虑如何在政策与实际待遇方面增强乡村教师职业的吸引力，特别是对于部分来自农村家庭、对经济有较高依赖性的新生代乡村教师群体，职业支持策略应体现更高的针对性和有效性，以减轻他们的经济顾虑，增强其职业的投入度。

家庭成员的态度也深刻影响着新生代乡村教师对职业的认同和发展。家庭对于新生代乡村教师职业的态度，尤其是对乡村生活环境与教育事业的认知，可能影响新生代乡村教师的职业满意度和情感投入程度。访谈中，一些新生代乡村教师提到，家人的理解与支持使得他们能够更积极地面对乡村教育中的各种困难，而家人的不理解则成为他们选择离开乡村学校的重要原因之一。这种家庭对职业的态度和支持，是新生代乡村教师乡土情怀得以维持和发展的关键因素。故而职业发展策略的设计应着眼于通过政策、培训等多方面途径的优化，以促进新生代乡村教师家庭对其工作的理解和认同。例如，可以通过家校互动活动、社区文化节等形式，将新生代乡村教师家庭成员引入乡村教育的社会网络中，提升他们对乡村教育的认同感和参与感，从而更好地支持新生代乡村教师的职业选择。

　　家庭对新生代乡村教师职业发展的影响还体现在对职业成长过程中情感的支持。情感支持不仅有助于缓解新生代乡村教师在工作中遭遇的压力和孤立感，还能增强新生代乡村教师的职业自豪感和情感投入。对于新生代乡村教师而言，乡村教育的复杂性和多样性往往带来较高的职业压力和挑战，而家庭的情感支持则成为新生代乡村教师克服职业倦怠、增强职业认同感的重要动力。因此，要注重为新生代乡村教师家庭提供更多的参与机会，使其能够切实地理解新生代乡村教师的工作，并从情感层面给予支持。通过政策支持和社会资源的整合，增强家庭对新生代乡村教师的理解和支持，帮助新生代乡村教师更好地维系职业激情和情感认同。

　　由上可见，家庭背景在新生代乡村教师的职业发展中体现出了多维效应。有效的职业发展策略需要基于家庭经济、家庭态度以及家庭情感支持三个方面，建立一个涵盖教师及其家庭的系统化支持网络。这一网络不仅强调对新生代乡村教师个人的支持，还将重视通过增强家庭对乡村教师职业的认同和支持来提升新生代乡村教师职业发展稳定性。

（三）乡村学校环境对职业发展策略构建的影响

　　在新生代乡村教师职业发展过程中，学校是新生代乡村教师成长的重要场域，也是影响新生代乡村教师乡土情怀和职业承诺的重要因素。从理论上讲，学校环境不仅为新生代乡村教师提供了职业技能培训与实践的机会，更为新生代乡村教师提供了社会互动和情感支持的网络。因此，在构建基于乡土情怀的职业发展策略时，学校层面的支持显得尤为重要。

一方面，学校环境在促进新生代乡村教师对乡土的情感认同中扮演着至关重要的角色。通过营造积极的学校文化氛围，尤其是加强新生代乡村教师之间的互动与合作，学校可以帮助新生代乡村教师更好地融入乡村社区，增强他们的归属感和情感联系。例如，学校可以组织乡村文化学习活动、新生代乡村教师间的经验分享会等，通过这些活动，使新生代乡村教师能够对乡村文化有更深入的理解与共鸣，从而更好地激发他们的情感投入。

另一方面，学校管理与支持机制对教师职业满意度与职业承诺的提升具有直接影响。合理的工作任务安排、人性化的管理方式、充足的教学资源及支持，都是新生代乡村教师在职业发展过程中所需的重要保障。学校应注重对新生代乡村教师的激励措施，帮助他们在专业发展过程中获得成就感与职业满意度。例如，在教学评估与职业晋升中，学校可以对积极参与乡村建设、表现突出的新生代乡村教师给予认可和奖励，这不仅有助于提升新生代乡村教师的职业认同感，还能够鼓励他们长期扎根乡村，对乡村教育作出积极贡献。

最后，学校领导的支持是促进新生代乡村教师职业成长和情感认同的重要因素。领导的关怀与支持不仅可以缓解乡村教师在工作中面临的压力，还可以通过情感激励与人际支持，帮助新生代乡村教师在乡村教育工作中找到自我价值。学校管理者应积极与新生代乡村教师进行沟通，了解新生代乡村教师的困难和需求，及时提供帮助与资源支持，以促进新生代乡村教师的情感投入和职业承诺。

（四）社会和政策支持对职业发展策略构建的影响

支持因素是新生代乡村教师职业发展的重要外部驱动力，主要包括社会支持和政策支持两个方面，二者共同构成了新生代乡村教师职业发展的外部支持系统。它们不仅影响着新生代乡村教师的职业认同、情感投入及持续任教的意愿，还直接关联着新生代乡村教师职业发展的稳定性和持续性。

社会支持主要体现在社区接纳、社会舆论引导以及社会力量的参与等方面。乡村社区对新生代乡村教师的接纳与尊重是新生代乡村教师形成情感依恋的重要基础，通过提升社区居民对新生代乡村教师的理解与认可，增强新生代乡村教师的职业成就感和情感投入，进而深化其对乡村的情感联系。同时，社会对新生代乡村教师工作价值的认知与评价直接影响其职业满意度，通过加强社会宣传和舆论引导，推动社会对新生代乡村教师贡献的深刻理解，提升其职业荣誉感。此外，地方政府、非政府组织及社会团体等社会力量为新生代乡村教师提供物质支持和职业发展机会，通过资源整合与联动机制，推动新生代乡村教师职业发展的持续进步。

政策支持则是新生代乡村教师职业稳定性和职业投入度的核心保障，政策层面涉及的待遇保障、职业晋升通道以及综合支持服务等内容，是克服新生代乡村教师在职业发展过程中面临困难与减少阻碍的重要途径。通过均衡新生代乡村教师与城市教师的物质待遇，并在住房、交通、医疗等方面给予适当倾斜，减少新生代乡村教师的后顾之忧，增强其职业安全感和长期任教的意愿。同时，构建科学合理的评估机制，确保新生代乡村教师拥有与城市教师同等的晋升机会，并通过表彰优秀教师提升其职业成就感和社会认同感。此外，落实新生代乡村教师的在职进修和培训计划，提供灵活的进修制度和学术支持政策，助力其专业能力的持续提升。

社会支持和政策支持是新生代乡村教师职业发展过程中不可或缺的支持因素，它们通过不同的作用机制协同促进新生代乡村教师的职业发展。在职业发展策略的构建中，应注重社会支持与政策支持的整合与优化，以实现对新生代乡村教师职业发展的全面支持，进而促进其乡土情怀的培育与职业承诺的进一步深化。

二、基于乡土情怀的教师培养与选拔策略

（一）选拔与引进策略

在新生代乡村教师的选拔与引进过程中，必须注重从源头上确保选拔对象具备对乡村环境的认同感和适应潜力。这一策略的核心是优化选拔标准、调整政策倾斜方向以及建立多维度的考察机制，以确保入职新生代乡村教师不仅具备专业知识与教学能力，更拥有对乡村教育的情感归属感和价值认同。这样才能有效避免因缺乏情感认同而导致的职业倦怠与流失，真正实现"从源头上育人"的目标。

在选拔过程中加入对乡土情怀的考察，将对乡村生活、文化、教育的认同感作为重要的选拔标准之一。针对这一目标，可通过笔试与面试相结合的方式进行多维度评估。例如，在面试环节中设置情境模拟题，通过具体乡村教学案例来测试候选人对乡村教育特殊性的理解与态度。对于新生代乡村教师而言，对乡村教育的情感认同和服务乡村意愿的强度，是衡量其未来职业适应力的重要指标。因此，情境化面试不仅有助于考察候选人的职业技能与教育理念，更能够评估其与乡村文化的适配度。

政策层面应适当倾斜对农村本土化教师的引进力度。已有研究

表明，农村本土培养的师资在乡村教育中的稳定性与归属感明显高于外来师资[262]。因此，针对新生代乡村教师的选拔政策应考虑适当向本土化教师倾斜，通过定向培养、专项招录等方式，将更多有志于乡村教育的本土青年纳入新生代乡村教师队伍。例如，可以通过设立"本土培养专项计划"，优先招募本地生源，提供与乡村实践相关的专项培养课程，确保其在入职前就对乡村有较为深刻的认识和较高的情感联结。定向培养模式不仅能有效降低因不适应引起的流动性问题，还能增强新生代乡村教师群体长期服务的动力。

在新生代乡村教师的选拔与引进中，结合"乡村情感与职业承诺评估"的相关测评工具，从多方面综合评估候选人是否具备在乡村环境中长期坚持的潜力。测评工具包括心理测量问卷、价值观调查以及乡村生活适应度的自评等多种形式，从多角度了解候选人的乡村认同与职业动机。同时，还可以借助实践基地对候选人进行短期的乡村实习，观察其在真实乡村教学场景下的适应表现与情感变化，从而更科学地评估其是否适合在乡村教学环境中从教。这种基于实践表现的多样化测评的选拔机制，有助于在选拔前就排除不适应乡村生活的候选人，进一步保障新生代乡村教师的质量与稳定性。

（二）培养与预备教育

在新生代乡村教师的培养与预备教育阶段，需要系统地为新生代乡村教师建立起乡土认知、文化认同、职业心理建设等全方位的培育机制。培养和预备教育不仅是教师专业技能提升的重要环节，更是激发其乡土情怀、增强职业认同与情感归属感的关键时期。对此，需要着手构建多方面的培养与预备教育策略，以确保新生代乡村教师在入职前能够对乡村教育的特殊性有深刻理解，并具备应对乡村教育挑战的心理准备和职业动机。

在培养与预备教育的内容设置上，应注重乡土文化与乡村社会实践的结合。培养与预备教育必须涵盖丰富的乡土文化课程，旨在帮助新生代乡村教师深刻理解和体会乡村文化的历史积淀与现代变迁。具体而言，可以在新生代乡村教师培养院校中开设"乡土文化与乡村教育"专题课程，结合乡村文化的历史脉络与社会变迁，通过举办讲座、进行乡村实践调研等多样化的教学方式，使新生代乡村教师在理论与实践中加深对乡村文化的认知与认同。例如，可以安排师范院校的师范生到乡村学校进行为期一学期的实习，组织实地调研、乡村文化考察和农村社区活动等，促使他们通过亲身经历来理解乡村教育的现实需求，培养他们对乡村生活和乡村学生的情感联系。

还要加强乡村教师适应能力的心理建设，帮助新生代乡村教师建立应对乡村教学环境的心理预备与职业信念。研究表明，新生代乡村教师的心理准备与职业适应是其职业满意度与职业稳定性的重要影响因素[263]。因此，在培养过程中，要特别重视新生代乡村教师职业信念的塑造与心理调适能力的培养。建议在培养阶段设置"乡村教育情感准备与适应力"工作坊，通过角色扮演、情境模拟和心理辅导等活动，帮助新生代乡村教师建立面向乡村教育挑战的积极心态，形成应对乡村教育中困难与挫折的信心与方法。此外，可以邀请有丰富乡村教学经验的优秀教师分享其职业发展历程，通过"榜样力量"提升新生代乡村教师对乡村教学工作的认同感和使命感，从而增强他们对乡村教育的情感投入。

在培养过程中，还应特别关注新生代乡村教师对乡村教育公平与社会责任感的认识与理解。乡村教育的挑战不仅体现在硬件条件与资源分配的不足上，更体现在城乡差距对学生学习机会公平的影响[264]。新生代乡村教师作为农村教育的直接参与者，必须具备强烈的社会责任感，能够自觉地将乡村教育视为促进教育公平和乡村社会振兴的重要途径。在培养阶段，建议通过专题讲座和社会实践活动，使新生代乡村教师理解乡村教育对于社会发展的意义，培养他们的社会责任感和职业使命感。例如，可以组织新生代乡村教师参与乡村社区发展项目，使其在参与乡村实际事务的过程中感受到乡村教育的重要性，强化其作为教育工作者的责任意识。而社会责任感的培养，无疑有助于增强新生代乡村教师对职业的认同。

最后，培养与预备教育还应注重因材施教，结合新生代乡村教师的背景特征和个体需求开展针对性辅导。不同的新生代乡村教师在成长背景、心理素质、职业动机等方面存在较大差异，因此在培养过程中应提供个性化的支持和引导。可以通过定期的访谈和个别辅导，了解新生代乡村教师在乡村适应过程中可能遇到的具体问题，并提供相应的支持与建议。例如，对于那些对乡村文化了解不足的新生代乡村教师，可以安排更多的乡村文化体验活动；对于存在心理压力的新生代乡村教师，可以通过个别心理辅导进行调适，从而确保每位新生代乡村教师都能在入职前形成积极的职业期待与良好的心理状态。

新生代乡村教师的培养与预备教育不仅是职业技能提升的过程，更是情感归属与职业认同建立的关键环节。通过乡土文化课程、心理适应培训、社会责任感培养以及个性化辅导等多方面的努力，能够帮助新生代乡村教师在入职前对乡村教育有更为全面的理解与认同，确保他们在面对乡村教学环境的挑战时，能够以积极的态度迎接工作，增强其职业承诺与长期服务乡村教育的动力。不仅为新生代乡村教师职业发展奠定了坚实的基础，也为乡村教育振兴提供了重要的人才保障。

三、职业适应与乡土情怀培育策略

(一)岗位适应支持

新生代乡村教师在入职初期，面临着从理论学习到实际教学的角色转变，以及融入乡村学校和社区的挑战，这一阶段给予他们全方位的岗位适应支持至关重要。本研究对于新生代乡村教师岗位适应支持策略的构建，将从岗位职责认知、教学适应指导、情感支持体系以及社区融入等方面展开，力求为新入职乡村教师提供科学、系统且务实的支持。

在岗位职责认知方面，乡村学校需要为新入职的新生代乡村教师提供详细的岗位培训，尤其是针对乡村教育的特殊性进行系统讲解，包括多班级合班教学、课程整合与乡土教育资源的利用等方面。可通过定期组织"岗位职责分享会"或"新教师经验交流会"等形式，邀请经验丰富的在职教师，特别是同样具有新生代背景的优秀乡村教师，向新教师介绍乡村教育环境中的工作要求及应对方法，使他们对乡村教育中的复杂性和挑战性有充分的心理准备，从而减少角色冲突和适应不良。

在教学适应支持上，可以考虑为新教师配备"职业发展导师"。"职业发展导师"由经验丰富的骨干教师或卓越乡村教师担任，在新教师入职后的第一年里，为其提供有针对性的教学指导和课堂管理的建议。例如，通过定期听课与教学反思，导师能够在教学设计、学生管理、课堂调控等方面提供具体的改进意见，使新教师尽快掌握有效的教学策略，提高课堂教学的适应能力。同时，为帮助新教师适应多样化的学生背景，学校还应鼓励新教师与家长进行沟通，了解学生的家庭情况及个体差异，因材施教，从而在教学过程中能够更加灵活应对。

　　情感支持体系的构建是帮助新生代乡村教师适应岗位的另一重要方面。乡村工作环境相对孤立，部分新教师可能会感受到职业孤独感或缺乏同侪支持。为此，学校应搭建情感支持网络，如设立"新教师互助小组"，以小组形式促进教师之间的情感交流和教学经验分享。这种支持不仅能够缓解新教师的孤独感，还能帮助他们在群体中找到归属感与认同感。此外，学校还应主动关注新生代乡村教师的心理健康，通过引入心理辅导、职业困境应对等措施，帮助他们保持积极的心理状态，减少因适应不良导致的职业倦怠。

　　在社区融入方面，学校与社区应共同创造机会，使新生代乡村教师能够融入当地的乡村社会环境。通过参与社区活动，例如乡村节庆、文化教育项目等，帮助新生代乡村教师加深对乡村社会的认知和情感联系。此外，学校还可以安排新教师与当地家长或社区居民的定期沟通，增进新生代乡村教师与社区的相互理解，增强他们对乡村的情感依附。这一策略的核心在于通过社会互动，减少新教师的情感疏离，帮助他们建立深厚的乡土情怀，从而更好地适应职业角色。

　　以上岗位适应支持策略旨在通过岗位职责认知、教学适应指导、情感支持体系的建立和社区融入等多种举措，确保新生代乡村教师在入职初期能够顺利适应乡村教育环境。这些策略不仅有助于他们在教学技能上尽快上手，也通过多层次的情感支持和社区融入，增强他们对乡村教育的职业认同感与归属感，为其职业生涯的发展打下坚实基础。

（二）乡土情怀培育活动

　　乡土情怀是新生代乡村教师深耕乡村教育的内在动力，其培育需要通过多样化活动来实现，以便于更有效地增强新生代乡村教师对乡村文化的认同，促进新生代乡村教师对乡村的情感依恋感与乡村教育的职业坚守。乡土情怀的培育活动不仅要激发新生代乡村教师对乡村的情感联系，还要培养他们对乡村文化的理解和敬畏。具体可以从以下几个方面进行。

一是组织乡村文化体验活动。新生代乡村教师在乡村环境中成长的经验相对缺乏，对于他们而言，融入乡村生活并不是一个自然而然的过程。因此，学校应通过定期组织乡村文化体验活动，帮助新教师更好地理解乡村的风土人情。这类活动包括参与传统的乡村节日、参观本地农耕文化、与村民共同参加农业生产等，以直观的方式加深新生代乡村教师对乡村文化的认知。例如，每年农忙季节组织"教师参与春耕"活动，让新生代乡村教师亲身体验农民的辛劳与付出，从而培养他们对乡村生活的认同感与尊重感。这种活动可以有效缩小新生代乡村教师与社区之间的心理距离，增强他们对乡村的情感联系。

二是开展乡土课程资源开发工作坊。在乡村学校，课程资源的开发和利用是提升教育质量的关键。而让新生代乡村教师深度参与乡土课程的开发，不仅有助于改进教学内容的适切性，也能够在此过程中增强新生代乡村教师对乡村资源的理解与利用意识。学校应设立"乡土课程开发工作坊"，以项目的形式鼓励新生代乡村教师开发基于当地资源的教学内容。通过集体讨论与合作，新生代乡村教师可以发掘村落中的历史、地理和民俗文化，将这些内容融入课堂教学中，不仅丰富了教学资源，还将乡村文化与学生的学习紧密结合，从而提升教学的本土化水平。在开发课程的过程中，新生代乡村教师需要深入村庄进行调研，这个过程本身也是对他们乡土情怀的培养，帮助他们从教育实践中认识到乡村文化的独特价值。

三是可以考虑建立"教师—村民"互助交流平台。新生代乡村教师往往缺乏与村民的深度沟通，这种隔阂可能使他们在工作中难以获得足够多的社会支持，从而影响其对乡村的情感投入。因此，学校应积极推动"教师—村民"互助交流平台的建立。通过与村民结对的形式，新教师在入职初期便与一名有经验的村民建立联系，定期交流学习，了解村民的生活方式与想法。例如，新生代乡村教师可以定期拜访村民家庭，向他们请教当地文化习俗、社区关系处理技巧等，并通过这种互动促进对乡村文化的深刻理解。村民的生活经验不仅能帮助新生代乡村教师迅速适应乡村的生活节奏，还能激发他们对乡村教育的使命感，推动他们从"外来者"逐渐转变为社区的一份子。

四是设立乡村教育与乡村发展的主题讨论会。新生代乡村教师不仅是知识的传播者，也是乡村发展的推动者。学校可以定期组织"乡村教育与发展"主题讨论会，让新教师围绕乡村教育的现状与未来展开讨论，结合自身的教学经历以及对乡村社会的观察，提出改进建议。这种活动旨在通过集体反思与交流，激发新生代乡村教师对乡村教育和社会发展的责任感与参与意识。通过讨论会，新生代乡村教师不仅可以明确自身在乡村教育中的角色与使命，还能在交流中学习其他新生代乡村教师的经验和看法，拓宽自己的乡村认知视野，进一步增强对乡土情怀的认同和理解。

总之，乡土情怀的培育需要通过多层面的活动，帮助新生代乡村教师逐步建立对乡村的认同与归属感，这不仅有助于新生代乡村教师职业认同的强化，也为其职业生涯的长期发展打下了坚实的情感基础。通过乡村文化体验、乡土课程开发、新生代乡村教师和村民互动以及主题讨论会等多样化活动的持续推进，不断深化新生代乡村教师对乡村社会的认知与情感，使他们能够在职业发展的每一个阶段都保持对乡村教育的热情。

（三）"传帮带"助力机制

"传帮带"指导机制强调通过资深的乡村教师的传授、帮助和带领，助力新生代乡村教师职业成长与情感融入。特别是在偏远地区，教师资源匮乏，"传帮带"的作用显得尤为关键。

1. 注重多元匹配，促进新教师融入

在"传帮带"助力机制中，应重视地缘、文化及教育背景的多元契合性，优先选择深谙当地文化、教育特点且经验丰富的教师作为新教师的传帮带人。这种匹配方式有助于新教师快速适应乡村学校的教学环境，通过传帮带人的经验分享，更深刻地理解当地文化背景，逐步培育对乡村社会的认同与情感归属。在民族地区，选择熟悉当地民族文化的传帮带人，能有效帮助新教师适应特有的文化和教学需求。

2. 明确关键任务，提供全面支持

在"传帮带"过程中，需明确传帮带人的核心任务，包括传授教学方法、指导课堂管理、处理学生心理问题以及建立乡村社区关系。传帮带人应定期观摩新教师的课堂教学，提供具体、有针对性的反馈与建议。同时，还应协助新教师逐步融入当地社会文化，建立与学生家长和社区居民的良好关系。针对偏远乡村学校教师"身兼数职"的现实，传帮带人还可以为新教师提供处理多方事务的经验指导，提高其工作效率。

3. 结合正式和非正式交流渠道，确保指导实效

在沟通方面，应建立正式与非正式相结合的交流渠道，确保传帮带过程的常态化和实效性。正式交流可通过定期的例会、教学反思交流会等形式进行，帮助新教师解决教学中的困惑。非正式交流则可在课后、社区活动中展开，通过更多生活化的交流，让新教师

感受到来自传帮带人的情感关怀与支持。在交通不便的偏远地区，应充分利用现代信息技术，确保沟通的顺畅与高效。同时，建议教育行政部门设立相应的考核与激励机制，保障传帮带活动的持续性。

4. 提供制度化保障，激发参与热情

在实施保障方面，地方教育行政部门和学校应提供制度化支持，为传帮带助力机制的有效实施提供坚实保障。应为传帮带活动设立明确的时间安排，避免与教学任务发生冲突。同时，建立激励机制，包括物质奖励和荣誉激励，激发传帮带人的参与热情。特别是在偏远乡村地区，传帮带人承担的教学和行政工作较多，需通过相应的激励措施，确保他们在付出额外努力的同时，能够获得合理的回报和认可。此外，还应建立定期的评估与反馈机制，对传帮带的效果进行跟踪评估，以便及时调整和优化传帮带。

通过科学、合理、系统的传帮带助力机制，新生代乡村教师在职业初期将获得来自经验丰富教师的全方位支持，这不仅能有效缓解其职业适应的压力，还能帮助他们逐步建立起对乡村教育的情感归属与认同感，为乡村教育的持续发展提供更加稳固的人力资源支持。

四、职业发展中期：专业发展与乡土情怀巩固策略

（一）专业培训与继续教育

职业发展中期是新生代乡村教师专业成长迈向成熟的关键时期。在这一阶段，针对乡村教师特性的专业培训与继续教育显得尤为重要。特别是在生活条件艰苦、教学资源相对不足的环境下，为新生代乡村教师提供系统化和个性化的培训更为迫切。基于乡土情怀的专业培训与继续教育策略，不仅要提升新生代乡村教师的教学水平，还需巩固其对乡村文化和教育的情感联系，以增强其职业成

就感和服务动力。

1. 实践导向培训，满足实际需求

针对新生代乡村教师的特点，实践导向的培训应更加贴合他们的实际需求与生活境遇。职业培训工作需高度重视乡村教师的具体需求，开展以实践为核心的在职培训。具体而言，可以通过校本培训与区域联合的方式，为新生代乡村教师提供在当地或邻近学校参与集体备课、教学观摩、主题研讨等实践活动的机会。这样既能有效节省偏远地区教师外出学习的时间和经济成本，又能紧密结合当地教育实际，让教师在真实的教学环境中交流经验，切实解决教学中遇到的实际问题。同时，充分利用远程教育平台的优势，为偏远地区教师提供丰富多样、灵活便捷的在线课程和学习资源，包括新课程理念、创新教学方法以及心理辅导等内容，确保新生代乡村教师能够享受到与城市教师同等的培训机会，满足他们专业成长的多元化需求。

2. 个性化发展路径，明确职业发展方向

继续教育应紧扣新生代乡村教师职业发展中期的特点，通过提供个性化的职业生涯规划和专业指导，助力新生代乡村教师清晰界定自身的职业发展方向。为此，可专门设立针对新生代乡村教师的职业发展专项计划，为他们提供丰富的深造机会，支持其进行学历提升或参与专项研修项目。对于那些怀揣进一步提升专业素养梦想的新生代乡村教师，应特别提供奖学金或学习补助等实质性支持，激励他们深入探索学术领域，不断精进。这些具体可行的措施，将有效促进一批既具备高水平教学能力又深怀乡土情怀的骨干教师的成长，为乡村教育打造一支稳固且充满活力的师资队伍奠定基础。

3. 培育乡土情怀，增强文化认同

专业培训与继续教育还需注重乡土情怀的培育与巩固。在培训内容的设计上，不应仅限于教学技能的传授，还需包含与乡村文化、乡村社会发展紧密相关的内容。例如，可以通过开展乡村调研、田野观察等实践活动，让教师深入了解乡村的历史、文化与社会结构，增强对乡村文化的理解与认同。同时，可以邀请优秀的乡村教育工作者或乡村文化传承人分享他们的故事和经验，使新生代乡村教师能够通过真实案例感受到乡村教育工作的意义与价值。通过这些内容的融入，使新生代乡村教师不仅在教学能力上有所提升，更能在情感上与乡村产生深厚的联系，从而在面对艰苦的环境时，依然能够保持对乡村教育的热情与投入。

4. 构建交流网络，打破孤立状态

着力构建区域性与全国性的专业发展交流网络，以打破新生代乡村教师在职业发展中的孤立无援状态。通过线上线下相结合的方式，建立起新生代乡村教师间的互助交流机制，鼓励大家定期分享教育实践经验、优质教学资源以及职业发展过程中的心得体会。这样的交流平台不仅能有效拓宽教师的视野，让他们接触到更多先进的教学理念和方法；还能为他们提供心理支持，缓解因工作环境偏远、生活条件艰苦而带来的职业压力。通过这种多层面的支持网络，新生代乡村教师们能够更好地在职业发展中找到归属感与认同感，进而提升他们的专业发展水平与乡土情怀。

5. 综合评价成效，激励持续发展

培训成效评价应注重新生代乡村教师专业能力提升与乡土情怀增强的综合表现。可以通过课堂观察、教学反思记录、教师自评与学生反馈等多种形式，对新生代乡村教师在培训后的成长状况进行全方位评价，既关注他们教学技能的进步，也重视他们在乡村文化认同、社会责任感培养等方面的表现。通过科学、全面的评价机制，不仅能够帮助新生代乡村教师更清楚地认识到自己的进步，还可以进一步激励他们持续投入到专业发展和乡村教育事业中。

（二）职业激励措施

职业激励是新生代乡村教师职业发展中期的关键推动力，合理且有效的激励措施不仅能够深化新生代乡村教师的职业认同感，激发他们的工作热情与积极性，还能助力他们克服职业发展中期的种种挑战与困难，坚定他们持续投身乡村教育事业的决心。针对新生代乡村教师的实际需求和职业发展特点，需制定一系列切实可行的职业激励措施，以切实提升他们的职业承诺，增强其对乡村教育事业的投入度和忠诚度。

1. 强化薪酬与福利保障

针对新生代乡村教师职业发展中期的经济压力与生活需求，必须采取更为具体可行的薪酬与福利保障措施。首先，应大幅提高新生代乡村教师的基本工资水平，确保他们的收入能够与城市教师相媲美。同时，设立专门针对新生代乡村教师的偏远地区津贴、交通补助和住房补助，以缓解他们因地理位置偏远而带来的额外生活成本。对于已婚或有抚养责任的新生代乡村教师，应提供家庭补助和子女教育支持，如设立教育基金、提供子女就学便利等，确保他们在家庭与职业之间找到平衡。这些具体的薪酬与福利措施，不仅是对新生代乡村教师经济负担的实质性减轻，更是对他们职业奉献精神的肯定与鼓励。

2. 完善晋升机制

新生代乡村教师正处于职业发展的关键时期，他们对职业晋升和发展空间有着迫切的需求。因此，我们必须完善职业晋升机制，为他们提供更为广阔的职业发展空间。具体而言，应建立与城市教师同等的职称评定体系，确保新生代乡村教师在评优、评职称等方面享有公平的机会。同时，针对新生代乡村教师的特点，设立专项职业发展项目，如"乡村教育领军人才计划""乡村教师科研能力提升项目"等，鼓励他们积极参与并获取更多的职业认可。此外，还应探索建立乡村教师与城市教师之间的交流机制，通过挂职锻炼、互访学习等方式，拓宽新生代乡村教师的视野，激发他们的职业热情和创新精神。

3. 强化精神激励与荣誉激励

新生代乡村教师往往面临着工作环境艰苦、社会认同度不高等问题，因此，精神激励与荣誉激励对他们来说尤为重要。应定期举办"新生代优秀乡村教师"评选活动，通过公开、公正、公平的方式选拔出在教学、科研、社会服务等方面表现突出的新生代乡村教师，并给予他们崇高的荣誉和丰厚的奖励。同时，利用媒体平台广泛宣传新生代乡村教师的先进事迹和感人故事，提升他们的社会认可度和职业地位。此外，还可以建立新生代乡村教师荣誉墙、设立荣誉奖项等，让新生代乡村教师感受到职业的荣耀和自豪。

4. 提供心理支持与关怀

乡村教师因工作于偏远地区，常缺乏同伴支持，工作压力大。因此，应重视其心理健康支持，建立定期与不定期相结合的心理咨询与辅导服务，帮助他们纾解压力。同时，定期组织新生代乡村教师交流和分享会，促进教师间的相互支持与经验交流，增进情感联系，形成积极向上的工作氛围。这不仅能增强教师的归属感，还能提升他们面对职业挑战时的从容与自信。

5. 改善工作条件，提升职业吸引力

为了吸引和留住新生代乡村教师，应持续改善他们的工作条件和教学环境。具体而言，应加大对乡村教育的投入力度，优先改善新生代乡村教师所在学校的基础设施和教学资源配置。如为他们提

供现代化教学设备、建设舒适宜人的办公环境、改善学校食堂和住宿条件等。同时，还应精简不必要的行政事务和工作负担，让新生代乡村教师有更多时间和精力专注于教学工作。这些具体的改善措施将有效提升新生代乡村教师的工作满意度和职业吸引力，进而促进他们的职业稳定性和长期发展。

（三）家庭支持与社会支持

在新生代乡村教师职业发展的中期，家庭与社会的支持如同双翼，为他们的职业稳定性和乡土情怀的增强提供了坚实的支撑。家庭是新生代乡村教师心灵的港湾，社会则是他们职业成长的广阔舞台。为了更有效地促进新生代乡村教师的职业发展，需从家庭与社会两个维度出发，制定具体可行的支持策略。

1. 家庭支持策略

在家庭层面，针对新生代乡村教师的独特职业特点和需求，可以构建父母支持、配偶支持及子女支持这三大支持系统，以促使亲人们为他们提供全面且深入的支持策略。

新生代乡村教师的父母普遍具备一定的文化程度，不论他们生活在乡村还是城市，都拥有着不错的理解与沟通能力。应充分利用这一优势，通过组织"乡村教育体验日"等活动，邀请父母亲身体验新生代乡村教师的日常教学与生活环境。活动中，可设置课堂观摩、师生互动、家访模拟等环节，让父母直观感受新生代乡村教师工作的崇高与艰辛。同时，开展"亲子对话会"，引导父母与新生代乡村教师深入交流，分享彼此的心得与期望，增进理解与共鸣。对于已生育孩子的新生代乡村教师，鼓励父母在力所能及的范围内提供养育和家务上的支持，减轻新生代乡村教师的后顾之忧，使其能更专注于教育事业。

针对已婚或恋爱中的新生代乡村教师，配偶的支持是稳固其职业发展的重要基石。可实施"伴侣同行计划",通过教育部门或学校邀请心理咨询师和具有相同背景的优秀教师,组织配偶参与以家庭与工作平衡为主题的小型研讨会。在这些研讨会上,心理咨询师和优秀教师可以分享实用的经验,如时间管理技巧、情绪调节方法等,帮助配偶更好地理解和应对教师职业带来的挑战。同时,利用学校现有的资源或在线平台,提供教育视频和资料,让配偶深入了解新生代乡村教师职业的特点及日常工作内容,通过实际案例分析,增进他们对教师工作的尊重和支持。此外,倡导并支持配偶与新生代乡村教师一同参与学校组织的简易乡村教育活动,如家校合作日、亲子互动活动等,既增强家庭成员间的情感联系,也使配偶能直接感受到教育工作的意义与价值,从而共同为乡村教育的持续发展贡献力量。

针对具有一定认知能力的子女,可采取措施促使其理解并尊重父母所从事的乡村教师的工作。学校可设立"小小乡村教师体验活动",邀请子女进入校园,亲身参与父母的教学过程,直观感受乡村教育的独特魅力与所面临的挑战。通过组织亲子共读相关图书、开展家庭讨论等活动,引导子女深入理解父母选择并坚守乡村教育事业的初衷,以及因工作性质有时需牺牲部分陪伴时间的必要性。同时,倡导乡村教师与子女共同规划家庭时间,合理安排工作与家庭生活,确保在繁忙的教学任务中也能给予子女充分的关爱与陪伴。

2. 社会支持策略

乡村社会作为新生代乡村教师日常生活的重要环境,其社会氛围、文化认同和社区支持对乡村教师的职业发展至关重要。为增进乡村教师与乡村居民之间的相互理解和信任,可特别针对新生代乡村教师的兴趣和需求,组织形式多样的社区活动,如文化交流会、教育讲座等，同时鼓励乡村居民积极参与教师支持项目，共同营造一种关心和支持乡村教育的社会氛围。这种社会层面的支持，将有效提升新生代乡村教师对乡村社区的归属感和认同感，增强其职业稳定性及长期从教的决心。

在社会支持层面，需针对新生代乡村教师的实际情况，进一步完善其社会保障体系。特别是在医疗、住房等方面，应提供更为具体且有力的支持措施。考虑到新生代乡村教师可能面临的生活压力，应建立健全的医疗保障机制，包括提供定期体检、专项医疗补助等。同时，可通过设立针对新生代乡村教师的荣誉奖项，提升他们在乡村社区中的社会地位与职业荣誉感，激励更多优秀青年投身乡村教育事业。

为推动家庭与社会协同的新生代乡村教师支持机制，应加强家校合作、社区教育等渠道，促进教师家庭与社区之间的联系与互动。具体而言，可开展以家庭为单位的公益活动，如亲子教育讲座、家庭互助小组等，以实际行动为新生代乡村教师家庭减轻生活负担，助其应对现实困难。政府与公益慈善组织可联合设立"新生代乡村教师关怀基金"，为他们提供医疗、子女教育、住房等方面的专项资助。在偏远农村地区，应特别关注新生代乡村教师家庭在就医、子女教育等方面的困难，通过关怀基金等渠道给予有效支持。

此外，当地企业和社会团体亦可积极参与，为新生代乡村教师家庭提供生活物资补助，如冬季取暖用品、节假日慰问品等，以提高其生活质量。同时，可通过组织职业发展规划研讨会、提供在职培训机会等方式，帮助新生代乡村教师提升职业素养和教学能力，增强其职业竞争力。通过多层面的支持机制，将有助于进一步增强新生代乡村教师的乡土情怀，激发其职业热情。

五、职业发展后期：职业晋升与长期激励策略

（一）职业晋升通道

在乡村教育条件相对复杂和艰苦的背景下，新生代乡村教师的职业晋升之路充满了现实挑战。这些挑战不仅源自乡村教育环境的特殊性，还与教师个人职业发展的内在需求紧密相连。

1. 晋升条件方面

在晋升条件方面，新生代乡村教师面临的挑战尤为突出。由于乡村学校普遍面临教师流动性大、数量不足等难题，新生代乡村教师往往需要在承担繁重教学任务的同时，还肩负起学生管理和生活指导等多项职责。这种多重角色的叠加，使得他们在教学质量和科研成果等方面难以达到城市教师的水平。而传统的晋升体系往往比较注重科研成果和教学比赛获奖情况等硬性指标，而这些标准对于工作繁忙、资源匮乏的乡村教师来说显然不太公平。因此，有必要设计更加符合乡村学校实际情况的职业晋升标准，以确保新生代乡村教师的职业发展能够得到切实支持。

在新生代乡村教师的晋升体系中，应加大对教学投入程度、学生成长成效以及乡村活动参与情况的考核比重，使考核内容更加贴近乡村教师的实际工作情境，以凸显他们在乡村教育中的辛勤付出与积极贡献。例如，针对长期坚守在偏远乡村的新生代乡村教师，可将他们的服务年限、在乡村教育中担任的多重角色（诸如班主任、"留守学生之家"管理员、兼任学校行政人员等）的履职实绩，以及对学生成长所产生的积极影响等要素，悉数纳入晋升考核的标准之中，以全面、客观地评判他们在乡村教育领域的综合贡献。此般晋升体系的构建，既能有效激发新生代乡村教师的工作热情，又能为其职业成长与全面发展提供有力

支撑。

2. 晋升评估方面

在新生代乡村教师的晋升评估方面，同样面临着诸多特殊挑战。相比城市教师在学术成果和比赛获奖方面的丰富表现，新生代乡村教师在实际教学中的创新实践以及对乡村学生的教育关怀，在晋升评价中应当被赋予更重要的地位。建议在晋升考核体系中增设"乡村教育创新项目"或"教育关怀案例评估"等评价维度，通过细致考查教师在教学实践中的创新教学方法、对学生进行的个性化辅导，以及将乡村文化教育有机融入课堂的表现，来更全面地彰显新生代乡村教师的职业特色与优势。同时，应当加重对乡村教师在改善学生学习态度、提升学生学业成绩等方面实践成效的考核比重，因为这些实实在在的教育成就，往往比单纯地发表论文更能体现乡村教师的教育价值与贡献。

同时，应将新生代乡村教师参与乡村社区活动及其所作贡献等情况，纳入其职业晋升的考核范畴。新生代乡村教师不仅承担着学校教育的重任，更是乡村社区不可或缺的一部分，他们的社区活动和社会服务对乡村整体发展起到了重要的促进作用，这一作用不容小觑。为此，建议设立"社区贡献"这一考核指标，对新生代乡村教师参与社区公益活动、提供家庭教育指导、促进乡村文化传播等方面的表现进行全面评估，以进一步激励新生代乡村教师在职业发展过程中与乡村社区保持紧密联系，共同推动乡村教育与乡村社会的相互促进、共同发展。

3. 晋升通道设计方面

在职业晋升通道的设计上，应当充分体现出灵活性与倾斜性，以适应新生代乡村教师工作环境的特殊性。具体而言，在晋升考核中，应对新生代乡村教师适当放宽相关条件，并给予一定的政策倾斜。例如，可以减少对学术论文发表数量的硬性要求，转而增加对乡村教师教育实践案例、教学反思等实际工作成果的认可程度。同时，为了减少乡村教师与城市教师的直接竞争压力，可以设立专门的乡村教师职称晋升通道，确保他们在公平合理的环境下实现职称晋升。此外，对于那些长期扎根乡村、在教育教学方面表现突出的新生代乡村教师，应设置"绿色通道"或"专项晋升计划"，使他们在晋升过程中能够享有更高的优先权和更多的政策支持，以此激励更多优秀新生代乡村教师为乡村教育事业贡献自己的力量。

（二）长期激励与归属感建设

在乡村教育发展中，长期激励机制对于新生代乡村教师的职业稳定性和归属感的建设尤为关键。相比城市教师，乡村教师常面临更加艰苦的工作环境、较少的社会支持和相对较低的职业认同感。因此，建立有效的长期激励体系和归属感建设措施，对于吸引、保留和激励优秀乡村教师具有重要的现实意义。具体可以考虑以下几方面策略：

第一，优化长期薪酬激励和福利待遇。针对新生代乡村教师的长期激励，建议在现有的薪酬体系基础上，进一步完善绩效工资和特殊岗位津贴的发放标准。尤其是针对偏远地区的乡村教师，应通过增加交通补贴、住房补贴、子女教育补贴等措施来减轻他们在日常生活中的负担，从而提升他们的工作满意度。此外，还可以尝试设立"乡村教师长期贡献奖"或"乡村教育奉献荣誉奖"等奖励机制，以表彰那些在乡村教育领域长期服务且作出突出贡献的教师，增强他们对职业的认同感和成就感。

第二，创造更多情感激励与职业发展荣誉。除了物质激励外，情感激励在提高新生代乡村教师的归属感方面发挥着独特的积极作用。教育行政部门和学校可以定期组织新生代乡村教师表彰大会，公开表彰在乡村教育中有突出表现的教师，借此提升他们的职业荣誉感。此外，可以通过教师家访、家校合作等方式，使得新生代乡村教师与当地社区居民建立更为紧密的联系，获得更多的社会支持与认可。同时，还可以设立新生代乡村教师的职业荣誉体系，例如"优秀乡村教师""优秀乡村建设者"等荣誉称号，这些荣誉不仅是对教师教学工作的认可，也能显著提升他们的职业成就感和归属感。

第三，注重工作与生活的平衡。长期激励不仅涉及薪酬待遇，更涉及工作与生活的平衡性。很多乡村学校由于师资缺乏，乡村教师通常需要承担多学科教学和行政事务，工作压力较大。因此，学校应合理分配教学任务，避免新生代乡村教师因超负荷工作而产生职业倦怠。可以探索建立"教学辅助制度"，引入志愿者或教学助理，协助教师完成非教学事务，减轻新生代乡村教师的工作压力。此外，乡村学校还应尽力改善新生代乡村教师的工作和生活条件，例如提供相对舒适的教师宿舍和基本生活设施，确保新生代乡村教师在工作之余能够得到充分的休息和自我提升的时间，从而在情感和心理上形成对乡村教育的归属感。

第四，建立新生代乡村教师与社区的紧密联系，增强职业归属感。对新生代乡村教师的长期激励离不开社区的支持，因此应注重教师与社区之间的互动。乡村学校可以通过组织教师参与乡村文化活动、社区公益项目等方式，增进新生代乡村教师与乡村居民之间的了解和信任，帮助新生代乡村教师更好地融入当地社会。例如，可以鼓励教师参与乡村传统节庆的筹备与举办，或是参加地方性的文化座谈会等，以使他们在乡村社区中找到情感归属感。同时，地方政府和教育主管部门也可以联合社会公益机构，为新生代乡村教师及其家庭提供一些生活上的帮扶和融入社区的机会，通过社区联动的方式，让新生代乡村教师在乡村生活中找到归属和支持。

六、多层面策略的协同与动态调适

（一）策略间的协同

在构建新生代乡村教师职业发展的策略体系时，各种策略应相互融合，形成协同效应，为新生代乡村教师提供全面支持。多层面策略的协同，要求个人、家庭与社会、学校及政策层面的职业发展措施相互补充，构成系统性支持框架，促进新生代乡村教师职业的顺利发展。

入职前的选拔与培养需与职业适应和岗位支持紧密相连。通过选拔确保新生代乡村教师具备对乡村文化的初步认同与适应能力，入职初期则提供系统的岗位支持和导师指导，帮助新生代乡村教师迅速融入教学环境。这种贯通式策略不仅增强了新生代乡村教师的职业适应能力，还为其职业发展奠定了坚实基础，可减少因环境不适导致的人才流失。

专业培训与继续教育应与长期激励和归属感建设相结合。持续的专业培训提升教师的教学能力和文化适应能力，培养其对乡村教育的责任感与使命感。同时，合理的职业激励和物质支持增强教师的归属感，使他们在职业上获得成就感，并在情感上与乡村社区建立深厚联系。这种协同作用会激发教师的内在动力，促使他们长期扎根乡村教育。

家庭与社会支持须与政策激励有机结合。在乡村教师职业发展中，家庭支持与社会认同至关重要，政策激励可在此发挥更大作用。政府及教育管理部门应制定政策，鼓励地方社会和社区组织参与新生代乡村教师职业发展支持，构建多层面、多元化的激励体系。这种协同策略既提升新生代乡村教师在乡村的社会地位，也激发其在家庭中的角色价值感，增强其乡土情怀。

职业晋升通道应与职业发展其他策略相协调。职业晋升不应仅依赖教学评估和科研成果，还应结合新生代乡村教师在乡村社区的实际贡献，如与学生、家长、社区的互动及对乡村文化传承的影响。设置多元化的晋升评价标准，将职业激励与教师的情感投入、社会参与相结合，实现晋升激励与职业承诺、职业满意度的正向互动。

多层面策略的协同，强调的是在新生代乡村教师职业发展的不同阶段，策略的系统配合和动态结合。通过这种协同，确保每一位新生代乡村教师在职业生涯的各个阶段都能够获得与其需求相匹配的支持，使得他们不仅具备扎实的专业能力，还能够在乡村教育中找到自我实现与情感归属，从而实现乡村教育的高质量可持续发展。

（二）策略的动态调适

在构建基于乡土情怀的乡村教师职业发展策略时，同样要考虑策略的动态调适。新生代乡村教师所处的工作环境和生活条件具有不确定性和多样性，因此在实际应用中，策略必须根据具体情境不断地进行调整和优化。动态调适强调策略要能够应对不同发展阶段和环境变化的挑战，以保持其适应性和有效性。

首先，动态调适意味着策略需要依据新生代乡村教师的职业发展阶段和个体需求进行灵活调整。每位教师的背景、经验和职业期望都有所不同，尤其是在乡村环境中，个人的适应性和乡土情怀的培育方面存在显著差异。因此，策略应根据新生代乡村教师不同的职业发展阶段，如入职初期、职业发展中期和职业升迁后期进行阶段性的调整。例如，入职初期的新生代乡村教师培育更需要针对岗位适应和乡土情怀，而职业中期的新生代乡村教师则可能需要更为系统的专业培训和职业激励措施。通过分阶段的调整，确保策略符合新生代乡村教师职业发展的现实需求，避免"一刀切"的静态策略模式。

其次，动态调适还要求对政策和社会环境的变化进行适应性反应。在乡村振兴战略推进过程中，地方政策和资源支持的变动会直接影响到新生代乡村教师的职业环境。为了确保策略的有效性，必须根据政策环境的变化对现有策略进行相应的优化。例如，当政策对乡村教育投入增加，或新生代乡村教师生活条件逐步改善时，策略应更加注重如何将这些外部资源转化为教师职业认同和增强乡土情怀的内在动力，从而提升教师的职业满意度与职业成就感。同时，在政策资源不足或支持减弱的情况下，策略应强调如何通过内部支持系统（如导师制度、学校内部资源等）维持教师的职业稳定性与情感投入。

再次，策略的动态调适也强调实践中的持续反馈机制。策略的设计与实施并非一成不变，应通过反馈机制及时了解教师的实际需求和策略的执行效果。通过建立有效的评估与反馈渠道，例如定期的教师座谈会、问卷调查及个别访谈等，可以对新生代乡村教师在职业发展过程中遇到的问题进行及时识别，并根据反馈结果对策略进行适时调整。这种基于实践反馈的调整机制不仅能够增强策略的针对性和有效性，也能够提高新生代乡村教师的参与感和归属感，使他们在参与职业发展策略的调整过程中感受到自身需求被重视。

最后，动态调适需要考虑不同区域乡村教育的差异性。我国乡村地区差异显著，各地的经济、文化和社会条件不尽相同，这意味着策略的应用必须考虑到地域特性。例如，对于西北偏远地区和东部经济较发达的乡村，新生代乡村教师所面临的工作条件和生活状况存在较大差异。因此，策略的调整应具有地方化特征，要结合具体乡村的特点开展个性化支持。具体来说，在经济条件相对薄弱的乡村地区，策略应更加注重新生代乡村教师基本生活条件的保障，而在经济相对发达的乡村地区，策略则可以更注重新生代乡村教师的专业提升和职业发展激励。这种基于区域差异的动态调适可以确保策略既具有普适性，又具备因地制宜的灵活性，从而提高策略的落地性和实效性。

（三）策略实施的持续评估与反馈

1. 灵活且务实的评估标准与指标

现有的评估标准需要更具适应性，以适应乡村学校的特殊情况。例如，在设置职业稳定率和职业投入度等指标时，应该充分考虑到新生代乡村教师所承担的多样任务。例如，很多新生代乡村教师不仅需要教授多门课程，还需要承担行政工作，社区参与度和职业稳定性应考虑新生代乡村教师的实际负担，调整相关权重，以反映他们的工作全面性和复杂性。要考虑基于新生代乡村教师所处环境具体情况的灵活评估标准，使得评估更加务实有效。

2. 本地化的新生代乡村教师反馈与调整机制

考虑到乡村地区新生代教师的实际情况，可以采用一些更为简单直接的反馈方法，而不仅仅依赖复杂的座谈会或正式访谈。例如，可以通过定期的简短问卷（如微信或纸质表格）获取新生代乡村教师对某些具体政策或支持措施的直接反馈。在有条件的情况下，建立校内教师互助反馈小组，方便新生代乡村教师彼此分享经验与建议，这样的机制不仅能够降低教师反馈的时间成本，还能够增强教师之间的互助和支持。

3. 社区和家庭参与的基层评估方式

由于乡村教师与社区、家长之间联系密切，应加强家庭和社区在策略评估中的作用。例如，可以通过村委会或家长委员会进行集体访谈，了解新生代乡村教师在社区活动中的表现以及社会对乡村教师的支持度。让村民和家长参与评估能够增强新生代乡村教师的社会认同感，同时也可以让社区对教师的贡献有更深入的了解。此外，通过社区的口碑和村民的实际反映，也可以间接评估新生代乡村教师在教学及乡土情怀培育方面的成效。

4. 反馈结果的本地化应用与策略调整

乡村教师的工作生活条件各地差异较大，因此在反馈结果的应用方面，应尽量采取本地化的措施。比如，如果某地新生代乡村教师普遍反映居住条件恶劣，可以与当地政府协商，在新生代乡村教师集中区域优先改善住房条件；如果新生代乡村教师反映教学负担过重，则可以考虑调整课程设置或者引进辅助教学资源。反馈机制的作用不仅是要为政策制定提供参考，还要确保每个地方的政策能够在实际中有效落地，为新生代乡村教师们解决实际问题。

5. 过程性评估与定期改进的结合

为确保策略的实效性，应加强过程性评估，例如设立每季度的小范围反馈会议，由学校管理者和教师共同参与，对某些措施的执行情况进行小结，并提出改进建议。同时，减少外部评审的复杂性，更多依靠当地教育主管部门的评估，以节约时间和资源。评估过程中重视新生代乡村教师的主观体验和反馈意见，特别是对工作条件和教学资源等直接影响新生代乡村教师日常工作的因素进行关注。

七、潜在挑战

（一）复杂性管理

策略构建在实施中不可避免地面临复杂性管理的挑战，特别是在新生代乡村教师职业发展与乡土情怀培育的多层面策略中，这种复杂性尤为突出。由于策略涵盖了教师从选拔、培养、支持到长期职业发展的多个阶段，并涉及个人、家庭、学校、社会和政策等多重因素。在策略设计、执行、调整的过程中，如果不能有效处理这些复杂性，将可能导致策略实施的低效甚至失效。

首先，策略的多层面交互特征需要有明确的目标划分和作用界定。例如，对于新生代乡村教师职业晋升的激励策略，虽然其实施效果显著，但如果不充分考虑与其他策略的衔接，例如学校支持、家庭认同等，单一的晋升激励可能导致新生代乡村教师的目标和实际需求脱节，无法形成长期有效的职业发展支持。因此，有必要在策略实施过程中进行明确的目标划分，确保每一项策略都能够在其特定层面发挥最大作用，同时与其他策略形成合力。

其次，复杂性管理还体现在策略执行过程中涉及的多方主体和多阶段实施。在乡村教育中，涉及教育主管部门、地方政府、学校、教师、家长以及社区等多个主体，而每一个主体的利益和关注点往往不尽相同。例如，教育主管部门可能侧重于乡村教育整体质量的提升，而地方政府更多考虑地方经济发展和教育资源分配，这就需要在策略设计时充分协调不同主体的需求，建立共识并明确各方的职责和义务。在实践中，可以通过建立由教育主管部门、学校管理者、教师代表和社区成员共同组成的策略协商小组，定期讨论和调整策略的实施，以确保各方主体能够在复杂的教育生态系统中协调一致。

再次，策略管理的复杂性还体现在对不同阶段新生代乡村教师的支持需求上。新生代乡村教师职业发展经历了入职初期、职业中期、职业后期等不同阶段，每一阶段的需求和挑战都各不相同。策略实施需要动态适应教师的职业发展阶段，而不是采取"一刀切"的方式。例如，在入职初期，教师更需要在岗位适应、教学方法等方面得到支持；而到职业中期，则需要关注专业发展和心理激励。有效管理策略实施的复杂性要求策略必须具有阶段性和差异化，并能够根据教师的实际需求进行相应的调整，以适应不同阶段的职业成长。

最后，需要对复杂性管理中可能产生的问题进行前瞻性识别，并制定预防措施。在乡村地区，由于学校师资力量有限，新生代乡村教师个人负担较重，多层面、多主体的复杂策略实施可能会增加新生代乡村教师的压力。为减轻这种压力，可以通过引入简单且直接的评估反馈方式，避免策略的繁杂性对新生代乡村教师形成新的负担。例如，采用简单的在线问卷或定期简短会议，收集新生代乡村教师的反馈和需求，从而使策略的调整能够更加灵活、实时，并且降低教师的参与成本。

（二）理论与实践的结合

在新生代乡村教师职业发展策略的构建中，如何实现理论与实践的有效结合是一个不可忽视的挑战。策略的设计若仅停留在理论层面，未能充分结合新生代乡村教师的真实工作生活情况，便难以在实践中产生预期的成效。因此，在策略构建和实施过程中，必须重视理论与实践相结合，通过基于实地调查的理论验证，确保策略的科学性与可行性。

理论与实践相结合要求策略的构建必须从新生代乡村教师的

真实需求出发。许多理论研究提出的职业发展策略，往往关注新生代乡村教师的职业素质提升、职业激励等宏观问题，而忽略了新生代乡村教师面临的具体生活和工作困境。例如，偏远地区新生代乡村教师的生活条件艰苦、教学负担重、生活环境恶劣等，这些问题在策略设计中若未能得到有效关注，将很可能导致策略在实施过程中遭遇阻力。因此，策略的制定应基于对新生代乡村教师实际需求的充分调研，通过访谈、问卷等方式了解他们在职业发展中面临的现实困难，从而设计出更加符合新生代乡村教师实际情况的策略，真正做到理论和实践相结合。

策略的实施过程应注重理论的验证与实践的反馈。理论的作用在于为新生代乡村教师职业发展提供方向和依据，但在具体的实践中，理论的有效性和适用性需要通过不断的验证和反馈来评估。例如，在新生代乡村教师的职业激励策略中，理论可能指出职业认同感的提升能够有效激发教师的工作积极性，但在实践中，具体如何提升职业认同感，例如通过荣誉称号、物质奖励还是通过教师社区的情感支持，效果可能各不相同。因此，在策略实施的过程中，应通过定期的反馈收集和评估，了解不同激励方式的实施效果，并根据实践反馈不断调整和优化策略。通过这种理论和实践的互动过程，确保策略能够有效地契合乡村教育的具体情境。

理论与实践相结合还要求策略设计具有一定的弹性，以适应乡村教育情境的多样性和动态性。中国乡村地区差异性显著，东部地区、中西部山区和西北地区的乡村教育面临的实际问题不尽相同。例如，一些经济较为发达的乡村地区可能更关注新生代乡村教师的专业发展，而一些欠发达偏远地区则首先需要解决新生代乡村教师生活保障和教学环境改善问题。因此，策略的实施应当具备适应性，避免"一刀切"的做法，根据不同地区的实际情况，灵活调整具体措施。例如，在经济条件较好的乡村地区，可以通过更丰富的教师培训项目来促进新生代乡村教师的专业成长；而在经济条件较差的地区，可能更需要通过改善生活条件来增强新生代乡村教师的留任意愿。只有在策略实施中具备足够的灵活性和适应性，才能真正实现理论与实践的结合。

此外，理论与实践的结合还应注重策略成果的可视化与示范效应。乡村教育的复杂性和多样性使得很多策略在推广和复制时面临阻碍，但通过成功案例的展示和推广，可以有效增强策略的可行性和影响力。例如，可以通过建设新生代乡村教师职业发展的示范学校，展示新生代乡村教师职业成长与乡土情怀培育相结合的成功经验，形成具有可推广性的实践模式。这些成功案例不仅有助于检验策略的实践效果，还可以为其他地区提供具体的实施路径和方法，使理论和实践的结合更加切实可行。

（三）资源有限性的应对措施

在乡村教育环境中，资源有限一直是制约乡村教育质量提升和影响乡村教师职业发展的主要挑战之一。例如软硬件落后、资金短缺、基层实施能力不足等问题在很大程度上限制了策略的落实和推进。为应对这些现实困境，必须综合运用政策支持、社会协同与教师自我激励等多种措施，优化资源配置，确保各项策略的切实有效。

政策倾斜是应对资源有限性的重要举措。在制定相关政策时，应充分考虑乡村教育的特殊性，采取灵活有效的政策支持模式。例如，政府可在财政预算上对乡村教育进行适当倾斜，设立专项资金，用于新生代乡村教师的专业培训、生活补助、基础设施改善等领域。特别是在提高教师待遇、解决交通与住宿等生活困难方面，政策的有效倾斜可以极大增强乡村教师的工作积极性和职业稳定性。同时，应鼓励各级政府与教育部门在资金使用方面确保透明与高效，通过建立有效的资源监控和反馈机制，确保有限资源得到最优的利用。

其次，社会协同是应对资源有限的关键路径。政府、企业和社会团体等各类社会主体应加强合作，共同参与乡村教师支持项目。可以通过引入企业公益资金、社会捐赠与志愿者服务等方式，弥补政府投入的不足。例如，可以发起"乡村教师关怀计划"等社会协作活动，呼吁社会各界为新生代乡村教师提供多方面的帮助，包括教育设备的捐赠、乡村教师子女教育的支持、乡村教师家庭的困难补助等。通过多方参与，形成全社会共同支持乡村教育的合力，从而尽可能缓解资源不足的问题，提高新生代乡村教师的生活与工作条件。

再者，应充分发挥新生代乡村教师自我激励的作用，以有效应对外部资源不足的情况。在乡村教育资源短缺的背景下，激励新生代乡村教师培养内在动力和职业热情尤为重要。新生代乡村教师可以通过加强自身学习，积极参与线上和线下的培训和交流活动，提升自身专业水平和教学能力。同时，教育部门可定期开展教师激励与表彰活动，通过设立奖励机制，如教学成果奖励、荣誉称号等，增强新生代乡村教师的职业成就感与使命感。激励机制不仅可增强新生代乡村教师对职业的认同，还可促进新生代乡村教师自发地去克服环境中的各种资源限制。

最后，应注重资源调配的优化与灵活运用。虽然资源有限，但通过科学合理的资源调配，仍可最大化提升资源的利用效率。例如在教育培训上，可以通过"送教下乡""教育资源共享"等模式，使得偏远学校的新生代乡村教师也能共享优质的教育培训资源。在设施改善上，可以优先对教学条件最为薄弱的教学点进行投入，以此逐步提高整体教育质量。在人员分配上，可以合理调配不同学科的新生代乡村教师资源，尤其是在乡村小学，多学科教师的培养与分配能够有效地应对人力资源的短缺问题。

参 考 文 献

[1] 谢云天，史滋福．职业认同与初中教师工作投入的关系：自我效能感和
    教师元认知的作用 [J]．心理研究，2024，17（6）：528-536．

[2] 安海燕，刘洪福．中小学教师职业承诺与职业认同的关系研究 [J]．中
    国成人教育，2011（7）：119-121．

[3] 张小林．乡村概念辨析 [J]．地理学报，1998（4）：79-85．

[4] 国家统计局．关于统计上划分城乡的规定（试行）[EB/OL]．（2008-
    07-12）[2024-10-18]．https：//www. stats. gov. cn/sj/pcsj/rkpc/
    5rp/html/append7. htm．

[5] 黄匡时，萧霞．我国乡村人口变动趋势及其对乡村建设的影响 [J]．中
    国发展观察，2022（6）：50-54．

[6] 中共中央、国务院．乡村振兴战略规划（2018—2022 年）[EB/OL]．
    （2018-09-26）[2024-10-18]．https：//www. gov. cn/zhengce/
    2018-09/26/content_5325534. htm．

[7] 中共中央、国务院．中华人民共和国乡村振兴促进法 [EB/OL]．
    （2021-06-01）[2024-10-18]．https：//www. gov. cn/xinwen/
    2021-04/30/content_5604050. htm．

[8] 中共中央、国务院．加快推进教育现代化实施方案（2018—2022 年）
    [EB/OL]．（2019-02-23）[2024-10-18]．https：//www. gov. cn/
    zhengce/2019-02/23/content_5367988. htm？isappin-stalled=0．

[9] 教育部．教育部等六部门关于加强新时代乡村教师队伍建设的意见
    [EB/OL]．（2020-07-31）[2024-10-18]．https：//www. gov. cn/
    zhengce/zhengceku/2020-09/04/content_5540386. htm．

[10] 教育部.教育部等九部门关于印发《中西部欠发达地区优秀教师定向培养计划》的通知[EB/OL].（2021-08-02）[2022-09-01]. http://www.moe.gov.cn/srcsite/A10/s7011/202108/t20210803_548644.html.

[11] 中共中央、国务院.国务院关于进一步加强农村教育工作的决定[EB/OL].（2003-09-17）[2024-10-18]. https://hudong.moe.gov.cn/jyb_xxgk_gk_gbgg/moe_0/moe_9/moe_38/tnull_89.html.

[12] 教育部.教育部关于学习、宣传和全面实施《2003—2007年教育振兴行动计划》的通知[EB/OL].（2004-03-03）[2024-10-18]. http://www.moe.gov.cn/jyb_xxgk/gk_gbgg/moe_0/moe_1/moe_4/tnull_5326.html.

[13] 教育部.国家教育事业发展"十一五"规划纲要[EB/OL].（2007-05-31）[2024-10-18]. http://www.moe.gov.cn/jyb_xwfb/gzdt_gzdt/moe_1485/tnull_22875.html.

[14] 孙超，丁雅诵，刘晓宇，等.约290万名乡村教师，滋润乡村教育沃土[EB/OL].（2021-09-08）[2024-10-18]. http://www.moe.gov.cn/jyb_xwfb/s5147/202109/t20210908_560546.html.

[15] 潘新民，金慧颖.乡村学校信息化优质教学资源供给困境与出路[J].课程.教材.教法，2022，42（7）：84-89，146.

[16] 中国教育科学研究院课题组.乡村教师队伍建设的成效与困难：一项基于中西部五省区乡村教师队伍的调查[N].中国教育报，2018-07-10（第8版）.

[17] 陶行知.中国教育改造[M].北京：线装书局，2018：76-78.

[18] 蔺海沣，赵敏，杨柳.新生代乡村教师角色认同危机及其消解路径[J].中国教育学刊，2019（2）：72-75.

[19] 郑新蓉，王成龙，佟彤.我国新生代乡村教师城市化特征研究[J].河北师范大学报（教育科学版），2016，18（3）：70-77.

[20] 刘胜男，赵新亮.新生代乡村教师缘何离职：组织嵌入理论视角的阐释[J].教育发展研究，2017，37（Z2）：78-83.

[21] 王清霞.新生代乡村教师身份迷失的归因与重建［J］.教育理论与实践，2023，43（17）：24-28.

[22] 北京师范大学"特岗计划政策研究"课题组.提升农村教育质量："特岗计划"实施十五年［EB/OL］.（2020-09-04）［2024-11-05］.http：//www. moe. gov. cn/fbh/live/2020/52439/sfcl/202009/t20200904_485101. html.

[23]《辞海》编纂委员会.辞海（第六版缩印本）［Z］.上海：上海辞书出版社，2010.

[24] 费孝通.乡土中国［M］.北京：北京大学出版社，2012.

[25] 翟宇君.地方公费师范生乡土情怀培育的问题与对策［J］.教育理论与实践，2024，44（36）：8-12.

[26] 李景韬，刘华荣.基于乡土情怀培育的大学生爱国主义教育模式［J］.兰州交通大学学报，2018，37（1）：137-141.

[27] 马宽斌.新时代乡村教师乡土情怀认同的失落与回归［J］.内蒙古社会科学，2020，41（5）：201-206.

[28] 谢春江.乡土情结：旅游伦理构建的一个支点［J］.伦理学研究，2014（6）：131-134.

[29] 邓遂.论乡村青年乡土情感的淡薄化现象：以安徽 Q 自然村落为例［J］.中国青年研究，2009（8）：54-58.

[30] 马多秀.乡村教师的乡土情怀及其生成［J］.教育理论与实践，2017，37（13）：42-45.

[31] 王鉴，苏杭.略论乡村教师队伍建设中的"标本兼治"政策［J］.教师教育研究，2017，29（1）：29-34.

[32] 朱胜晖，孙晋璇.乡土文化转型与乡村教师专业发展［J］.当代教育科学，2018（8）：78-81.

[33] 王霞霞.乡村教师乡土情怀缺失与培育路径研究［D］.重庆：西南大学，2023.

[34] 宁本荣.新时期女性职业发展的困境及原因分析［J］.西北人口，

2005 (4)：24 - 27.

[35] 张念东 . 西部高校教师职业生涯发展的思考 [J]. 中国成人教育，2009 (17)：82 - 83.

[36] 马力 . 职业发展研究：构筑个人和组织双赢模式 [D]. 厦门：厦门大学，2004.

[37] 尹国杰 . 基于职业生涯发展的教师教育课程设置研究 [D]. 重庆：西南大学，2014.

[38] O'Neil D A, Bilimoria D. Women's career development phases：Idealism, endurance, and reinvention [J]. Career Development International, 2005, 10 (3)：168 - 189.

[39] Kelchtermans G. Getting the story, understanding the lives：From career stories to teachers' professional development [J]. Teaching and teacher education, 1993, 9 (5 - 6)：443 - 456.

[40] 贾爱武 . 外语教师教育与专业发展研究综述 [J]. 外语界，2005 (1)：61 - 66.

[41] 贾荣固 . 略论教师职业生涯发展 [J]. 大连教育学院学报，2002 (1)：4 - 6.

[42] 肖丽萍 . 国内外教师专业发展研究述评 [J]. 中国教育学刊，2002 (5)：61 - 64.

[43] 杨爽 . 高职院校青年教师职业发展研究：基于国家示范性高职院校的实证分析 [J]. 职业技术教育，2017, 38 (5)：67 - 70.

[44] Fessler, R. Christensen, J. C. 教师职业生涯周期：教师专业发展指导 [M]. 董丽敏译 . 北京：中国轻工业出版社，2005：28 - 29.

[45] 方明 . 陶行知全集（第 2 卷）[M]. 成都：四川教育出版社，2005.

[46] 王铁军 . 陶行知办学特色与当代中国学校管理改革 [J]. 中国教育科学，2020, 3 (6)：74 - 83.

[47] A. S. 霍恩比 . 牛津高阶英汉双解词典 [M]. 北京：商务印书馆，2023.

[48] 黄晓京. 符号互动理论：库利，米德，布鲁默 [J]. 国外社会科学，1984 (12)：56 - 59.

[49] 乔治赫伯特米德. 心灵、自我与社会 [M]. 北京：华夏出版社，1999：144 - 145.

[50] 张淑华，李海莹，刘芳. 身份认同研究综述 [J]. 心理研究，2012，5 (1)：21 - 27.

[51] Tajfel，H. Social Psychology of Intergroup Relations [J]. Annual Review of Psychology，1982 (33)：1 - 39.

[52] Burnes B，Cooke B. K urt L ewin's Field Theory：A Review and Re - evaluation [J]. International journal of management reviews，2013，15 (4)：408 - 425.

[53] Bourdieu P. Outline of a Theory of Practice [M]. The new social theory reader. Routledge，2020：80 - 86.

[54] 布尔迪厄. 区分：判断力的社会批判 [M]. 北京：商务印书馆，2015.

[55] Bronfenbrenner U. Ecological systems theory of human development [J]. Retrieved May，1979 (5)：2006.

[56] Barter B. Rural education：Learning to be rural teachers [J]. Journal of workplace learning，2008，20 (7/8)：468 - 479.

[57] Hettner A. Die geographie：Ihre geschichte，ihr wesen und ihre methoden [M]. Breslau：Hirt，1927.

[58] Musenberg O，Pech D. Geschichte thematisieren - historisch lernen [M]. Unterricht im Förderschwerpunkt geistige Entwicklung：Fachorientierung und Inklusion als didaktische Herausforderungen，Oberhausen：Athena，2010：217 - 223.

[59] Birkenhauer，J. Proposals for a Geography Curriculum '2000 ＋' for Germany [J]. International Research in Geographical and Environmental Education，2002 (11)：271 - 277.

[60] Clauss，W. ，Wittwer，F. Establishing Legislative Support for the Funding of Technology in Rural Schools [J]. Rural Special Education Quarterly，1989 (9)：25 - 28.

[61] Beckett，K. John Dewey's conception of education：Finding common ground with R. S. Peters and Paulo Freire [J]. Educational Philosophy and Theory，2018 (50)：380 - 389.

[62] Cutler，W. Cultural Literacy，Historic Preservation，and Commemoration：Some Thoughts for Educational Historians [J]. History of Education Quarterly，2000 (40)：477 - 482.

[63] Ali，M. ，Akhtar，N. ，Arshad，M. Investigating the Impact of Field Trips on Secondary School Students' Attitude to Learning of Sciences [J]. Global Social Science Review，2019 (4)：93 - 98.

[64] Ida Y，Shimura T. Outline of Geography Education in Japan [M]. Geography education in Japan，Tokyo：Sprmger，2015：3 - 17.

[65] Fukuoka，K. Redesigning What is National：The Politics of Education and the New Moral Education Initiative in Globalizing Japan [J]. Contemporary Japan，2021 (35)：248 - 269.

[66] Shimahara N K. The cultureof teaching in Japan [J]. Bulletin of the National Institute of Multimedia Education，1997，14 (1)：37 - 60.

[67] Daengsubha，S. ，Yamaguchi，H. ，Yenjai，P. Students' Opinions of On - Demand Materials on Japanese Language and Culture [R]. 2023 8th International Conference on Business and Industrial Research (ICBIR)，2023：1047 - 1050.

[68] Bjork，C. Local implementation of Japan's Integrated Studies reform：a preliminary analysis of efforts to decentralise the curriculum [J]. Comparative Education，2009 (45)：23 - 44.

[69] Wang，Y. ，Chen，X. The draw of hometown：understanding rural teachers' mobility in Southwest China [J]. Asia Pacific Journal of Ed-

ucation，2020（42）：383 - 397.

[70] Ratri D P，Widiati U，Astutik I，et al. A Systematic Review on the Integration of Local Culture into English Language Teaching in Southeast Asia：Current Practices and Impacts on Learners' Attitude and Engagement [J]. Pegem Journal of Education and Instruction，2024，14（2）：37 - 44.

[71] Rifa'i，A. Integrating Local Wisdom in Language Teaching [J]. Almabsut：Jurnal study isiam dan Social，2019（13）：15 - 25.

[72] Klassen R M，Tze V M C. Teachers' self - efficacy，personality，and teaching effectiveness：A meta - analysis [J]. Educational research review，2014（12）：59 - 76.

[73] Kim，K.，Seo，E. The Relationship between Teacher Efficacy and Students' Academic Achievement：A Meta - Analysis [J]. Social Behavior and Personality，2018（46）：529 - 540.

[74] 谭海晖. 厚植新生代乡村教师的乡土情怀 [J]. Advances in Education，2024（14）：813 - 820.

[75] Gruenewald，D. Foundations of Place：A Multidisciplinary Framework for Place - Conscious Education [J]. American Educational Research Journal，2023（40）：619 - 654.

[76] Cui，M.，Xia，Y.，Wang，C. Does community matter?：a study on rural Chinese teachers' turnover [J]. Teachers and Teaching，2022（28）：263 - 283.

[77] Cochran - SmithM，McQuillan P，Mitchell K，et al. A longitudinal study of teaching practice and early career decisions：A cautionary tale [J]. American educational research journal，2012，49（5）：844 - 880.

[78] Eppley K. "Hey，I saw your grandparents at Walmart"：Teacher education for rural schools and communities [J]. The Teacher Educator，2015，50（1）：67 - 86.

[79] Tsui, A., Ng, M. Cultural Contexts and Situated Possibilities in the Teaching of Second Language Writing [J]. Journal of Teacher Education, 2010 (61): 364 – 375.

[80] Azano A P, Stewart T T. Confronting challenges at the intersection of rurality, place, and teacher preparation: Improving efforts in teacher education to staff rural schools [J]. Global Education Review, 2016, 3 (1): 108 – 128.

[81] Villa, M., Knutas, A. Rural communities and schools – Valuing and reproducing local culture [J]. Journal of Rural Studies, 2020 (80): 626 – 633.

[82] Avery L M, Hains B J. Oral traditions: A contextual framework for complex science concepts—laying the foundation for a paradigm of promise in rural science education [J]. Cultural Studies of Science Education, 2017 (12): 129 – 166.

[83] David A, Gruenewald, Gregory Alan Smith. Place – based education in the global age: Local diversity [M]. New York: Routledge: 2014.

[84] Castagno A E, Brayboy B M K J. Culturally responsive schooling for Indigenous youth: A review of the literature [J]. Review of educational research, 2008, 78 (4): 941 – 993.

[85] Epstein J L, Sanders M G, Sheldon S B, et al., School, family, and community partnerships: Your handbook for action [M]. Thousand Daks: Corwin Press, 2018.

[86] Semke C A, Sheridan S M. Family – school connections in rural educational settings: A systematic review of the empirical literature [J]. School Community Journal, 2012, 22 (1): 21 – 47.

[87] Corbett M. Rural education: Some sociological provocations for the field [J]. Australian and International Journal of Rural Education, 2015, 25 (3): 9 – 25.

[88] 赵梦菲.新生代乡村教师教育情怀的叙事研究 [D]. 济南：山东师范大学.2022.

[89] 罗晓翔.乡土情结与都市依恋：论晚明以降的中国城乡观 [J]. 江海学刊，2020（4）：195－204，255.

[90] 李洲秀，陈绍山.浅谈农村人根深蒂固的心理素质：乡土情结 [J]. 新课程（教师版），2011（11）：185－186.

[91] 张立平，王德洋.师范生乡土情怀培养的思考 [J]. 山东高等教育，2020，8（2）：88－92.

[92] 龙瑶.乡村教师的乡土情怀及其生成路径研究 [D]. 重庆：西南大学，2019.

[93] 黄美娇，章月萍，李中斌.乡土情怀对农村籍大学生返乡创业意向的影响 [J]. 合肥工业大学学报（社会科学版），2020，34（1）：126－132.

[94] 张立平，程姣姣.农村教师乡土情怀的意涵与培育路径 [J]. 教育学术月刊，2021（1）：71－77.

[95] 胡恒钊，廖镇宇，文丽娟.农村教师乡土情怀及其生成路径研究：基于江西省 30 位农村教师的访谈分析 [J]. 井冈山大学学报（社会科学版），2022，43（5）：78－84.

[96] 李江，张向华.新时代全科师范生的乡土情怀及其培育 [J]. 重庆第二师范学院学报，2021，34（4）：94－98.

[97] 刘敏，石亚兵.乡村教师流失的动力机制分析与乡土情怀教师的培养：基于 80 后"特岗教师"生活史的研究 [J]. 当代教育科学，2016（6）：15－19.

[98] 舒佳楣.乡村教师乡土情怀培植策略研究 [J]. 农村经济与科技，2024，35（4）：272－275.

[99] 周婉玲.乡村小学教师乡土情怀培育研究 [D]. 南宁：广西民族大学，2022.

[100] 杜梦杰，陈国华.乡村教师角色窄化及化解 [J]. 现代教育，2022（2）：35－39.

[101] 陈华仔，黄双柳．"磨盘"中的乡村教师自我的丢失［J］．上海教育科研，2013（11）：21-24．

[102] 李爱珍．乡村小学全科教师乡土情怀培育的价值、困境及路径［J］．豫章师范学院学报，2022，37（1）：88-92．

[103] 舒欢．城镇籍乡村教师乡土情怀培育路径研究［D］．贵阳：贵州师范大学．2022．

[104] 宋维毅，胡恒钊．农村中学生乡土情怀培育：价值、现实困境和路径选择［J］．中共济南市委党校学报，2021（1）：67-73．

[105] 温健，胡恒钊．乡村振兴背景下农村中学生乡土情怀培育的现实困境与路径探赜［J］．南昌师范学院学报，2022，43（1）：21-25．

[106] 牟萍．师范院校公费师范生乡土情怀研究的现状与展望［J］．重庆师范大学学报（社会科学版），2024，44（2）：57-69．

[107] 张鹏雪，靳淑梅．乡村教师乡土情怀培育发展策略：基于结构功能主义 AGIL 模型分析［J］．黑河学刊，2024（3）：70-74．

[108] 王华女．新生代乡村教师乡土情怀培育研究［J］．当代教育理论与实践，2024，16（5）：151-156．

[109] Clemson-Ingram R，Fessler R. Innovative programs for teacher leadership［J］．Action in teacher education，1997，19（3）：95-106．

[110] Steffy B E，Wolfe M P. Alife-cycle model for career teachers［J］．Kappa Delta Pi Record，2001，38（1）：16-19．

[111] Biddle C，Azano A P. Constructing and reconstructing the "rural school problem" a century of rural education research［J］．Review of Research in Education，2016，40（1）：298-325．

[112] Ingersoll R M，Strong M. The impact of induction and mentoring programs for beginning teachers：A critical review of the research［J］．Review of educational research，2011，81（2）：201-233．

[113] Ault，M.，Courtade，G.，Miracle，S.，& Bruce，A. Providing Support for Rural Special Educators During Nontraditional Instruc-

tion: One State's Response [J]. Rural Special Education Quarterly, 2020, (39): 193 – 200.

[114] Wang, D. Research on the Approaches to Improve the Quality of Rural Education in China—Based on the Case of Japan's Rural Education and Citizen Hall (Kominkan) [J]. Lecture Notes in Education Psychology and Public Media, 2023 (8): 496 – 500.

[115] Cross, W., Leahy, L., Murphy, P. Teaching in a Canadian Rural School: a taste of culture shock [J]. Journal of Education for Teaching, 1989 (15): 87 – 96.

[116] Betlem, E., Clary, D., Jones, M. Mentoring the Mentor: Professional development through a school – university partnership [J]. Asia – Pacific Journal of Teacher Education, 2018 (47): 327 – 346.

[117] Azman N. Choosing teaching as a career: Perspectives of male and female Malaysian student teachers in training [J]. European Journal of Teacher Education, 2013, 36 (1): 113 – 130.

[118] Day C, Gu Q. Variations in the conditions for teachers' professional learning and development: Sustaining commitment and effectiveness over a career [J]. Oxford review of education, 2007, 33 (4): 423 – 443.

[119] Kennedy – Clark S, Galstaun V, Reimann P, et al. Developing authentic data literacy in pre – service teacher education programs through action research [C]. 18th International Conference on Information, Communication Technologies in Education, ICICTE. 2018.

[120] Beauchamp C, Thomas L. Understanding teacher identity: An overview of issues in the literature and implications for teacher education [J]. Cambridge journal of education, 2009, 39 (2): 175 – 189.

[121] Monk D H. Recruiting and retaining high – quality teachers in ruralareas [J]. The future of children, 2007, 17 (1): 155 – 174.

[122] Avalos B. Teacher professional development in teaching and teacher

education over ten years ［J］. Teaching and teacher education，2011，
27（1）：10 – 20.

［123］ Broadley T. Enhancing professional learning for rural educators by re-
thinking connectedness ［J］. Australian and International Journal of
Rural Education，2012，22（1）：85 – 105.

［124］ Dede C，Jass Ketelhut D，Whitehouse P，et al. A research agenda
for online teacher professional development ［J］. Journal of teacher
education，2009，60（1）：8 – 19.

［125］ Admiraal W，Schenke W，De Jong L，et al. Schools as professional
learning communities：what can schools do to support professional
development of their teachers? ［J］. Professional development in edu-
cation，2021，47（4）：684 – 698.

［126］ 杨丽贞 . 我国乡村教师队伍建设研究综述：基于 CNKI（2015—2020）
收录的文献分析 ［J］. 西部素质教育，2020，6（14）：13 – 15.

［127］ 王艳玲，李慧勤 . 乡村教师流动及流失意愿的实证分析：基于云南
省的调查 ［J］. 华东师范大学学报（教育科学版），2017，35（3）：
134 – 141，173.

［128］ 苏鹏举，王海福 . 新时代乡村教师乡情素养的缺失与重塑 ［J］. 教育
探索，2021（8）：79 – 85.

［129］ 徐歌阳 . 社会分层理论视角下乡村教师流失的问题及对策研究 ［J］.
农村经济与科技，2023，34（18）：271 – 274.

［130］ 高建伟 . 全面建设小康社会背景下乡村教师流动问题研究 ［D］. 沈
阳：沈阳师范大学，2017.

［131］ 贾文丽 . 城镇化进程中农村小学教师流失问题及对策研究 ［D］. 南
昌：东华理工大学，2022.

［132］ 刘钰琳 . B 县农村小学教师流失问题研究 ［D］. 沈阳：沈阳师范大
学，2022.

［133］ 雷万鹏，张子涵 . 定力与坚守：乡村小规模学校教师留任意愿研究

[J]. 中国教育学刊，2024（4）：76－82.

[134] 张馨月. 农村教师数字素养影响因素研究 [D]. 曲阜：曲阜师范大学，2024.

[135] 栾珺玄，程岭. 乡村教师"留不住"问题解决策略 [J]. 集美大学学报（教育科学版），2022，23（4）：30－35.

[136] 张恩德. 名师工作室促进乡村教师的专业发展：困境、逻辑与机制 [J]. 韩山师范学院学报，2024，45（5）：85－91.

[137] 王艳玲，陈向明. 回归乡土：我国乡村教师队伍建设的路径选择 [J]. 教育发展研究，2019，39（20）：29－36.

[138] 黄慧泽. "80后"乡村教师的职业生存状态研究 [D]. 济南：山东师范大学，2019.

[139] 高小芳. 90后"新生代"乡村教师身份认同个案研究 [D]. 太原：山西师范大学，2021.

[140] 张娟. 义务教育阶段农村教师离职问题及对策研究 [D]. 石家庄：河北师范大学，2022.

[141] 倪博文. 农村小学青年教师流失问题研究 [D]. 武汉：华中师范大学，2024.

[142] 向华萍. 制度—实践视角下的我国乡村教师流失治理研究 [D]. 武汉：华中师范大学，2022.

[143] 王光雄. 乡村教师专业发展支持路径研究 [D]. 重庆：西南大学，2018.

[144] 秦文雨. 我国农村教师支持政策变迁研究（1978—2022）[D]. 长春：东北师范大学，2023.

[145] 王丽丽. 山东省乡村教师职业吸引力提升研究 [D]. 济南：山东师范大学，2020.

[146] 赵鑫. 民族地区乡村教师职业吸引力提升的理念与路径 [J]. 教育研究，2019，40（1）：131－140.

[147] Gull, C., Rush, L. Mentors' recommendations for work－life bal-

ance [J]. Phi Delta Kappan, 2024 (105): 54 - 57.

[148] Cennamo L, Gardner D. Generational differences in work values, outcomes and person - organisation values fit [J]. Journal of managerial psychology, 2008, 23 (8): 891 - 906.

[149] Man J, Don Y, Ismail S N. Kepimpinan transformasional dan kualiti guru-generasi 'Y' [J]. Jurnal Kepimpinan Pendidikan, 2017, 3 (1): 29 - 42.

[150] Johnson S M, Kardos S M. The next generation of teachers: Who enters, who stays, and why [M] //Handbook of research on teacher education. London: Routledge, 2008: 445 - 467.

[151] Darling - Hammond L. Constructing 21st - century teacher education [J]. Journal of teacher education, 2006, 57 (3): 300 - 314.

[152] 张林梦. 新生代乡村初中教师心理弹性研究 [D]. 天津: 天津师范大学, 2022.

[153] 谢计. 情绪劳动的观照: 新生代乡村教师消极情绪的表达与纾解 [J]. 中国成人教育, 2023 (5): 66 - 70.

[154] 侯东辉, 于海英. 自我效能感、社会支持对乡村教师心理健康的影响 [J]. 黑龙江科学, 2019, 10 (23): 162 - 164.

[155] 李瑞. 组织支持感对 H 市乡村教师职业倦怠的影响研究 [D]. 石家庄: 河北经贸大学. 2022.

[156] 谭贵平, 邹太龙. 新生代乡村教师幸福感的现状、原因及其提升路径 [J]. 教师教育论坛, 2021, 34 (12): 38 - 41.

[157] 张才丰, 杨玲琳, 蔡婷婷, 等. 乡村振兴背景下新生代乡村教师职业选择与留任意愿研究 [J]. 智慧农业导刊, 2024, 4 (5): 43 - 46.

[158] 方红, 陈铭津. 新生代乡村教师离职行为的发生机制及破解之策 [J]. 教育导刊, 2024 (11): 58 - 67.

[159] 刘佳, 方兴. 新生代乡村教师的离职意向与政策改进 [J]. 教师教育学报, 2020, 7 (2): 81 - 88.

［160］左灵丽．皖西地区新生代乡村教师乡土情怀的调查研究［D］．合肥：合肥师范学院，2023．

［161］安庆媛．乡村教师队伍稳定性建设研究［D］．重庆：西南大学，2023．

［162］付维维．新生代乡村教师的身份认同困境及消解［J］．教育与教学研究，2024，38（8）：49－59．

［163］覃梅蓉．广西乡村教师乡土情怀内在冲突及协调研究［D］．南京：南宁师范大学，2022．

［164］卜叶．乡土文化视域下乡村教师的生存状态研究［D］．长春：东北师范大学，2023．

［165］赵菲菲．新生代乡村教师的社会资本对双文化认同整合的影响研究［D］．长沙：湖南大学，2023．

［166］时伟，胡哲．乡村振兴与新生代乡村教师角色重塑［J］．淮北师范大学学报（哲学社会科学版），2023，44（3）：108－113．

［167］蔺海沨，谢敏敏．新生代乡村教师形象及其塑造路径［J］．湖南师范大学教育科学学报，2019，18（6）：60－69．

［168］费孝通．西部经济发展和各民族共同繁荣［J］．中国民族，1985（11）：4－6．

［169］戚姝婷．乡土教育实施的问题研究［J］．运城学院学报，2011（2）：4．

［170］王勇．试析文化冲突背景下乡村教师的身份认同危机［J］．教育探索，2013（2）：88－90．

［171］纪德奎，赵晓丹．文化认同视域下乡土文化教育的失落与重建［J］．教育发展研究，2018，38（2）：22－27．

［172］刘善槐，朱秀红，赵垣可．乡村振兴背景下乡村教师补充机制研究［J］．中国电化教育，2022（10）：20－26，46．

［173］杨艺斐．教育家精神引领下乡村教师乡土情怀落实策略探究［J］．教师教育论坛，2024，37（6）：25－27．

[174] 杜华明，黄正夫．乡村振兴视野下农村地理教师乡土情怀的失落与重塑 [J]．中学地理教学参考，2021（9）：4-7.

[175] 中共中央、国务院．关于全面深化新时代教师队伍建设改革的意见》落实评估情况 [EB/OL]．（2020-09-04）[2024-11-23]．ht-tp：//www.moe.gov.cn/fbh/live/2020/52439/twwd/202009/t20200904_485267.html.

[176] 仲米领，秦玉友，于宝禄．农村教师学历结构：功能议题、现实困境及优化路径 [J]．中国教育学刊，2021（11）：81-86.

[177] 孙雪连，李茜，侯泽琪，等．乡村定向师范生的教师职业认同对乡村从教意愿的影响研究 [J]．教育导刊，2024（6）：87-96.

[178] 袁勇志，奚国泉．期望理论述评 [J]．南京理工大学学报（社会科学版），2000（3）：45-49.

[179] 朱燕菲，陈彩霞．新生代乡村教师缘何"流"与"留"？：双向推拉理论视角的阐释 [J]．教师教育研究，2023，35（4）：88-94.

[180] 孔春梅，杜建伟．国外职业生涯发展理论综述 [J]．内蒙古财经学院学报（综合版），2011（3）：5-9.

[181] 崔艳芳．贵州农村教师职业发展的影响因素及提升策略研究 [D]．贵阳：贵州大学，2017.

[182] 杨萍．农村小学青年教师专业能力提升策略研究 [D]．南充：西华师范大学，2020.

[183] 陈波涌，李婷．如何稳定乡村教师队伍：基于对 H 省 39470 名乡村教师的调研 [J]．湖南师范大学教育科学学报，2021，20（4）：75-82.

[184] 李梦阳．乡村教师薪酬满意度研究 [D]．唐山：华北理工大学，2023.

[185] 金丹．乡村小学教育资源配置的研究 [D]．杭州：浙江师范大学，2023.

[186] 张才丰，杨玲琳，蔡婷婷，等．乡村振兴背景下新生代乡村教师职业

选择与留任意愿研究 [J]. 智慧农业导刊，2024，4（5）：43-46.

[187] 钟景迅，张玉萍. 可行能力视角下乡村教师的减负困境与制度障碍分析：来自 M 县的质性研究 [J]. 教育发展研究，2022，42（24）：44-53.

[188] 王安全. 改革开放 40 年西部农村中小学教师职业精神的变化与养成 [J]. 北方民族大学学报（哲学社会科学版），2020（2）：164-169.

[189] Holland J L, Johnston J A, Asama N F. The Vocational Identity Scale: A diagnostic and treatment tool [J]. Journal of career assessment, 1993, 1（1）：1-12.

[190] Thomas L, Beauchamp C. Learning to live well as teachers in a changing world: Insights into developing a professional identity in teacher education [J]. The Journal of Educational Thought, 2007, 41（3）：229-243.

[191] Korthagen F A J. In search of the essence of a good teacher: Towards a more holistic approach in teacher education [J]. Teaching and teacher education, 2004, 20（1）：77-97.

[192] Super D E, Jordaan J P. Career development theory [J]. British Journal of Guidance and Counselling, 1973, 1（1）：3-16.

[193] 吴倬. 人本主义自我实现观的基本理论特征 [J]. 教学与研究，1997（6）：56-58.

[194] Berry A B. The relationship of perceived support to satisfaction and commitment for special education teachers in rural areas [J]. Rural Special Education Quarterly, 2012, 31（1）：3-14.

[195] Walker-Gibbs B, Ludecke M, Kline J. Pedagogy of the rural as a lens for understanding beginning teachers' identity and positionings in rural schools [J]. Pedagogy, Culture & Society, 2018, 26（2）：301-314.

[196] Stephenson L M. An Examination of Rural Teachers' Cultural Identi-

ty Through Critical Reflection ［D］. University of West
Georgia，2023.

［197］Brenner D，Azano A P，Downey J. Helping new teachers stay and
thrive in rural schools ［J］. Phi Delta Kappan，2021，103（4）：14-18.

［198］陶泉. 浸润·厚植·回归：高师美术教育中乡土情怀培养路径研究
［J］. 新美域，2024（7）：167-169.

［199］牟萍. 师范院校公费师范生乡土情怀研究的现状与展望［J］. 重庆师
范大学学报（社会科学版），2024，44（2）：57-69.

［200］李芳芳. 高职学前教育专业师范生乡土情怀现状调查与分析：基于文
化认同的视角［J］. 高教论坛，2024（4）：104-108.

［201］Seelig J L，McCabe K M. Why teachers stay：Shaping a new narra-
tive on rural teacher retention ［J］. Journal of Research in Rural Edu-
cation，2016，31（2）：1-16.

［202］Oyen K，Schweinle A. Addressing Teacher Shortages in Rural Ameri-
ca：What Factors Encourage Teachers to Consider Teaching in Rural
Settings? ［J］. Rural Educator，2020，41（3）：12-25.

［203］Reagan E M，Hambacher E，Schram T，et al. Place matters：Re-
view of the literature on rural teacher education ［J］. Teaching and
Teacher Education，2019（80）：83-93.

［204］张璞瑶. 地方公费师范生“乡土情怀”培养研究［D］. 昆明：云南师
范大学. 2024.

［205］覃梅蓉. 广西乡村教师乡土情怀内在冲突及协调研究［D］. 南宁：南
宁师范大学. 2022.

［206］潘俊燕. 乡村教师乡土情怀提升策略研究［D］. 牡丹江：牡丹江师范
学院. 2024.

［207］Wiesner M，Vondracek F W，Capaldi D M，et al.，Childhood and
adolescent predictors of early adult career pathways ［J］. Journal of
Vocational Behavior，2003，63（3）：305-328.

［208］Fouad N A，Byars－Winston A M. Cultural context of career choice：meta－analysis of race/ethnicity differences ［J］. The Career Development Quarterly，2005，53（3）：223－233.

［209］Kidd J M. Emotion in career contexts：Challenges for theory and research ［J］. Journal of Vocational Behavior，2004，64（3）：441－454.

［210］Vautero J，Silva A D，do Céu Taveira M. Family influence on undergraduates' career choice implementation ［J］. International Journal for Educational and Vocational Guidance，2021（21）：551－570.

［211］曹善颖. 新生代乡村教师身份认同研究 ［D］. 济南：山东师范大学. 2023.

［212］付维维. 新生代乡村教师的身份认同困境及消解 ［J］. 教育与教学研究，2024，38（8）：49－59.

［213］刘桂辉. 新生代乡村教师乡土文化自信的缺失危机与培育路径 ［J］. 当代教育科学，2023（2）：55－62.

［214］李斌辉，李诗慧. 新生代优秀乡村教师主动入职动因与启示：基于全国"最美乡村教师"事迹的质性研究 ［J］. 教育发展研究，2018，38（20）：25－33.

［215］王苏平，邬志辉. 乡村教师信念：精神价值、实践表征与重塑路径 ［J］. 教育学术月刊，2023（12）：22－28，66.

［216］邵梦园. 乡村教师在地化教育能力研究 ［D］. 贵阳：贵州师范大学. 2024.

［217］赵新亮. 提高工资收入能否留住乡村教师：基于五省乡村教师流动意愿的调查 ［J］. 教育研究，2019，40（10）：132－142.

［218］唐一鹏，王恒. 何以留住乡村教师：基于G省特岗教师调研数据的实证研究 ［J］. 教育研究，2019，40（4）：134－143.

［219］李昀赟，刘善槐，谢爱磊. 身份区隔与认同危机：乡村振兴背景下编外教师职业承诺研究 ［J］. 华东师范大学学报（教育科学版），2022，40（6）：31－43.

[220] 孙冉，杜屏. 乡村教师工作重塑对职业承诺的影响及其机制 [J]. 教育研究与实验，2023（2）：92-101.

[221] 谢凌凌，龚怡祖，张琼. 关于农村教师流失问题的职业心理考察：基于教师自尊、职业承诺与组织公民行为间关系的分析 [J]. 中国农村观察，2011（1）：60-72.

[222] 李森，高静. 新时代乡村教师的社会责任感及其培育 [J]. 教育研究，2022，43（12）：130-140.

[223] Carson K D, Bedeian A G. Career Commitment：Construction of a Measure and Examination of Its Psychometric Properties [J]. Journal of Vocational Behavior，1994，44（3）：237-262.

[224] 孙冉，杜屏. 乡村教师工作重塑对职业承诺的影响及其机制 [J]. 教育研究与实验，2023（2）：92-101.

[225] 邱德峰. 论乡村教师的教育信念：基于《感动中国》《寻找最美乡村教师》等素材的质性研究 [J]. 当代教育科学，2018（2）：22-28.

[226] 高杨，陈恩伦. 社会学习理论下新生代乡村教师乡土情怀场域建构的机制与路径 [J]. 教师发展研究，2023，7（4）：54-59.

[227] 连榕，邵雅利. 关于教师职业承诺及其发展模式的研究 [J]. 教育评论，2003（6）：26-28.

[228] Aziri B. Job satisfaction：A literaturereview [J]. Management research & practice，2011，3（4）：77-86.

[229] 穆洪华，胡咏梅，刘红云. 中学教师工作满意度及其影响因素研究 [J]. 教育学报，2016，12（2）：71-80.

[230] Zhu Y. A review of job satisfaction [J]. Asian Social Science，2013，9（1）：293-298.

[231] Judge T A, Thoresen C J, Bono J E, et al. The job satisfaction-job performance relationship：a qualitative and quantitative review. [J]. Psychological Bulletin，2001，127（3）：376-407.

[232] 季益龙，周跃良. 小学教师专业实践中的情感体验与劳动研究：基于

生态系统论视角的定性研究 [J]. 教师教育研究，2023，35（3）：99-106.

[233] 郭世杰，刘明，刘洋. 乡村振兴与文化传承：以农民画与乡村教育为例 [J]. 民族教育研究，2022（6）：126-134.

[234] 叶波. 乡土如何走进现代：乡村教育振兴的命题追问 [J]. 湖南师范大学教育科学学报，2022，21（6）：51-59.

[235] Bourdieu P. The forms of capital [M]. The sociology of economic life. London：Routledge，2018：78-92.

[236] 童宏亮，吴云鹏. 新生代乡村教师身份认同的"惑"与"不惑"：基于帕特南的社会资本理论视角 [J]. 教师教育研究，2022，34（1）：7-12.

[237] 关晓宇，杨子萱，李红玢. 乡村教师何以"留得住，教得好，有发展"？人力资源双重关注模型的跨层次效应研究 [J]. 中国人力资源开发，2023，40（1）：73-89. DOI：10.16471/j. cnki. 11-2822/c. 2023.1.006.

[238] 于海英，田春艳，远新蕾. 增强乡村教师留任意愿的社会支持研究 [J]. 当代教育科学，2023（9）：71-80.

[239] 朱兴国. 认同感：乡村教师职业坚守的内力 [J]. 教育评论，2016（4）：13-16.

[240] 王乃弋，姚梦娇，罗羽薇，等. 民族地区中小学教师工作投入的影响因素：以肃南地区为例 [J]. 民族教育研究，2023，34（3）：121-128.

[241] 李宁，张晓琳，王绍媛. 乡村教师何以坚守：基于教师职业信念视角的实证分析 [J]. 教育发展研究，2022，42（6）：56-64.

[242] 徐广华，孙宽宁. 青年教师留守乡村学校的内源性因素分析：基于《乡村青年教师口述史》的质性研究 [J]. 教育发展研究，2019，39（20）：47-52，77.

[243] 陈振中，曾俊豪，张洪娟. 乡村教师身份认同的区隔及突破：一种文化学的视角 [J]. 当代教育科学，2023（11）：40-48.

[244] 龙立荣，李霞. 中小学教师的职业承诺研究 [J]. 教育研究与实验，

2002 (4)：56-61.

[245] 张忠山. 上海市小学教师工作满意度研究 [J]. 上海教育科研，2000 (3)：39-42.

[246] 尹小婷. 职业认同对乡村中学教师留任意愿的影响研究 [D]. 广州：广东技术师范大学，2022.

[247] 戚海燕，吴长法. 源自城市的乡村教师文化认同研究 [J]. 教育发展研究，2018，38 (4)：16-23.

[248] 刘晨曦. "地方性"价值的回归：县域中小学教师身份认同危机的化解 [J]. 教育进展，2024，14 (1)：562-568.

[249] 付光槐，严鹏. 乡村振兴背景下乡村教师本土化发展的价值、优势与路径 [J]. 教育理论与实践，2021，41 (31)：42-47.

[250] 唐春香. 中学女教师职业生涯发展的质性研究 [D]. 南京：南京师范大学. 2018.

[251] 李秀，王秀余. 农村小学英语教师职业认同研究 [J]. 山东师范大学外国语学院学报 (基础英语教育)，2013，15 (2)：86-92.

[252] 蒲阳. 不同职业认同水平的教师专业发展特点：基于北京市部分中小学教师职业认同现状的研究 [J]. 当代教师教育，2013，6 (4)：36-42.

[253] 胡鹏辉，高继波. 新乡贤：内涵、作用与偏误规避 [J]. 南京农业大学学报 (社会科学版)，2017，17 (1)：20-29，144-145.

[254] 夏支平. 熟人社会还是半熟人社会?：乡村人际关系变迁的思考 [J]. 西北农林科技大学学报 (社会科学版)，2010，10 (6)：86-89.

[255] 段会冬. 乡土课程建设的三种境界及其反思 [J]. 当代教育科学，2020 (7)：16-22.

[256] 马燕飞. 乡村初任教师职业认同现状、问题及影响因素研究 [D]. 沈阳：东北师范大学. 2023.

[257] 张地容，魏月寒，李祥. 新时代乡村教师家访：价值，困境及推进路向 [J]. 当代教育论坛，2024 (1)：117-124.

[258] 朱永新. 家校合作激活教育磁场：新教育实验"家校合作共育"的理论与实践 [J]. 教育研究，2017，38（11）：75-80.

[259] 王华女. 新生代乡村教师乡土情怀培育研究 [J]. 当代教育理论与实践，2024，16（5）：151-156.

[260] 孙瑞芳. 游弋于"躺"与"立"之间：新生代乡村教师生命状态的审视 [J]. 理论月刊，2024（7）：44-54，155.

[261] 刘小梅，谭顺平. 乡村振兴战略背景下乡村教师职业发展的新机遇与新挑战 [J]. 农村经济与科技，2021，32（23）：298-300.

[262] 王亚晶. 本土化乡村教师培养：内在困境与破局之道 [J]. 当代教育科学，2022（11）：76-86.

[263] 付光槐，宋霜玲. 新入职乡村教师教学适应的困境及纾解策略：基于组织社会化的理论视角 [J]. 湖北师范大学学报（哲学社会科学版），2024，44（4）：121-127.

[264] 田园园，洪松松. 新型城镇化背景下乡村教育振兴的机遇、挑战与应对 [J]. 继续教育研究，2021（3）：40-44.

附　　录

附录一：调查问卷

尊敬的老师：

　　您好！非常感谢您抽出宝贵时间参与本次问卷调查。问卷中的各项问题均无标准答案，烦请您依据自身真实情况作答。本次调查采用匿名形式，我们会对您所填写的所有信息严格保密，所有数据仅用于学术研究，绝不会给您带来任何不利影响。

　　请您在仔细审阅题目后，按照实际情况在相应选项处打"√"。感谢您的支持与配合！

第一部分：

1. 性别　□男　□女

2. 年龄　□25 岁以下　□26～30 岁　□31～35 岁

3. 教龄　□3 年及以下　□4～10 年　□11 年及以上

4. 学历　□大专　□本科及以上

5. 籍贯　□农村籍　□城镇籍

6. 婚育状况　□未婚　□已婚无子女　□已婚有一子女　□已婚有两子女

7. 职称　□一级　□二级　□三级和未评级

8. 任教学校层次　□小学　□初中

第二部分：

1. 我认为学校提供的教师设备

　　□非常齐全　□比较齐全　□一般　□较为齐全　□很不齐全

2. 我使用学校的多媒体设备时感到

　　□非常便利　□比较便利　□一般　□不太便利　□非常不便利

3. 我所在地区的交通情况

　　□非常便利　□比较便利　□一般　□不太便利　□非常不便利

4. 我对现在的工资水平与县城以上同行教师工资水平相比

　　□差距很小　□差距较小　□一般　□差距较大　□差距很大

5. 总体上，我对目前工资待遇满意度如何？

　　□非常满意　□比较满意　□一般　□不太满意　□非常不满意

6. 我目前的住房状况是

　　□住在学校提供的教师宿舍　□自购房屋居住　□租房住

　　□借住在父母/亲戚家中　□其他方式

7. 总体上，我对住房保障条件感到

　　□非常有保障　□比较有保障　□一般　□不太有保障　□非常没有

保障

8. 我认为乡村教师接收信息的渠道

　　□非常广泛　□比较广泛　□一般　□较为闭塞　□非常闭塞

9. 我对自己的教师职业发展规划

　　□很清晰　□比较清晰　□一般清晰　□不太清晰　□很模糊

10. 我对学校制定的教师职业发展计划

　　□非常满意　□比较满意　□一般　□不太满意　□非常不满意

11. 我所在学校的教师荣誉制度

　　□高度公正　□较为公正　□一般公正　□较不公正　□极不公正

12. 我认为我校荣誉制度的评价标准

　　□非常合理　□比较合理　□一般　□不太合理　□非常不合理

13. 我认为我校的职称评价制度

　　□非常公平　□比较公平　□一般　□不太公平　□非常不公平

14. 从事教师职业以来我参加外出培训的机会

□0次　　□1次　　□2次　　□3次　　□5次以上

15. 我认为参加的培训对于我的教学

　　　□非常有帮助　　□比较有帮助　　□一般　　□帮助不大　　□完全没帮助

16. 在职业培训方面我受到的最大阻碍

　　　□名额不足　　□信息不畅　　□与工作冲突　　□学校不太支持　　□培训经费有限

17. 我参加的学校培训次数

　　　□非常频繁　　□比较频繁　　□一般　　□较少　　□几乎没有

18. 我认为乡村教师的流动机会

　　　□非常多　　□比较多　　□一般　　□较少　　□几乎没有

19. 我认为乡村教师的晋升机会

　　　□非常多　　□比较多　　□一般　　□较少　　□几乎没有

20. 我认为从事乡村教师工作可以实现自我价值

　　　□非常同意　　□比较同意　　□一般　　□不太同意　　□非常不同意

21. 投身乡村教育事业是我始终坚守的职业道路

　　　□非常认同　　□比较认同　　□一般　　□不太认同　　□很不认同

22. 我把学生个体发展放在教学工作的首位

　　　□非常同意　　□比较同意　　□一般　　□不太同意　　□非常不同意

23. 我不会放弃班级中的每一个学生

　　　□非常同意　　□比较同意　　□一般　　□不太同意　　□非常不同意

24. 我愿意和学生一起共同进步，学生取得进步方能无愧于心

　　　□非常同意　　□比较同意　　□一般　　□不太同意　　□非常不同意

25. 我愿意花很多时间在教学工作和提升教学能力的学习中

　　　□非常同意　　□比较同意　　□一般　　□不太同意　　□非常不同意

26. 我愿意一直从事乡村教师职业

　　　□非常同意　　□比较同意　　□一般　　□不太同意　　□非常不同意

27. 我能利用所学理论合理制定学生个体和集体教育教学计划

□非常不符合　□比较不符合　□一般符合　□比较符合　□非常符合

28. 我能利用所学理论合理制定学生个体和集体教育教学计划

　　□非常不符合　□比较不符合　□一般符合　□比较符合　□非常符合

29. 我在进行教学设计时，会提前分析学生的学情

　　□非常不符合　□比较不符合　□一般符合　□比较符合　□非常符合

30. 我在设计教育教学活动时会恰当利用当地特色资源

　　□非常不符合　□比较不符合　□一般符合　□比较符合　□非常符合

31. 我能轻松设计出每一堂课的教学目标和重难点

　　□非常不符合　□比较不符合　□一般符合　□比较符合　□非常符合

32. 我能针对不同教育内容和对象，设计层次化教学方案

　　□非常不符合　□比较不符合　□一般符合　□比较符合　□非常符合

33. 我设计的班级及少先队等活动学生十分喜爱，乐于参与

　　□非常不符合　□比较不符合　□一般符合　□比较符合　□非常符合

34. 在课堂中，我能激发学生学习的兴趣，调动学生学习积极性

　　□非常不符合　□比较不符合　□一般符合　□比较符合　□非常符合

35. 我在每次集体活动、少先队生活等活动中注重教育的渗透

　　□非常不符合　□比较不符合　□一般符合　□比较符合　□非常符合

36. 我能较好使用书面、口头、肢体语言进行教学

□非常不符合　□比较不符合　□一般符合　□比较符合　□非常符合

37. 我能鉴别班上学生（尤其是留守儿童）的心理动向，并及时给予科学的帮助

□非常不符合　□比较不符合　□一般符合　□比较符合　□非常符合

38. 我在教学中能运用探究式、启发式等以学生为主体的教学方法

□非常不符合　□比较不符合　□一般符合　□比较符合　□非常符合

39. 我能熟练地将信息技术与教学相结合

□非常不符合　□比较不符合　□一般符合　□比较符合　□非常符合

40. 当面对各种突发事件，我会因不知如何妥善解决而感到头痛

□非常不符合　□比较不符合　□一般符合　□比较符合　□非常符合

41. 我能科学管理班级事务，带领班集体实现教育目标

□非常不符合　□比较不符合　□一般符合　□比较符合　□非常符合

42. 我善于观察学生日常学习与生活中的表现，并发现他们的点滴进步

□非常不符合　□比较不符合　□一般符合　□比较符合　□非常符合

43. 我利用多种评价方式对学生进行评价

□非常不符合　□比较不符合　□一般符合　□比较符合　□非常符合

44. 我能合理利用奖励和惩罚对学生进行教育和引导

□非常不符合　□比较不符合　□一般符合　□比较符合　□非常符合

45. 我能引导学生认识自我、进行自我评价

　　□非常不符合　　□比较不符合　　□一般符合　　□比较符合　　□非常符合

46. 在教学实施之后，我能对自己的表现做出合理评价

　　□非常不符合　　□比较不符合　　□一般符合　　□比较符合　　□非常符合

47. 我能根据各种评价结果来改进自身教育教学工作

　　□非常不符合　　□比较不符合　　□一般符合　　□比较符合　　□非常符合

48. 当面临教学问题时，我能主动与同事交流讨论、共议策略

　　□非常不符合　　□比较不符合　　□一般符合　　□比较符合　　□非常符合

49. 我能利用恰当的口头和肢体语言来进行教育教学工作

　　□非常不符合　　□比较不符合　　□一般符合　　□比较符合　　□非常符合

50. 我经常与学生沟通

　　□非常不符合　　□比较不符合　　□一般符合　　□比较符合　　□非常符合

51. 我能够恰当地与家长进行沟通交流，共促学生发展

　　□非常不符合　　□比较不符合　　□一般符合　　□比较符合　　□非常符合

52. 在课后我会进行自我反思，写教学日记、课后记等以促改进

　　□非常不符合　　□比较不符合　　□一般符合　　□比较符合　　□非常符合

53. 我有自己明确的专业发展规划

　　□非常不符合　　□比较不符合　　□一般符合　　□比较符合　　□非常符合

54. 我能对日常教育教学中留意到的问题展开研究

　　□非常不符合　□比较不符合　□一般符合　□比较符合　□非常符合

55. 我乐意参加教研活动和教师培训

　　□非常不符合　□比较不符合　□一般符合　□比较符合　□非常符合

56. 我在课题研究和撰写科研论文上存在困难

　　□非常不符合　□比较不符合　□一般符合　□比较符合　□非常符合

第三部分：

1. 我熟悉本地建筑景观、街道布局等

　　□不符合　□较不符合　□一般　□较符合　□非常符合

2. 我熟悉本地的历史文化、古城遗迹等

　　□不符合　□较不符合　□一般　□较符合　□非常符合

3. 我熟悉本地的生产生活方式

　　□不符合　□较不符合　□一般　□较符合　□非常符合

4. 我熟悉本地婚丧嫁娶、庙会、家族世系等民俗文化

　　□不符合　□较不符合　□一般　□较符合　□非常符合

5. 我知道本地著名的杂技戏曲或其他传统技艺

　　□不符合　□较不符合　□一般　□较符合　□非常符合

6. 我会讲当地方言土语

　　□不符合　□较不符合　□一般　□较符合　□非常符合

7. 我很熟悉当地乡村的价值观念

　　□不符合　□较不符合　□一般　□较符合　□非常符合

8. 我很熟悉当地乡村人们的社会心理

　　□不符合　□较不符合　□一般　□较符合　□非常符合

9. 我很熟悉当地乡村的村规民约

□不符合　□较不符合　□一般　□较符合　□非常符合

10. 我喜欢当地地理、历史、文化、习俗

　　□不符合　□较不符合　□一般　□较符合　□非常符合

11. 我愿意讲当地方言土语

　　□不符合　□较不符合　□一般　□较符合　□非常符合

12. 我愿意参加当地习俗、节日活动

　　□不符合　□较不符合　□一般　□较符合　□非常符合

13. 我认为乡土文化有必要传承下去

　　□不符合　□较不符合　□一般　□较符合　□非常符合

14. 我上课会给学生讲授民俗知识

　　□不符合　□较不符合　□一般　□较符合　□非常符合

15. 我努力了解当地乡村的发展历史，并且讲授给学生

　　□不符合　□较不符合　□一般　□较符合　□非常符合

16. 我为作为一名乡村教师而自豪

　　□不符合　□较不符合　□一般　□较符合　□非常符合

17. 我走进学校，便有种亲切感和熟悉感

　　□不符合　□较不符合　□一般　□较符合　□非常符合

18. 我觉得现在的职业就是我理想的职业

　　□不符合　□较不符合　□一般　□较符合　□非常符合

19. 我不太愿意让别人知道我是一名乡村教师

　　□不符合　□较不符合　□一般　□较符合　□非常符合

20. 我时常关心学生的生活

　　□不符合　□较不符合　□一般　□较符合　□非常符合

21. 我留村任教源于对乡村热爱

　　□不符合　□较不符合　□一般　□较符合　□非常符合

第四部分：

1. 从事现职业我感到自豪

　　□完全不符合　　□比较不符合　　□一般　　□比较符合　　□完全符合

2. 对现在从事的工作充满了热情

　　□完全不符合　　□比较不符合　　□一般　　□比较符合　　□完全符合

3. 太喜欢现职业以至难以舍弃

　　□完全不符合　　□比较不符合　　□一般　　□比较符合　　□完全符合

4. 现职业提供了机会让我做自己感兴趣的工作

　　□完全不符合　　□比较不符合　　□一般　　□比较符合　　□完全符合

5. 现职业能使我的工作能力得到较大程度的提高

　　□完全不符合　　□比较不符合　　□一般　　□比较符合　　□完全符合

6. 现职业给我提供了发展的空间，能更好地实现自我价值

　　□完全不符合　　□比较不符合　　□一般　　□比较符合　　□完全符合

7. 眼前改换职业我要付出的代价太高

　　□完全不符合　　□比较不符合　　□一般　　□比较符合　　□完全符合

8. 如果离开现职业，会损失许多福利待遇，譬如住房、孩子入学、离退休保险等

　　□完全不符合　　□比较不符合　　□一般　　□比较符合　　□完全符合

9. 如果离开现职业会给我的家庭带来损失

　　□完全不符合　　□比较不符合　　□一般　　□比较符合　　□完全符合

10. 由于受所学专业限制，难以找到更好的职业

　　□完全不符合　　□比较不符合　　□一般　　□比较符合　　□完全符合

11. 我一旦离开现职业，最大的问题是很难找到别的工作

　　□完全不符合　　□比较不符合　　□一般　　□比较符合　　□完全符合

12. 干一行就得爱一行

　　□完全不符合　　□比较不符合　　□一般　　□比较符合　　□完全符合

13. 我认为接受过某种职业教育或者训练的人，应在该职业工作一段时间，以作出相应的贡献

　　□完全不符合　　□比较不符合　　□一般　　□比较符合　　□完全符合

14. 我觉得有责任继续从事现职业

　　□完全不符合　　□比较不符合　　□一般　　□比较符合　　□完全符合

15. 即使对我有利，我也不认为离开现职业是正确的

　　□完全不符合　　□比较不符合　　□一般　　□比较符合　　□完全符合

16. 留在现职业，是因为人人要忠诚于职业

　　□完全不符合　　□比较不符合　　□一般　　□比较符合　　□完全符合

17. 我常常想辞去目前的工作

　　□完全不符合　　□比较不符合　　□一般　　□比较符合　　□完全符合

18. 我经常考虑离开教师这一职业

　　□完全不符合　　□比较不符合　　□一般　　□比较符合　　□完全符合

19. 我想寻找其他类型的工作

　　□完全不符合　　□比较不符合　　□一般　　□比较符合　　□完全符合

第五部分：

1. 我们学校校长能礼貌待人

　　□非常不赞同　　□比较不赞同　　□一般　　□比较赞同　　□非常赞同

2. 我们学校校长脾气古怪

　　□非常不赞同　　□比较不赞同　　□一般　　□比较赞同　　□非常赞同

3. 我们学校校长得到了教师的信赖

　　□非常不赞同　　□比较不赞同　　□一般　　□比较赞同　　□非常赞同

4. 我们学校校长因循守旧

　　□非常不赞同　　□比较不赞同　　□一般　　□比较赞同　　□非常赞同

5. 我们学校校长知道如何领导教师

　　□非常不赞同　　□比较不赞同　　□一般　　□比较赞同　　□非常赞同

6. 我们学校校长很有才华

　　□非常不赞同　　□比较不赞同　　□一般　　□比较赞同　　□非常赞同

7. 我们学校校长固执己见

　　□非常不赞同　　□比较不赞同　　□一般　　□比较赞同　　□非常赞同

8. 我们学校校长不受教师欢迎

　　□非常不赞同　□比较不赞同　□一般　□比较赞同　□非常赞同

9. 教学工作富于挑战性

　　□非常不赞同　□比较不赞同　□一般　□比较赞同　□非常赞同

10. 教学工作单调枯燥

　　□非常不赞同　□比较不赞同　□一般　□比较赞同　□非常赞同

11. 我喜欢备课

　　□非常不赞同　□比较不赞同　□一般　□比较赞同　□非常赞同

12. 我喜欢批改学生作业

　　□非常不赞同　□比较不赞同　□一般　□比较赞同　□非常赞同

13. 教学工作令我厌烦

　　□非常不赞同　□比较不赞同　□一般　□比较赞同　□非常赞同

14. 教学工作富有乐趣

　　□非常不赞同　□比较不赞同　□一般　□比较赞同　□非常赞同

15. 我喜欢上课

　　□非常不赞同　□比较不赞同　□一般　□比较赞同　□非常赞同

16. 同事之间很少互相关心

　　□非常不赞同　□比较不赞同　□一般　□比较赞同　□非常赞同

17. 我的同事是令人讨厌的

　　□非常不赞同　□比较不赞同　□一般　□比较赞同　□非常赞同

18. 与同事在一起是令人愉快的

　　□非常不赞同　□比较不赞同　□一般　□比较赞同　□非常赞同

19. 同事浪费了我大量的时间

　　□非常不赞同　□比较不赞同　□一般　□比较赞同　□非常赞同

20. 在工作中同事总是拖后腿

　　□非常不赞同　□比较不赞同　□一般　□比较赞同　□非常赞同

21. 同行是冤家，教师也如此

☐非常不赞同　☐比较不赞同　☐一般　☐比较赞同　☐非常赞同

22. 工作收入与劳动付出不相称

　　☐非常不赞同　☐比较不赞同　☐一般　☐比较赞同　☐非常赞同

23. 工作收入勉强维持生活

　　☐非常不赞同　☐比较不赞同　☐一般　☐比较赞同　☐非常赞同

24. 工作收入足以满足我正常支出

　　☐非常不赞同　☐比较不赞同　☐一般　☐比较赞同　☐非常赞同

25. 工作收入比我所期望的要低

　　☐非常不赞同　☐比较不赞同　☐一般　☐比较赞同　☐非常赞同

26. 我的工作收入是糟糕的

　　☐非常不赞同　☐比较不赞同　☐一般　☐比较赞同　☐非常赞同

27. 学校里的晋升制度是公平的

　　☐非常不赞同　☐比较不赞同　☐一般　☐比较赞同　☐非常赞同

28. 学校对教师的评价是公正的

　　☐非常不赞同　☐比较不赞同　☐一般　☐比较赞同　☐非常赞同

29. 我在学校晋升机会比竞争者大

　　☐非常不赞同　☐比较不赞同　☐一般　☐比较赞同　☐非常赞同

30. 学校能够做到按能力晋升人员

　　☐非常不赞同　☐比较不赞同　☐一般　☐比较赞同　☐非常赞同

31. 在学校工作很容易出人头地

　　☐非常不赞同　☐比较不赞同　☐一般　☐比较赞同　☐非常赞同

32. 从事我的工作简直是浪费生命

　　☐非常不赞同　☐比较不赞同　☐一般　☐比较赞同　☐非常赞同

33. 我的工作是令人向往的

　　☐非常不赞同　☐比较不赞同　☐一般　☐比较赞同　☐非常赞同

34. 我从事的工作是令人愉快的

　　☐非常不赞同　☐比较不赞同　☐一般　☐比较赞同　☐非常赞同

35. 从事我目前的工作是值得的

　　□非常不赞同　□比较不赞同　□一般　□比较赞同　□非常赞同

36. 从事我目前的工作是一种享受

　　□非常不赞同　□比较不赞同　□一般　□比较赞同　□非常赞同

37. 不愿意在别人面前提及我的工作

　　□非常不赞同　□比较不赞同　□一般　□比较赞同　□非常赞同

38. 我讨厌我目前的工作

　　□非常不赞同　□比较不赞同　□一般　□比较赞同　□非常赞同

39. 总的来说，我对目前从事的工作感到满意

　　□非常不赞同　□比较不赞同　□一般　□比较赞同　□非常赞同

第六部分：

1. 我愿意一直在乡村中学任教

　　□非常不符合　□比较不符合　□一般　□比较符合　□非常符合

2. 跟从事其他职业相比，我更愿意做乡村中学教师

　　□非常不符合　□比较不符合　□一般　□比较符合　□非常符合

3. 从事乡村中学教师工作正符合我的理想

　　□非常不符合　□比较不符合　□一般　□比较符合　□非常符合

4. 我从未想过另谋他职

　　□非常不符合　□比较不符合　□一般　□比较符合　□非常符合

5. 我打算在现在的单位做长期的职业规划

　　□非常不符合　□比较不符合　□一般　□比较符合　□非常符合

6. 如果还有选择职业的机会，我还会选择做乡村中学教师

　　□非常不符合　□比较不符合　□一般　□比较符合　□非常符合

7. 虽然目前工作条件不够理想，但我仍愿意坚守岗位

　　□非常不符合　□比较不符合　□一般　□比较符合　□非常符合

附录二：访谈提纲

1. 回想您成长的过程，有哪些童年记忆或求学经历对您印象比较深刻？是什么样的经历让您最终选择成为一名乡村教师呢？

2. 您的家人对您选择做乡村教师这条路有什么看法？他们的支持或者担忧在哪些方面影响了您的决定？

3. 您现在工作的学校环境怎么样？学校的管理方式、教学资源、同事之间的氛围如何？有没有什么具体的例子可以分享？

4. 您所在乡村的村民以及社会上的人们对乡村教师这个职业有什么样的看法？这些评价是如何影响您对自己职业的认同感的？

5. 近年来国家和地方推出了不少关于乡村教育的政策，您觉得哪些政策对您个人的职业发展带来了实际帮助？有哪些政策措施让您对在乡村工作更有信心或更有归属感？您认为什么样的政策最能让乡村教师愿意扎根乡土？